最新反垄断法

条文对照与重点解读

王先林／主编

法律出版社 LAW PRESS · CHINA
北京

图书在版编目(CIP)数据

最新反垄断法条文对照与重点解读 / 王先林主编
. -- 北京 : 法律出版社, 2022
ISBN 978-7-5197-6823-2

Ⅰ. ①最… Ⅱ. ①王… Ⅲ. ①反垄断法－法律解释－中国 Ⅳ. ①D922.294.4

中国版本图书馆 CIP 数据核字(2022)第 107855 号

最新反垄断法条文对照与重点解读
ZUIXIN FANLONGDUANFA TIAOWEN DUIZHAO YU ZHONGDIAN JIEDU

王先林 主编

策划编辑 李　群
责任编辑 陶玉霞　赵雪慧
装帧设计 汪奇峰

出版发行 法律出版社
编辑统筹 法规出版分社
责任校对 晁明慧　王　皓
责任印制 耿润瑜
经　　销 新华书店

开本 A5
印张 10　　字数 238 千
版本 2022 年 7 月第 1 版
印次 2022 年 7 月第 1 次印刷
印刷 永清县金鑫印刷有限公司

地址:北京市丰台区莲花池西里 7 号(100073)
网址:www.lawpress.com.cn
投稿邮箱:info@lawpress.com.cn
举报盗版邮箱:jbwq@lawpress.com.cn

销售电话:010-83938349
客服电话:010-83938350
咨询电话:010-63939796

书号:ISBN 978-7-5197-6823-2　　定价:46.00 元

凡购买本社图书,如有印装错误,我社负责退换。电话:010-83938349

编委会名单

主　　编　王先林

编写团队　(以撰写字数多少为序)

方　翔　李中衡　曹　汇

喻张鹏　李学成　王皓旭

吴佩乘　陈　曦

编写说明

反垄断是市场经济发展的内在要求，也是现代多数国家和地区的共同选择。从世界范围看，各国特别是欧美等发达经济体普遍重视加强反垄断，通过强有力的反垄断执法保护市场公平竞争，促进经济发展。从美国 1890 年颁布《谢尔曼法》算起，反垄断法已经有 130 多年的历史，目前已经有超过 130 个国家和地区制定和实施了反垄断法。我国改革开放的 40 多年历程，在很大程度上就是市场竞争机制作用不断扩大的过程。通过市场公平竞争不断激发市场活力和创新动力，我国经济不断走向繁荣。立足新发展阶段，贯彻新发展理念，构建新发展格局，我国经济体制改革的核心问题是处理好政府和市场的关系，使市场在资源配置中起决定性作用和更好发挥政府作用，实现有效市场与有为政府的结合。《反垄断法》[1]作为市场经济的基本法律制度，旨在保护竞争这一市场机制的核心，鼓励创新，提高经济运行效率，维护消费者利益和社会公共利益，促进社会主义市场经济健康发展。因此，社会主义市场经济越发展，就越需要强化反垄断，更好发挥政府"有形之手"的作用，推进高标准市场体系建设，维护公平竞争的市场秩序，保障市场机制有效运行，使"无形之手"能够高效配置资源，激发市场主体不断创新，使市场活力充分迸发，推动构建新发展格局，实现高质量发展，促进共同富裕。

经过多年的讨论和反复酝酿，《反垄断法》在 2007 年 8 月 30 日第

---

〔1〕 为便于读者阅读，本书中法律法规名称均使用简称。

十届全国人民代表大会常务委员会第二十九次会议上获得通过，自2008年8月1日起施行。这是我国经济生活和法律生活中的一件大事。该法自施行以来，对维护自由公平的竞争机制和经济的活力，实现资源有效配置，维护消费者利益和社会公共利益，发挥了非常重要的作用。目前，我国形成了以《反垄断法》为核心，1部行政法规、8部反垄断指南、6部部门规章等有效施行的反垄断法律规则体系。近年来，在党中央"强化反垄断和防止资本无序扩张"的指导下，我国反垄断执法取得了非常积极的成效。2021年被称为中国的"反垄断大年"，以阿里巴巴集团和美团公司"二选一"案等为代表的一系列针对数字平台垄断行为的反垄断执法，表明了国家强化反垄断的决心。2021年11月18日国家市场监督管理总局还加挂了国家反垄断局的牌子，今后我国反垄断执法将会进一步走向专业化、持续化和常态化。

反垄断法律制度本身的明确和完善是强化反垄断的一个基本前提。作为反垄断领域基本制度规则的《反垄断法》，也要根据该法实施以来所反映的突出问题相应地调整和完善相关制度，并通过及时修法回应数字经济提出的新挑战，还要将竞争政策的基础地位以及公平竞争审查制度上升到法律层面。2020年1月2日，国家市场监督管理总局将其起草的《〈反垄断法〉修订草案（公开征求意见稿）》公布在官网上，面向社会公开征求意见。2021年10月19日，第十三届全国人民代表大会常务委员会第三十一次会议对《反垄断法（修正草案）》进行了首次审议，于10月23日公布该修正草案并公开征求意见。2022年6月24日第十三届全国人民代表大会常务委员会第三十五次会议通过了《关于修改〈中华人民共和国反垄断法〉的决定》，修正的内容自2022年8月1日起施行。这无疑为我国"强化反垄断"提供了更加科学合理的制度保障。

值此《反垄断法》首次修改之时，为方便广大读者更好地理解、学习和适用新修改的《反垄断法》，我们编著了这本《最新反垄断法条文对照与重点解读》。本书在体例上包括以下几个板块：

1. 最新条文

本书围绕最新《反垄断法》的条文进行编写，突出最新条文。涉及修改时新增的条文加虚线框，黑体字，对该条文主旨进行概括，尽量体现出准确性、简洁性。

2. 条文对照

本书对《反垄断法》2022 年修正时涉及变化的条文与 2007 年《反垄断法》相应的条文进行对照，修改部分用**黑体**字标识。

3. 适用要点

本书对主体法条进行专门注释并提炼条文主旨，便于读者把握、理解、适用核心要点。在对新条文的理解和适用进行解释时，尽量引用权威的文献，增强本书的专业性和准确性。

4. 典型案例

本书从国家市场监督管理总局及 2018 年前的 3 个反垄断执法机构（国家发改委、商务部和国家工商总局）公布的案例、最高人民法院指导案例和参考案例中精心梳理关于反垄断的典型案例，并提炼要旨，有针对性地放在相关条款之下，以案释法。

5. 实用小贴士

相关条文需要配套其他反垄断行政法规、规章、指南等进行进一步解释，或者需要列举相关情形时，在此部分进行相关的提示。

希望本书的出版对广大经营者及其从业人员和社会公众的守法、市场监督管理部门的执法和人民法院的司法有所助益。由于时间和水平所限，书中难免存在这样或者那样的不足，恳请读者不吝指正。

编　者

2022 年 6 月

目　　录

中华人民共和国反垄断法

附　　录

中华人民共和国反垄断法

（2007年8月30日第十届全国人民代表大会常务委员会第二十九次会议通过　根据2022年6月24日第十三届全国人民代表大会常务委员会第三十五次会议《关于修改〈中华人民共和国反垄断法〉的决定》修正）

第一章　总　　则

第一条　【立法目的】[1] **为了预防和制止垄断行为，保护市场公平竞争，鼓励创新，提高经济运行效率，维护消费者利益和社会公共利益，促进社会主义市场经济健康发展，制定本法。**

条文对照

2007年《反垄断法》	2022年《反垄断法》
第一条　为了预防和制止垄断行为，保护市场公平竞争，提高经济运行	**第一条**　为了预防和制止垄断行为，保护市场公平竞争，**鼓励创新**，提

〔1〕 条文主旨为编者所加，仅供参考，下同。

续表

2007 年《反垄断法》	2022 年《反垄断法》
效率,维护消费者利益和社会公共利益,促进社会主义市场经济健康发展,制定本法。	高经济运行效率,维护消费者利益和社会公共利益,促进社会主义市场经济健康发展,制定本法。

适用要点

本条是关于立法目的规定。

本条以宣示性规定形式,列举了我国《反垄断法》的 7 项根本立法目标,即:

1. 预防和制止垄断行为。垄断一般被视为竞争的对立面而存在,垄断行为一般也表现为对竞争的排除或者限制。在经济学上,垄断是指在市场经济条件下,一个或多个企业对于特定市场的独占,垄断的表现形式通常体现为市场主体的少数或唯一。本法规制的垄断与经济学定义的垄断既有联系又有区别。概括地说,本法所规制的垄断是指特定主体在经济活动中排除、限制竞争的状态或行为。它不仅包括经营者排除、限制竞争的行为,还包括行政主体滥用行政权力,排除、限制竞争的行为。本法的首要立法目的,就是对各类垄断行为进行预防和制止。

2. 保护市场公平竞争。竞争是自然界和人类社会存在的普遍现象。一般来说,反垄断法调整的是经济竞争或者市场竞争,即两个以上的经济活动主体在特定市场通过提供不同价格、数量、质量、服务或其他交易条件,争取有限的交易机会以获得更大经济利益的行为。经济学通说认为,在绝大多数情况下,竞争使稀缺资源得到有效配置、推动技术进步、促进收入的合理分配并使消费者利益得到保护。而对于参与市场竞争的主体来说,能够公平地在市场上进行竞争,当属法治社会对市场竞争状态的普遍应然期待。预防和制止各类垄断行为,就是为了保护市场中的公平竞争，这也是由垄断被视为竞争对立面而存在的状态所必然决定的。

3. 鼓励创新。2022 年修改《反垄断法》时，在第 1 条中新增“鼓励创新”的立法目的表述，体现了国家对创新的关切。本法提及的创新，主要指经济学意义上的创新，因其可以改变市场中的竞争态势，并能带来效率和消费者福利的提升，可以说，“创新”这一要素在现代市场经济中发挥着越来越重要的作用。尤其在与互联网和平台经济相关的领域，市场经营者之间的竞争，在很多时候更是直接体现为一种“创新竞争”。而这一现象的另一面则可能是，具有市场支配地位的经营者，会滥用其地位阻碍可能对其造成威胁的其他市场经营者进行创新。绝大部分情况下，在经营者已经高度集中的市场，竞争强度的下降会降低企业的创新动力。正是在这一背景下，2022 年修改的《反垄断法》在第 1 条引入了“鼓励创新”的表述，其旨在表明本法对竞争与创新之间复杂动态关系的强力关注，并为规制市场中损害创新的行为提供直接明确的法律依据。需要注意的是，与知识产权法通过授予和保护专有权直接激励创新不同，本法是通过维护自由公平的市场竞争机制来实现促进和鼓励创新的。

4. 提高经济运行效率。经济运行效率，反映的是经济活动中投入的经济成本与获得的经济收益之间的配比关系。在《反垄断法》的视野下，其主要体现为市场进行资源分配的效率，反映的是市场在资源配置中所起的决定性作用。公平竞争的存在能使市场的竞争机制得以健全和完善，竞争机制持续发挥作用、创新不断涌现的市场，才能高效地进行资源配置。本法旨在提高经济运行效率，实际上体现的是对保护公平竞争和鼓励创新所欲达到的市场经济目标的保护与促进。

5. 维护消费者利益。本法从积极和消极两个层面维护消费者利益。通过促进经营者之间的竞争，消费者的福利得以维护和提升，这是本法对消费者利益的积极维护。而消极维护，指的是当市场主体违反本法的相关规定损害消费者权益时,执法机构与司法机关将依据本法的规定追究经营者的法律责任,从而切实维护消费者的利益。

6. 维护社会公共利益。本法维护社会公共利益体现了其作为我国经济法领域的重要组成部分所需一以贯之的社会本位原则。经济法以社会本位原则为基石,该原则要求包括《反垄断法》在内的经济法律制度应以尊重个体利益为基础,着眼于社会整体利益,对由国家利益、社会利益与个人利益等所组成的社会公共利益进行综合保护。社会本位原则要求《反垄断法》在保护社会公共利益时,充分发挥其综合性保护的特点,统筹兼顾与竞争、创新、经济运行效率、消费者利益和社会主义市场经济健康发展相关的各类要素,以确保本法立法目的的和谐实现。

7. 促进社会主义市场经济健康发展。社会主义市场经济本质上是法治经济,法治经济要求一切经济活动都应该纳入法律范围进行调整,本法通过预防和制止垄断行为,保护公平竞争,鼓励创新,提高经济运行效率,维护消费者利益和社会公共利益,为社会主义法治经济保驾护航,从而从根本上促进社会主义市场经济健康发展。

典型案例

阿里巴巴集团"二选一"滥用市场支配地位案[1]

要旨:2020年12月24日,国家市场监督管理总局正式发布公告,表明其根据举报已经开始对阿里巴巴集团实施"二选一"等涉嫌垄断行为进行立案调查。[2] 2021年4月6日,市场监督管理总局认定阿

[1] 参见国家市场监督管理总局国市监处〔2021〕28号行政处罚决定书。

[2] 参见《市场监管总局依法对阿里巴巴集团涉嫌垄断行为立案调查》,载国家市场监督管理总局网2020年12月24日,http://www.samr.gov.cn/xw/zj/202012/t20201224_324638.html。

里巴巴集团实施禁止平台内商家在其他竞争性平台开店或参加促销活动("二选一"行为),并借助市场势力、平台规则和数据、算法等技术手段,采取多种奖惩措施保障"二选一"要求得到执行的行为构成滥用市场支配地位。市场监管总局认定阿里巴巴集团在中国境内网络零售平台服务市场具有市场支配地位,其强制平台内经营者进行"二选一"的行为属于限定交易,将产生排除、限制竞争的后果,并损害消费者利益和阻碍平台创新发展。因此,市场监督管理总局对阿里巴巴集团正式作出行政处罚,共处罚金182.28亿元。这也成为自《反垄断法》生效以来我国竞争执法机关对违法企业开出的最高数额的反垄断处罚。该案作为海内外第一起网络零售平台服务领域垄断案件,在全行业起到了立规矩、儆效尤的震慑、警示作用,对防止平台垄断、规范竞争秩序具有重要意义和示范作用。[1]

第二条 【调整对象和适用范围】中华人民共和国境内经济活动中的垄断行为,适用本法;中华人民共和国境外的垄断行为,对境内市场竞争产生排除、限制影响的,适用本法。

适用要点

本条是关于本法调整对象和适用范围的规定。2022年修改《反垄断法》时,本条内容无变动。

一、《反垄断法》的调整对象

本法是维护竞争秩序,规范经济活动,保护市场竞争的法律。其

〔1〕 参见《中国反垄断执法年度报告(2021)》,载国家市场监督管理总局网2022年6月9日,http://www.ipraction.gov.cn/article/gzdt/bmdt/202206/378119.html。

调整对象是经济活动中的垄断行为。根据本法第 3 条的规定,本法规定的垄断行为包括经营者达成垄断协议、经营者滥用市场支配地位以及具有或者可能具有排除、限制竞争效果的经营者集中。本法并不反对合法市场地位支配者的产生,反对与规制的是垄断者实施的具有排除、限制市场竞争的垄断行为。

从事经济活动的主体一般是经营者,是指从事商品生产、经营或者提供服务的自然人、法人和非法人组织。但是,本法不仅调整传统市场经营者的经济性垄断行为,还禁止行政主体在经济活动中滥用行政权力排除、限制市场竞争。考虑到行政性垄断在行为主体、表现形式、责任方式和处理方法上与传统经营者主体的经济性垄断具有显著差别,本法通过第 1 章第 10 条、第 5 章至第 7 章中的有关规定,专门调整和规范行政机关滥用行政权力排除、限制竞争的行为。

二、《反垄断法》的适用范围

本条还明确了本法适用范围的空间效力,即本法在什么地域范围内发生效力。

(一)中国境内经济活动中的垄断行为

本法首先调整的是发生在中华人民共和国境内的垄断行为。根据《香港特别行政区基本法》和《澳门特别行政区基本法》的规定,本法不属于上述两个基本法中载明的全国性法律,因此,本法不适用于我国香港特别行政区和我国澳门特别行政区。

(二)中国境外发生但对境内市场竞争产生排除、限制影响的垄断行为

作为国内法,本法不仅调整发生在我国境内的垄断行为,还调整在我国境外发生但对境内市场具有排除、限制竞争影响的垄断行为,后者也被称为本法的域外适用,其目的在于防止境外发生的垄断行为对本国市场产生不利影响。我国《反垄断法》在规制国内市场的同时,

势必会对国际经济贸易秩序产生直接或间接的影响。与此同时，境外发生的垄断行为，也极有可能对我国境内市场产生排除、限制竞争的影响。随着经济全球化和我国更深层次的扩大开放，国际经济贸易体制与我国经济秩序日趋融合，我国已深度融入全球竞争治理。本法的域外适用是中国法域外适用法律体系的重要支柱，是统筹推进国内法治与涉外法治的着力点。

（三）《反垄断法》域外适用的路径

本法的域外适用包括反垄断行政执法和反垄断司法诉讼两种途径。反垄断执法，是指我国反垄断执法机构通过必要的监管和执法，保证本法的有效执行。反垄断执法的主体是国务院反垄断执法机构，本法域外适用的对象是发生在我国境外的垄断行为。因此，我国国务院反垄断执法机构可以根据本法的域外效力，适用本法，对发生在我国境外但对我国市场具有排除、限制竞争影响的垄断行为进行监管与执法。

此外，我国法院可以受理垄断行为引发的民事纠纷。当垄断行为发生在我国境外时，本法的域外适用条款为我国法院对涉外反垄断民事诉讼行使管辖权提供了法律依据。根据《民事诉讼法》第 29 条，“因侵权行为提起的诉讼，由侵权行为地或者被告住所地人民法院管辖”。《最高人民法院关于适用〈中华人民共和国民事诉讼法〉的解释》第 24 条明确规定，侵权行为地包括侵权行为实施地和侵权结果发生地。因此，境外垄断行为对我国境内产生排除、限制竞争影响的结果发生地可以作为管辖权连结点，该地法院对涉外反垄断民事诉讼具有管辖权。同时，对于境外垄断行为的认定，应当以本法为准据法。

鉴于本法的域外适用是国际社会的通行做法，容易导致各国执法管辖权和司法管辖权的冲突，因此需要对本法的域外适用进行限制与协调。我国反垄断执行机构和司法机关应当掌握本法域外适用的尺度，兼顾国际礼让。对于境外垄断行为，除非对我国境内市场的公平竞争秩序产生直接或实质性重大影响,否则不应追究法律责任。此外,关于境外垄断行为的反垄断执法,通常依赖不同国家反垄断执法机构间的国际合作;关于境外垄断行为的民事判决,在其他国家承认与执行的过程中也可能遇到阻碍。因此,本法的域外适用需要加强双边、区域以及多层次的国际合作,共同探索与推进本法域外适用的有效途径。

典型案例

1. 附加限制性条件批准谷歌收购摩托罗拉移动经营者集中反垄断审查案[1]

要旨:商务部收到谷歌收购摩托罗拉移动的经营者集中申报后,对此项集中涉及的相关市场状况、安卓系统的免费开源问题、谷歌公平对待终端制造商问题、摩托罗拉移动专利许可问题、市场进入问题等进行了审查,认为此项集中对中国移动智能终端操作系统市场具有排除、限制竞争的效果。经多轮附加限制性条件商谈,谷歌向商务部提交了解决竞争问题的最终承诺。经评估,商务部认为该承诺能够减少此项集中对竞争产生的不利影响,决定附加限制性条件批准此项集中。

2. OPPO 公司诉西斯威尔国际有限公司滥用市场支配地位纠纷案[2]

要旨:根据《反垄断法》第 2 条的规定,"中华人民共和国境外的垄断行为,对境内市场竞争产生排除、限制影响的,适用本法"。该条明

[1] 参见原中华人民共和国商务部反垄断局 2012 年第 25 号公告。

[2] 参见最高人民法院(2020)最高法知民辖终 392 号民事裁定书。

确了《反垄断法》的域外适用原则,同时表明,垄断纠纷案件的管辖可以以被诉垄断行为产生排除、限制竞争影响的结果地作为管辖连结点。《最高人民法院关于审理因垄断行为引发的民事纠纷案件应用法律若干问题的规定》第4条规定:"垄断民事纠纷案件的地域管辖,根据案件具体情况,依照民事诉讼法及相关司法解释有关侵权纠纷、合同纠纷等的管辖规定确定。"本案中,OPPO公司的注册地址和主要经营场所均在中国,其起诉主张西斯威尔公司滥用市场支配地位的行为对OPPO公司在中国市场产生排除、限制竞争效果并造成经济损失,中国法院对此有管辖权。

第三条 【垄断行为的基本种类】本法规定的垄断行为包括:

(一)经营者达成垄断协议;

(二)经营者滥用市场支配地位;

(三)具有或者可能具有排除、限制竞争效果的经营者集中。

适用要点

本条是关于垄断行为的基本种类的规定。2022年修改《反垄断法》时,本条内容无变动。

本法所规定的垄断行为包括三大类:

一、经营者达成垄断协议

"垄断协议"是我国《反垄断法》使用的概念,根据本法第16条的规定,"本法所称垄断协议,是指排除、限制竞争的协议、决定或者其他协同行为"。不同国家和国际组织对该类协议、决定或协同行为的称呼有所不同,例如,德国称为"限制竞争协议",美国称为"限制贸易的合同、联合或共谋行为",法国称为"非法联合行为",日本称为"不当交易限制”。虽然在概念称谓上存在差异,但其所表达的定义内涵是基本一致的。

垄断协议一般包括三方面构成要素:(1)垄断协议的实施主体是两个以上的独立经营者;(2)垄断协议的表现形式除书面或口头协议、决议外,还包括其他协同一致的共谋行为;(3)垄断协议具有限制竞争的目的或者产生限制竞争的效果。

就实施主体而言,显然单个经营者无法达成协议或者实施联合一致的行为,但以团体形式出现的市场主体的联合组织若被视为一种媒介,则该组织实施的行为在理论上和其他法域的实践中依然有可能被视为多个行为人的联合一致行为。

就共谋行为而言,垄断协议的达成要求实施主体之间存在某种基于意思联络的共谋,该共谋可表现为协议、决定或其他协同一致的行为。其中,“协议”,是指两个或两个以上的经营者通过书面或口头方式达成的合意;“决定”,又称为“决议”,一般指的是企业集团、行业协会或其他形式的企业联合体以共同决定的形式,要求其成员企业共同实施的限制竞争行为;“其他协同一致的行为”,是指企业之间虽然在市场行为方面不存在协议或决定,但相互默契实施了协调的、共同的限制市场竞争的行为。

在平台经济领域,2021 年 2 月 7 日国务院反垄断委员会发布的《关于平台经济领域的反垄断指南》在第 5 条“垄断协议的形式”中就规定:“其他协同行为是指经营者虽未明确订立协议或者决定,但通过数据、算法、平台规则或者其他方式实质上存在协调一致的行为。”

垄断协议必须具有限制竞争的目的或者产生限制竞争的效果。换言之,垄断协议的实施使达成协议的经营者之间的竞争或者未达成协议的其他经营者所进行的相关交易受到限制。这种限制既可以是垄断协议所欲追求的目的,也可以是垄断协议实施后具体达到的效果,两者至少满足其一即可。

垄断协议以参与达成的经营者之间的相互关系来区分,可以分为"横向垄断协议"和"纵向垄断协议"。前者是指两个或者两个以上因生产或销售同一类型产品或者提供同一类服务而相互直接竞争的经营者(如销售相同产品的众多批发商)之间订立的相关协议;后者是指两个或者两个以上在同一产业中处于不同阶段且具有交易关系的经营者(如生产商与批发商)之间订立的相关协议。

二、经营者滥用市场支配地位

所谓"市场支配地位",是指经营者所拥有的一种市场状态,这种状态使相应经营者在特定市场中具有某种程度的市场支配或控制力量。具体而言,经营者因具有支配地位而在特定市场中拥有了控制商品价格、排除市场竞争的力量,经营者在市场中的经营行为也因此可以在较大程度上不必顾及竞争者和交易相对人(供应商、顾客和最终消费者)的反应。本法第 22 条第 3 款规定:"本法所称市场支配地位,是指经营者在相关市场内具有能够控制商品价格、数量或者其他交易条件,或者能够阻碍、影响其他经营者进入相关市场能力的市场地位。"

市场支配地位的界定通常是多种因素综合作用的结果,因此判断经营者是否具有市场支配地位时,需要考虑多种因素,其中,市场份额一般被认为是一个基本的衡量标准。此外,其他经营者进入相关市场的难易程度等也是重要的考量因素。本法第 23 条对此进行了详尽规定。

《反垄断法》并不禁止经营者拥有支配地位,其禁止的是经营者滥用其所拥有的市场支配地位。换言之,支配地位本身并不违反《反垄断法》,据以认定支配地位存在的各项考量因素的显著性也不能被直接等同于判断经营者实施垄断行为的直接依据。本法第 22 条同样对经营者滥用其市场支配地位的行为作了比较全面的规定,并且针对平台经济特别规定了"具有市场支配地位的经营者不得利用数据和算法、技术以及平台规则等从事前款规定的滥用市场支配地位的行为”。

此外,即使被指控从事了滥用市场支配地位的行为,该经营者也应当享有对其行为合法性进行抗辩的权利。

三、具有或者可能具有排除、限制竞争效果的经营者集中

一般来说,经营者集中,是指为了达到特定经济目的,通过一定方式和程序对经营者之间的资产、人员、渠道等要素进行融合重整的行为。具体体现为,两个或两个以上的经营者进行合并,或者一个、多个经营者通过收购、协议规定等方式对其他经营者进行实质性控制,从而导致相关经营者之间的法律关系发生根本性变化的商业交易行为。

本法对经营者集中行为的界定采用列举方式,第25条规定:“经营者集中是指下列情形:(一)经营者合并;(二)经营者通过取得股权或者资产的方式取得对其他经营者的控制权;(三)经营者通过合同等方式取得对其他经营者的控制权或者能够对其他经营者施加决定性影响。”

对经营者集中实施申报制度,由相关机构审查决定是否允许实施经营者集中行为,是许多国家和地区监管经营者集中的主要手段。我国之所以通过《反垄断法》对经营者集中进行监管,是因为经营者集中行为可能形成或加强市场支配力量或者形成对竞争的实质性限制,需要对相应的集中行为进行事前预防、控制。此外,还需要注意,经营者集中行为除了要受《反垄断法》的规制,还要符合其他有关法律、法规的规定。

需要说明的是,虽然我国《反垄断法》也规制行政性垄断行为,并设专章(第5章)进行规定,但是考虑到行政性垄断行为与一般所说的垄断行为(经济性垄断行为)在行为主体、行为表现和法律责任等方面都有着很大的不同,因此本条在规定垄断行为时并没有将其纳入。

第四条 【工作领导、竞争政策和竞争规则】反垄断工作坚持中国共产党的领导。

国家坚持市场化、法治化原则，强化竞争政策基础地位，制定和实施与社会主义市场经济相适应的竞争规则，完善宏观调控，健全统一、开放、竞争、有序的市场体系。

条文对照

2007 年《反垄断法》	2022 年《反垄断法》
第四条 国家制定和实施与社会主义市场经济相适应的竞争规则，完善宏观调控，健全统一、开放、竞争、有序的市场体系。	**第四条 反垄断工作坚持中国共产党的领导。** 国家**坚持市场化、法治化原则，强化竞争政策基础地位**，制定和实施与社会主义市场经济相适应的竞争规则，完善宏观调控，健全统一、开放、竞争、有序的市场体系。

适用要点

本条是关于反垄断工作领导、竞争政策和竞争规则的规定。2022年修改《反垄断法》时明确增加了中国共产党对反垄断工作的领导，国家坚持以市场化、法治化原则制定和实施竞争规则与强化竞争政策基础地位的内容。

中国共产党是中国特色社会主义最本质的特征，反垄断工作当然也不能例外。2022 年修改《反垄断法》时引入“反垄断工作坚持中国共产党的领导”这一宣示性表述，是对这一根本原则在法律层面的确认。

而在反垄断工作全面深入开展的过程中，贯穿始终的是国家坚持以市场化、法治化原则为根本工作指导方针。市场化、法治化原则意味着反垄断工作必须充分尊重市场根本规律，充分尊重市场在配置资源过程中的核心作用，充分保护与强化法治意识与契约精神，使市场在法治轨道上有序焕发勃勃生机。

竞争政策一般是指市场经济国家为保护和促进市场竞争而实施的一项基本的经济政策，其核心目标是通过保护和促进市场竞争，确保竞争机制发挥作用，从而提高生产效率和资源配置效率，增加消费者福利。竞争政策通常有狭义和广义之分，狭义上的竞争政策仅指以《反垄断法》为核心的竞争法律体系，广义上的竞争政策则除竞争法律外，还包括旨在促进国内经济竞争自由和市场开放的各项政策措施和制度安排以及与此相关的对外经贸政策。

相对于其他的经济政策，竞争政策是市场经济条件下的一项基础甚至是优先的经济政策，这是由市场经济本身的特点决定的。竞争是市场经济的灵魂和发展的动力，市场经济本质上是一种竞争性经济。但是，竞争不能自发、盲目和无序进行，需要国家通过有效的竞争政策加以引导和规范。

完善的竞争政策不仅是使市场在资源配置中起决定作用的重要手段，也是其他经济政策发挥作用的前提，并有利于防范资本的无序扩张，促进产业健康发展。尤其是对于中国这样一个由计划经济体制向市场经济体制转轨的国家来说，制定和实施以《反垄断法》为核心的竞争政策除了具有维护竞争自由和保护消费者利益的一般作用，还具有促进经济体制转轨和完善市场结构的特殊作用。

正是基于竞争政策的重要作用，党的十九届四中全会决定中指出："强化竞争政策基础地位，落实公平竞争审查制度，加强和改进反垄断和反不正当竞争执法。"而后，2020 年 5 月 11 日，《中共中央、国务院关于新时代加快完善社会主义市场经济体制的意见》进一步强调:“完善竞争政策框架,建立健全竞争政策实施机制,强化竞争政策基础地位。”竞争政策在我国得到了前所未有的重视。正是在这一背景下,2022 年《反垄断法》的修改,正式引入“强化竞争政策基础地位”这一重大宣告式原则性表述。

本法确立了竞争政策的基础地位,这一基础地位要求我国作为社会主义市场经济国家,必须要有与社会主义市场经济相适应的竞争政策与《反垄断法》。这便是“制定和实施与社会主义市场经济相适应的竞争规则”在强化竞争政策基础地位背景之下的应有之义。

宏观调控意味着在竞争政策基础地位的要求下,在本法实施的过程中,尤其是确保本法第 1 条立法目的得以实现的过程中,需要统筹兼顾本法与狭义的国家竞争政策、广义的国家竞争政策、国家产业政策和国家其他经济政策之间的关系。

构建统一、开放、竞争、有序的统一大市场,营造市场化、法治化的公平竞争环境,是竞争政策所追求的核心目标,只有完成这一目标,才能确保市场在资源配置中起决定性作用的功能得以实现。统一、开放、竞争、有序的市场是规模效应不断显现、基础制度不断完善、关键设置不断联通、核心要素不断流动的市场。加快建设具有上述特征的市场,不仅是构建社会主义市场经济体制的内在要求,也是充分释放市场潜力,确保经济平稳运行的必要手段。

第五条 【公平竞争审查制度】国家建立健全公平竞争审查制度。

行政机关和法律、法规授权的具有管理公共事务职能的组织在制定涉及市场主体经济活动的规定时,应当进行公平竞争审查。

适用要点

本条是关于公平竞争审查制度的规定，是 2022 年修改《反垄断法》时新增加的内容。

公平竞争审查，是指竞争主管机构或其他相关机构、单位、组织、个人通过分析、评价拟定的或者现行的政策可能已经产生的竞争影响，并在必要时提出不妨碍政策目标实现且对竞争限制最小的替代方案的行为。公平竞争审查制度目前已被越来越多的国家采用，并被证明是约束政府权力不当行使、维护市场公平竞争的有力措施，为市场在资源配置中起决定性作用提供了必要的制度保障。

2022 年修改的《反垄断法》直接以新增条款的形式对公平竞争审查制度进行明文规定，这就将公平竞争审查制度正式上升至法律层面，使其成为国家的一项基本法律制度。这对完善中国特色社会主义市场经济，维护市场竞争环境，建设全国统一大市场，推进我国经济转型和深化市场体制改革具有里程碑意义。

在反垄断法领域，公平竞争审查制度的确立是我国目前推行竞争政策和实施反垄断战略的重要手段和工具，是实现我国反垄断战略的重要路径。因为，公平竞争审查制度的建立意味着我国竞争政策已经不限于主要体现在事后救济的反垄断执法，而同时强调进行事前的预防性审查。公平竞争审查的作用和特点，使其成为竞争政策中极为重要的组成部分，是连接产业政策与竞争政策的桥梁和渠道，也是产业政策与竞争政策进行互动并相互影响的重要手段。

2021 年 6 月 29 日，国家市场监督管理总局、国家发展改革委、财政部、商务部、司法部会同有关部门修订了《公平竞争审查制度实施细则》（以下简称《细则》），经国务院同意后予以发布。《细则》以全面落实公平竞争审查制度，健全公平竞争审查机制为目标，对相关的概念和制度进行了较为详细的规定。

1. 公平竞争审查的对象

根据《细则》第 2 条第 1 款的规定，行政机关以及法律、法规授权的具有管理公共事务职能的组织（以下统称政策制定机关），在制定市场准入和退出、产业发展、招商引资、招标投标、政府采购、经营行为规范、资质标准等涉及市场主体经济活动的规章、规范性文件、其他政策性文件以及“一事一议”形式的具体政策措施时，应当进行公平竞争审查，评估对市场竞争的影响，防止排除、限制市场竞争。

2. 公平竞争审查的结果

根据《细则》第 2 条第 2 款的规定，经公平竞争审查认为不具有排除、限制竞争效果或者符合例外规定的，可以实施；具有排除、限制竞争效果且不符合例外规定的，应当不予出台或者调整至符合相关要求后出台；未经公平竞争审查的，不得出台。

3. 公平竞争审查的主体

根据《细则》第 3 条的规定，涉及市场主体经济活动的行政法规、国务院制定的政策措施，以及政府部门负责起草的地方性法规、自治条例和单行条例，由起草部门进行公平竞争审查；以县级以上地方各级人民政府名义出台的政策措施，由起草部门或者本级人民政府指定的相关部门进行公平竞争审查；以多个部门名义联合制定出台的政策措施，由牵头部门负责公平竞争审查，其他部门在各自职责范围内参与公平竞争审查。政策措施涉及其他部门职权的，政策制定机关在公平竞争审查中应当充分征求其意见。

4. 公平竞争审查的机制和程序

根据《细则》第 6 条的规定，政策制定机关开展公平竞争审查应当识别相关政策措施是否属于审查对象、判断是否违反审查标准、分析是否适用例外规定。属于审查对象的，经审查后应当形成明确的书面审查结论。审查结论应当包括政策措施名称、涉及行业领域、性质类别、起草机构、审查机构、征求意见情况、审查结论、适用例外规定情况、审查机构主要负责人意见等内容。

根据《细则》第 7 条的规定，政策制定机关开展公平竞争审查，应当以适当方式征求利害关系人意见，或者通过政府部门网站、政务新媒体等便于社会公众知晓的方式公开征求意见，并在书面审查结论中说明征求意见情况。利害关系人，是指参与相关市场竞争的经营者、上下游经营者、行业协会商会、消费者以及政策措施可能影响其公平参与市场竞争的其他市场主体。

根据《细则》第 8 条的规定，政策制定机关进行公平竞争审查，可以咨询专家学者、法律顾问、专业机构的意见。征求上述方面意见的，应当在书面审查结论中说明有关情况。

根据《细则》第 12 条的规定，对经公平竞争审查后出台的政策措施，政策制定机关应当对其影响统一市场和公平竞争的情况进行定期评估。评估报告应当向社会公开征求意见，评估结果应当向社会公开。经评估认为妨碍统一市场和公平竞争的，应当及时废止或者修改完善。

5. 公平竞争审查的标准

根据《细则》第 13 条的规定，政策制定机关不得设置不合理或者歧视性的准入和退出条件；未经公平竞争不得授予经营者特许经营权；不得限定经营、购买、使用特定经营者提供的商品和服务；不得设置没有法律、行政法规或者国务院规定依据的审批或者具有行政审批性质的事前备案程序；不得对市场准入负面清单以外的行业、领域、业务等设置审批程序，限制或者变相限制市场准入。

根据《细则》第 14 条的规定，政策制定机关不得对外地和进口商品、服务实行歧视性价格和歧视性补贴政策；不得限制外地和进口商品、服务进入本地市场或者阻碍本地商品运出、服务输出；不得排斥或者限制外地经营者参加本地招标投标活动；不得排斥、限制或者强制外地经营者在本地投资或者设立分支机构；不得对外地经营者在本地的投资或者设立的分支机构实行歧视性待遇，侵害其合法权益。

根据《细则》第 15 条的规定，政策制定机关不得违法给予特定经营者优惠政策；安排财政支出一般不得与特定经营者缴纳的税收或非税收入挂钩；不得违法违规减免或者缓征特定经营者应当缴纳的社会保险费用；不得在法律规定之外要求经营者提供或扣留经营者各类保证金。

根据《细则》第 16 条的规定，政策制定机关不得强制经营者从事《反垄断法》禁止的垄断行为；不得违法披露或者违法要求经营者披露生产经营敏感信息，为经营者实施垄断行为提供便利条件；不得超越定价权限进行政府定价；不得违法干预实行市场调节价的商品和服务的价格水平。

6. 公平竞争审查的例外规定

根据《细则》第 17 条的规定，政策制定机关制定的下列政策措施，虽然在一定程度上具有限制竞争的效果，但在符合规定的情况下可以出台实施：(1)维护国家经济安全、文化安全、科技安全或者涉及国防建设的；(2)为实现扶贫开发、救灾救助等社会保障目的；(3)为实现节约能源资源、保护生态环境、维护公共卫生健康安全等社会公共利益的；(4)法律、行政法规规定的其他情形。

此外，《细则》还对政策制定机关如何委托第三方开展公平竞争审查工作以及公平竞争审查工作的监督与追责机制进行了规定。

第六条 【对经营者集中的原则规定】经营者可以通过公平竞争、自愿联合，依法实施集中，扩大经营规模，提高市场竞争能力。

条文对照

2007 年《反垄断法》	2022 年《反垄断法》
第五条 经营者可以通过公平竞争、自愿联合,依法实施集中,扩大经营规模,提高市场竞争能力。	**第六条** 经营者可以通过公平竞争、自愿联合,依法实施集中,扩大经营规模,提高市场竞争能力。

适用要点

本条是关于经营者可以依法实施集中的原则性规定。2022 年修改《反垄断法》时,本条内容无变动。

如前所述,经营者集中是指为了达到特定经济目的,通过一定方式和程序对经营者之间的资产、人员、渠道等要素进行融合重整的行为。具体体现为,两个或两个以上的经营者进行合并,或者一个、多个经营者通过收购、协议规定等方式对其他经营者进行实质性控制,从而导致相关经营者之间的法律关系发生根本性变化的商业交易行为。

企业合并是经营者集中最主要的表现形式,其对市场往往可能产生积极或消极的影响。积极方面表现在,企业合并是企业扩大规模、调整重组资产、优化资源渠道配置与增强综合竞争力的极为有效的方式。但同时,企业合并的消极影响也不容忽视,因为其会导致市场经营者与竞争者的减少,消灭、破坏存在有效竞争的市场结构甚至损害消费者的利益。

虽然经营者集中行为具有影响的“两面性”,但本法的规定表明,经营者基于公平竞争,出于双方自愿,以扩大经营规模、提高市场竞争能力为目的依法合规进行的集中行为,一般不涉及“本身违法”问题。本法对经营者集中进行规制的目的和方式不在于禁止,而在于控制。

对经营者集中的控制模式,主要分为事后监督审查制和事前申报审查制。事后监督审查制,是指在经营者集中后,由反垄断执法机构或私人对集中的企业提起诉讼，此时，司法机关才对相应经营者集中行为进行审查，若判定违法，则撤销该集中，并可能对相关企业进行处罚。事前申报审查制则要求经营者须向有关主管机关申报，经审查许可后方可进行集中，若审查后未经许可擅自集中，则会被命令取消，并要受到相应的处罚。我国《反垄断法》采取后一种模式，这主要表现为达到一定标准的经营者集中需要向反垄断执法机构进行申报，供其批准或提出异议。

依据反垄断法对经营者集中实施申报制度，由相关机构审查决定是否允许实施经营者集中行为，是许多国家和地区监管经营者集中的主要手段。之所以通过反垄断法对经营者集中进行监管，是因为经营者集中行为可能形成或加强市场支配力量或者形成对竞争的实质性限制，需要对相应集中行为进行事前预防、控制。

我国已经建立了相对完善的经营者集中申报制度。本法建立经营者集中的申报制度，是对经营者企图形成或加强潜在的市场支配力的事前预防、控制，旨在维护合理的市场结构，防止市场力量的过度集中与资本无序扩张。

根据国家市场监督管理总局2018年9月29日修订发布的《关于经营者集中申报的指导意见》的规定："达到申报标准的经营者集中，经营者应当事先向国家市场监督管理总局申报，未申报的不得实施集中。"而根据2020年10月23日发布、2022年3月24日修改的《经营者集中审查暂行规定》的规定，国家市场监督管理总局负责经营者集中反垄断审查工作，并对违法实施的经营者集中进行调查处理。市场监督管理总局根据工作需要，可以委托省、自治区、直辖市市场监管部门实施经营者集中审查。此外，还需要注意，经营者集中行为除了要受到本法的规制，还要符合其他有关法律、法规的规定。

正是由于经营者集中在多数情况下都是合法的，因此我国从2008年8月《反垄断法》实施至2022年5月，国务院反垄断执法机构共审结经营者集中案件 4497 件,其中禁止 3 件,附加限制性条件批准 54 件,当事方因无法解决执法机构提出的竞争关注而主动放弃交易 10 余件,其余都是无条件批准的。

典型案例

腾讯收购小红书股权案[1]

要旨:2021 年 7 月 7 日,国家市场监督管理总局正式发布公告,依据《反垄断法》相关规定,市场监督管理总局对互联网领域 22 起违法实施经营者集中案件立案调查并作出相应行政处罚决定。其中,就有早前在市场中引人注目的腾讯控股有限公司收购“Xingin International Holding Limited”(以下简称小红书)一案。经查,该交易已达到《国务院关于经营者集中申报标准的规定》中有关交易的申报标准,属于应当申报的情形,小红书于 2020 年 8 月 21 日完成股权变更登记,在此之前并未申报该交易。《反垄断法》明确规定经营者集中达到国务院规定的申报标准的,未经申报不得实施集中。该交易为违法实施的经营者集中。后经市场监督管理总局进一步认定,该经营者集中并不具有排除、限制竞争的效果。最后,市场监管总局对涉案企业分别处以 50 万元人民币罚款。[2]

第七条 【禁止滥用市场支配地位的原则规定】具有市场支配地位的经营者,不得滥用市场支配地位,排除、限制竞争。

〔1〕 参见国家市场监督管理总局国市监处〔2021〕74 号行政处罚决定书;《市场监管总局依法对互联网领域二十二起违法实施经营者集中案作出行政处罚决定》,载国家市场监督管理总局网 2021 年 7 月 7 日,https://www.samr.gov.cn/xw/zj/202107/t20210707_332396.html。

〔2〕 参见国家市场监督管理总局国市监处〔2021〕59 号行政处罚决定书。

条文对照

2007 年《反垄断法》	2022 年《反垄断法》
第六条 具有市场支配地位的经营者,不得滥用市场支配地位,排除、限制竞争。	**第七条** 具有市场支配地位的经营者,不得滥用市场支配地位,排除、限制竞争。

适用要点

本条是关于禁止滥用市场支配地位的原则性规定。2022 年修改《反垄断法》时,本条内容无变动。

所谓“市场支配地位”,是指经营者所拥有的一种市场状态,这种状态使相应经营者在特定市场中具有某种程度的市场支配或控制力量。本法第 22 条第 3 款规定:“本法所称市场支配地位,是指经营者在相关市场内具有能够控制商品价格、数量或者其他交易条件,或者能够阻碍、影响其他经营者进入相关市场能力的市场地位。”

具体而言,经营者因具有市场支配地位而在特定市场中拥有了控制商品价格、排除市场竞争的力量,经营者在市场中的经营行为也因此可以在较大程度上不必顾及竞争者和交易相对人(供应商、顾客和最终消费者)的反应。

市场支配地位的界定通常是多种因素综合作用的结果,因此判断经营者是否具有市场支配地位时,需要考虑多种因素。其中,市场份额一般被认为是一个基本的衡量标准。此外,新竞争者进入市场的障碍和市场上替代商品的情况也是重要的考量因素。本法第 23 条对认定经营者是否具有市场支配地位时应当考虑的因素作了比较全面的规定。

本法并不禁止经营者拥有支配地位,禁止的是经营者滥用其所拥有的市场支配地位。根据行为的性质和特点,滥用市场支配地位是指具有市场支配地位的经营者凭借该地位,在相关市场上不正当地限制竞争,损害其他经营者、消费者利益和社会公共利益的行为。滥用行为与市场支配地位之间需有明显因果关系,即经营者之所以能够实施滥用行为,就是因为其具有了市场支配地位,该行为在竞争机制有效运行的市场环境中是不可能实现的。同时,滥用市场支配地位的行为也需给市场中的有效竞争带来危害,使同业竞争者和交易相对人的利益受到损害。本法第22条对经营者滥用其市场支配地位的行为作了列举规定。

禁止滥用市场支配地位在本法中属于行为规制的范畴,但又是与结构有关的行为规制,即结构性行为规制。作为一种结构性的垄断行为,滥用市场支配地位行为是本法的典型规制对象。禁止滥用市场支配地位制度是本法实体制度的基本组成部分之一,在《反垄断法》中占有十分重要的地位。本法设立禁止滥用市场支配地位制度的目的在于:一是防止占有市场支配地位的企业滥用其支配地位,对其他尚未取得支配地位的市场也进行垄断;二是在已经存在支配地位的市场上,禁止有关企业实施滥用支配地位的行为,以使其他现实的经营者能够享有充分的竞争自由,潜在的竞争者能够自由进入该市场,保证该市场一定程度的开放和自由,而不致进一步被支配或被控制;三是对于与占有市场支配地位的企业之间存在交易关系的市场相对人而言,禁止滥用市场支配地位,是为了保护他们免受其对方当事人的不当剥削,保证他们享有充分的意思自由和公平交易的权利。

此外,即使被指控从事了滥用市场支配地位的行为,相应经营者也应当享有对其行为合法性进行抗辩的权利。这体现了本法对滥用市场支配地位行为进行规制时所采用的所谓合理原则,即被指控实施了滥用市场支配地位行为的企业可以对有关指控进行抗辩,为自身行为进行辩护。换言之,如果处于市场支配地位的经营者能够对自己被指控滥用市场支配地位的行为作出客观、合理的解释,并且主观出于善意，反垄断执法机构和法院在同时考虑相关公共政策的情况下，应当允许被指控实施了滥用市场支配地位行为的企业进行主张，再加以综合判定。

第八条　【对特定行业经营者的规范】国有经济占控制地位的关系国民经济命脉和国家安全的行业以及依法实行专营专卖的行业，国家对其经营者的合法经营活动予以保护，并对经营者的经营行为及其商品和服务的价格依法实施监管和调控，维护消费者利益，促进技术进步。

前款规定行业的经营者应当依法经营，诚实守信，严格自律，接受社会公众的监督，不得利用其控制地位或者专营专卖地位损害消费者利益。

条文对照

2007年《反垄断法》	2022年《反垄断法》
第七条　国有经济占控制地位的关系国民经济命脉和国家安全的行业以及依法实行专营专卖的行业，国家对其经营者的合法经营活动予以保护，并对经营者的经营行为及其商品和服务的价格依法实施监管和调控，维护消费者利益，促进技术进步。 前款规定行业的经营者应当依法经营，诚实守信，严格自律，接受社会公众的监督，不得利用其控制地位或者专营专卖地位损害消费者利益。	**第八条**　国有经济占控制地位的关系国民经济命脉和国家安全的行业以及依法实行专营专卖的行业，国家对其经营者的合法经营活动予以保护，并对经营者的经营行为及其商品和服务的价格依法实施监管和调控，维护消费者利益，促进技术进步。 前款规定行业的经营者应当依法经营，诚实守信，严格自律，接受社会公众的监督，不得利用其控制地位或者专营专卖地位损害消费者利益。

适用要点

本条是关于国有经济占控制地位的关系国民经济命脉和国家安全的行业以及依法实行专营专卖的行业适用本法的规定。2022 年修改《反垄断法》时,本条内容无变动。

党的十八届三中全会通过的《中共中央关于全面深化改革若干重大问题的决定》指出,公有制为主体、多种所有制经济共同发展的基本经济制度,是中国特色社会主义制度的重要支柱。必须毫不动摇巩固和发展公有制经济,坚持公有制主体地位,发挥国有经济主导作用。反垄断制度的设计和完善必须以一国的基本政治经济制度为基石和依托,本条的规定直接呼应了这一基本方针。

国有和国有控股企业是在我国基本经济制度中发挥主导作用的国有经济在市场经济中的具体体现,是国有经济力量在市场经营者中的核心主体。长期以来,国有和国有控股企业为推动我国经济社会发展、提升我国综合国力作出了重大贡献,是保障人民利益的重要力量。正是在这一背景下,本条确认了相关经营者在特定行业中的合法垄断状态作为本法的适用除外情况。

在我国,一些特定的行业和领域,如电力电网、铁路路网、长距离输油输气管道等具有自然垄断性质的行业,以及其他关系国家安全和国民经济命脉的重点行业和领域,主要是由国有和国有控股企业经营的。此外,依照有关法律、行政法规的规定,对于对公众健康和国家税收影响重大的烟草制品和盐业,实行专营专卖制度。对于这些特定行业经营者依法从事的经营活动,国家当然要给予保护。同时,由于这些行业的竞争受到限制,因而更需要国家对其经营者的经营行为加强监管和调控,包括依照《价格法》的规定,实行政府定价或者政府指导价;推进垄断行业改革,积极引入竞争机制,在这些行业中引导、推进经营者之间开展竞争,促进技术进步。对于经营者滥用其市场支配地位损害消费者利益的行为,应当依法查处。

实际上,本条规定主要起到一种宣示的作用。因为我国《反垄断法》与绝大多数国家的反垄断法一样,并不反对垄断地位或市场支配地位本身,而只反对滥用市场支配地位的行为,因此这些特定行业(国有经济占控制地位的关系国民经济命脉和国家安全的行业以及依法实行专营专卖的行业)的企业,基于其自然垄断的特征或者某种特殊的性质而享有的垄断地位或市场支配地位本身并不违法,但其滥用这种地位的行为如垄断高价、搭售等仍然要受到《反垄断法》的规制。本条规定一方面明确了这些特定行业经营者的合法垄断地位,另一方面也明确强调这些特定行业经营者的垄断行为要受到监督。

典型案例

宋某诉广州铁路(集团)公司等滥用市场支配地位案[1]

要旨:乘客宋某乘坐高铁出行,因线路调整不得不改乘其他车次,宋某主张,在此过程中因购票规则等原因,无法获得其最想购买的车次车票,故不得不更改计划,额外支付购票费用以抵达目的地。宋某因此起诉至长沙市中级人民法院,请求确认中铁广州局、中铁信息公司和中铁总公司拒绝向其出售特定车票的行为构成滥用市场支配地位行为中的拒绝交易行为,并同时要求判令降低相应车次票价并赔偿其承受的经济损失。

2018 年 8 月,长沙市中级人民法院一审判决认定,被告主体不适用《反垄断法》,因而驳回乘客宋某的诉讼请求。具体而言,长沙市中级人民法院认为,根据《反垄断法》第 7 条[2]之规定,涉及国民经济命脉或国家安全的行业中,因国有经济占行业控制地位,行业中没有充

---

〔1〕 参见宋某诉广州铁路(集团)公司、中国铁路信息技术中心等(2016)湘 01 民初 1460 号民事判决书、(2019)湘知民终 79 号民事判决书。

〔2〕 对应 2022 年《反垄断法》第 8 条。

分市场竞争空间，故相应经营者的经营行为可豁免于《反垄断法》的规制。

宋某不服，继续对中铁总公司及另外两家公司提起上诉。2019年5月，湖南省高级人民法院二审判决，认定被告主体适用《反垄断法》，被诉经营行为应受《反垄断法》规制。但在具体界定相关市场之后，湖南省高级人民法院认定一审被告的经营行为不构成滥用市场支配地位且没有违反《反垄断法》。

第九条 【对数字经济领域反垄断的原则规定】经营者不得利用数据和算法、技术、资本优势以及平台规则等从事本法禁止的垄断行为。

适用要点

本条是对数字经济领域反垄断的原则规定，是2022年《反垄断法》修改时新增加的内容。

进入21世纪以来，我国互联网产业迅速发展，尤其是近年来，我国以互联网、大数据、人工智能为代表的数字经济更是发展迅猛，平台经济的异军突起，一大批平台型企业从无到有，从小到大，成为推动经济增长、促进民生改善的重要力量。同时，也应当看到，数字经济竞争具有不同于传统经济竞争的新特点，这也给市场与社会带来了一系列引起公众关注的新争议和新问题，并给反垄断执法带来了新挑战，尤其在平台经济领域。

数字经济中垄断现象的广泛性和易变性、免费策略和双边平台的运作模式以及需要平衡创新与竞争之间的关系等特点都对反垄断执法和反垄断法的制度内容带来了冲击。同时，借助于互联网平台的新商业模式和新兴数字技术的创新应用，垄断行为的形式和内容都发生了重大变化。

正是在这一背景下,2022 年《反垄断法》修改中首先在总则部分,以原则性禁止规定的形式,明确了数字经济领域经营者的基本反垄断义务,厘定了相关经营者的行为底线与扩张边界。具体而言,本条规定,经营者不得利用数据、算法、技术、资本优势以及平台规则等从事本法禁止的垄断行为。这一新增条款所欲回应和规制的,正是平台经济给市场竞争带来的如下现实问题与挑战:

1. 平台经济领域富于创新的趋势受到负面影响为监管带来严峻新挑战

创新是平台经济最显著的特征,其不仅会为企业带来新产品和新技术,还催生出更具效率的新商业模式。在平台经济领域,由于互联网巨大的网络效应和规模效应,创新往往发展很快,企业甚至必须依靠创新才能生存,鼓励和促进创新成为平台经济良性发展的内在需求。全球主要的反垄断司法辖区对创新问题的重视程度也在不断提升。然而,从全球范围来看,一些大型互联网平台却正在成为创新的阻碍者,并试图通过破坏新进入者和潜在竞争者的商业模式等行为,来巩固和维持自身的市场优势地位,平台企业限制创新的行为很可能比传统的垄断行为更具危害性。

在相关行为中,最具争议的是扼杀式并购行为。这类行为指的是全球范围内一些大型互联网平台在数字经济市场中所发起的一系列针对初创企业和新生企业的并购交易,不少初创企业和新生企业都被相关大型互联网平台视为可能在未来对其市场地位造成威胁的潜在竞争者。这类交易不仅可能消灭市场中的竞争者,损害竞争,还很可能把初创企业和新生企业可能给市场带来的创新扼杀于摇篮之中。

由于很多初创企业的营业额尚未达到各国反垄断法规定的经营者集中申报标准,现时多国反垄断执法机构无法有效规制相关并购交易,造成很多初创企业面临被收购或者被消灭的两难境遇。同时,这种不受干预的并购态势，使本身就具有垄断倾向的大型平台可以轻易地持续巩固其市场支配地位，而创新者的进入将因此变得异常困难。

2. 数字化垄断合谋为监管带来严峻新挑战

互联网平台通过大数据和算法完成数字化合谋，使一种更为隐蔽的新型垄断协议形式得以出现。一方面，平台企业可以通过使用同一特定的定价算法和历史定价数据协调定价，达成价格合谋后，还可以利用实时数据来监控协议的实施。另一方面，平台企业之间进行数据的选择性共享，即部分共享其各自拥有的大数据，可以向其他经营者传递隐性信号，使数据共享后产生市场分割。此外，企业可能利用人工智能、机器深度学习等实现算法改进，间接促成默示合谋。

3. 数据滥用行为为监管带来严峻新挑战

大型互联网平台企业处于市场支配地位，有机会和能力滥用其掌握的数据资源对抗第三方供应商、从业人员和消费者。这方面的行为在相关市场中的表现种类繁多，有的属于侵犯消费者隐私权的范畴，有的属于不正当竞争行为范畴，即使是属于滥用市场支配地位的垄断行为，其也有着不同的行为类型。这方面引起社会公众和反垄断执法机构重点关注的便是“大数据杀熟”问题。一段时间以来，媒体曾曝光，消费者在使用国内酒店预订平台、外卖平台、售房平台、打车平台时，相关平台经营者存在利用“大数据杀熟”的歧视性定价的行为。

4. 拒绝交易与限定交易行为为监管带来严峻新挑战

拒绝交易行为主要表现为具有市场支配地位的互联网平台拒绝与第三方开展业务，从而剥夺相关市场经营者的竞争可能。限定交易行为主要表现为具有市场支配地位的互联网平台限定他人按照自己的意愿进行交易，从而排斥其他经营者。例如，国内电商平台“二选一”的行为，通过迫使平台内经营者作出“站队”承诺，从而使其放弃与其他平台合作的机会，这不仅直接损害了其他电子商务平台经营者和电子商务经营者的经济利益，使其失去了进行公平交易的机会，还明显损害了消费者的选择权利和消费利益。

5. 掠夺性定价与自我优待行为为监管带来严峻新挑战

掠夺性定价行为，主要指互联网平台通过交叉补贴等方式，以低于成本的价格销售商品或服务，将客户锁定在平台的生态系统中，从而挤压竞争对手并占领市场。自我优待行为，主要指互联网平台通过操纵算法等行为，增强自有商品或服务的竞争优势，扭曲平台内的竞争。具有市场支配地位的平台企业实施自我优待行为明显存在对相关竞争者的歧视，违反了反垄断法上具有市场支配地位之经营者不得实施差别待遇行为的规则。

2022 年《反垄断法》修改时，在第 1 条中加入“鼓励创新”的表述，并在本条明确经营者不得利用数据、算法、技术、资本优势以及平台规则等从事本法禁止的垄断行为上述规定可被看作《反垄断法》对数字经济发展的总括性回应。

另一个值得关注的问题是本条与国务院反垄断委员会于 2021 年 2 月 7 日公布实施的《关于平台经济领域的反垄断指南》之间的关系。概括地说，本条对我国平台经济领域《反垄断法》如何实施进行了原则规定，而该指南则是平台经济领域具体适用《反垄断法》的细化性的指引规则。该指南以《反垄断法》为依据，集中阐释了在平台经济领域实施《反垄断法》的基本原则和具体规则。

《关于平台经济领域的反垄断指南》结合互联网特别是平台经济的特点，在考虑因素和分析方法等方面进行了一些更具针对性的细化规定。该指南精准地体现了我国当前平台经济发展的特点和要求，也及时回应了当前社会对“二选一”“大数据杀熟”“扼杀式并购”等问题的关切，增强了法律制度的可操作性和可预期性，可以说是对《反垄断法》第 9 条的有力解释和补充。

总之，平台经济领域的反垄断涉及互联网经济乃至整个数字经济领域的法律治理问题，本条从立法层面对这一问题进行了法律建构，具有里程碑意义。《中共中央关于全面推进依法治国若干重大问题的决定》指出,“社会主义市场经济本质上是法治经济”。法治经济要求一切经济活动都应该纳入法律范围进行调整,这意味着互联网不是法外之地,必须纳入法律的轨道进行治理。因此,2022 年《反垄断法》第 9 条的引入可以被认为是互联网领域法治化的必然要求,同时也是互联网领域法治化的具体体现与国家治理体系和治理能力现代化的生动实践,为我国加快推进数字经济维度的反垄断制度的完善指明了方向。

第十条 【对行政性垄断的原则规定】行政机关和法律、法规授权的具有管理公共事务职能的组织不得滥用行政权力,排除、限制竞争。

条文对照

2007 年《反垄断法》	2022 年《反垄断法》
第八条 行政机关和法律、法规授权的具有管理公共事务职能的组织不得滥用行政权力,排除、限制竞争。	**第十条** 行政机关和法律、法规授权的具有管理公共事务职能的组织不得滥用行政权力,排除、限制竞争。

适用要点

本条是关于禁止行政性垄断行为的原则性规定。2022 年修改《反垄断法》时,本条内容无变动。

行政性垄断或行政性限制竞争行为,是一个与传统市场经营主体的垄断或限制竞争行为(即所谓“经济性垄断”)相区别的反垄断概念。本法禁止行政性垄断行为,党的十九大也明确提出了“打破行政性垄断”的部署。

本条规定,行政机关和法律、法规授权的具有管理公共事务职能的组织不得滥用行政权力,排除、限制竞争。虽然本条并未使用“行政性垄断”一词,但一般认为,行政性垄断的称谓在我国已属约定俗成的法律概念,其与“滥用行政权力排除、限制竞争”在反垄断法视野下表达的是同一法律概念,故本条释义以行政性垄断指代相应行为。

行政性垄断在任何社会都有产生的可能。越来越多的研究和事实表明,行政性垄断不仅存在于中国,在其他经济体制转型的国家也大量存在,在西方市场经济发达国家同样存在,只不过这个问题在我国由传统计划经济体制向社会主义市场经济体制转轨过程中更为突出。

关于行政性垄断的危害,可以从多方面来看。首先,行政性垄断具有与经济性垄断一样的危害性,即人为地在相关市场上排除、限制竞争,破坏了自由、公平的市场竞争秩序,扭曲了资源配置,抑制了经济活力,阻碍了全国统一大市场的形成和发展,使消费者的利益受损、经营者的公平竞争机会受到排挤。其次,从其发生作用的广度和深度来看,行政性垄断较之经济性垄断对市场经济的损害更为严重,因为行政性垄断是行政主体依靠其行政权力通过行政组织和行政手段实施的,这对市场竞争的破坏性往往是致命的、严重的,特别是抽象的行政性垄断行为,其影响的范围广泛而持久。最后,行政性垄断还具有经济性垄断所不具有的社会危害性,即政治上的危害性。例如,行政性垄断容易滋生社会腐败现象和不正之风,产生新的社会分配不公,造成经济不平等,破坏社会主义法制的统一,损害政府应有的公正形象。

本条的规定体现了本法对行政性垄断的明确态度。对于行政性垄断,可以从主体、表现和性质 3 个层面进行基本的行为性质分析。

1. 行政性垄断的主体

行政性垄断的主体主要是行政机关,即政府及其所属部门,除此之外还包括法律、法规授权的社会组织，相关机构一般可统称为“行政主体”或“行政组织”。通说认为，行政性垄断行为分析框架下的行政主体不包括中央政府即国务院。国务院作为最高国家行政机关，其作出的行政决定和制定的行政法规等规范性文件也应被视为国家行为，其中涉及限制竞争的部分也具有推定的合法性。但是，国务院所属各部门可以成为适格行政性垄断主体。此外，国家立法机关、国家司法机关在性质上也不属于行政主体，因而它们也无法成为行政性垄断的主体。

2. 行政性垄断的表现

虽然广义上的垄断可以表现为垄断状态和垄断行为两种情况，但行政性垄断只是指垄断行为，即行政性限制竞争行为，而非经济性垄断中的垄断状态。这是因为，行政性垄断的实施主体是行政主体，而非市场经营者，其无法通过行政权力的滥用形成一定的市场状态。作为行政性垄断的结果，某些经营者可能具备了在特定市场上的某种垄断状态，但是行政性垄断本身只能体现为一种限制竞争的行为。

3. 行政性垄断的性质

至于行政性垄断的性质，应当认为“滥用行政权力”的行政性垄断都是非法的，不存在是否合法的判定问题。换言之，从本条所采“滥用”一词本身就可清楚地看出，基于行政权力的滥用而实施的行为，不存在合法的可能性。

对于什么样的行为构成滥用行政权力排除、限制竞争，一般应考虑以下因素：首先，该行为是否具有排除、限制竞争的效果，只有排除、限制竞争的行为才为《反垄断法》所禁止；其次，该行为是否有法律或者政策依据，如果行政机关和法律、法规授权的具有管理公共事务职能的组织的行为是依照法律或者国家政策作出的，即使具有排除、限制竞争的效果，也不属于滥用行政权力的行为。

实践中，具体的滥用形式可以是多种多样的，既可以表现为实施具体行政行为时的违法，也可以表现为实施制定规范性文件等抽象行政行为时的违法；既可以是违反具体、明确的法律规定，也可以是违反法律的基本原则和精神。行政权力滥用虽有多种表现形式，但作为构成行政性垄断的要件的行政权力滥用，仅发生在行政主体对市场活动的干预中，也就是通过违法行使行政权力，使特定市场上的竞争受到人为的排除或者限制。其一般表现为优待、庇护某些经营者，而歧视、排挤另一些经营者，对经营者的自主经营、自由竞争活动施加不当的影响，背离了行政主体作为经营者市场行为的公正裁判的角色。本法第 5 章相关条款对此作出了具体规定。

2019 年 6 月 26 日，国家市场监督管理总局制定出台《制止滥用行政权力排除、限制竞争行为暂行规定》，其可被认为是对本法第 10 条的重要细化和补充。该暂行规定共 25 条，对制止行政性垄断行为的执法程序和实体规则作了全面系统的规定。具体来说，该暂行规定根据制止行政性垄断行为的反垄断执法的主要环节和实际需要，明确了案件的各项处理程序，对《反垄断法》规定的各类具体行政性垄断行为进行了逐一细化，还进一步明确了滥用行政权力排除、限制竞争行为的处理方式。

第十一条 【反垄断规则制度和反垄断监管】国家健全完善反垄断规则制度，强化反垄断监管力量，提高监管能力和监管体系现代化水平，加强反垄断执法司法，依法公正高效审理垄断案件，健全行政执法和司法衔接机制，维护公平竞争秩序。

适用要点

本条是关于国家系统强化反垄断监管以及执法、司法的原则性规定，是 2022 年《反垄断法》修改时新增加的内容。

反垄断既是市场经济的内在要求，也是各国的普遍做法。近年来，中央多次提出“强化反垄断和防止资本无序扩张”，维护公平竞争的市场环境。强化反垄断的一个基本前提是反垄断规则制度本身的完善，反垄断监管能力与监管体系的现代化构建，首先取决于相关配套法律、法规的专业与完善。目前，我国形成了以《反垄断法》为核心，1 部行政法规、8 部反垄断指南、6 部部门规章等构成的反垄断法律规则体系。仅在 2021 年，就先后发布实施了《关于平台经济领域的反垄断指南》《企业境外反垄断合规指引》《关于原料药领域的反垄断指南》等文件。2022 年《反垄断法》修正更是国家健全完善反垄断规则制度、提升反垄断监管体系现代化水平的一个关键举措。

反垄断规则制度的实施，除了相关主体的主动守法，最主要的还是靠健全完善的反垄断监管机制、专业强效的反垄断执法机制与公正高效的司法机制保障。这就要有反垄断监管力量和执法与司法队伍的保障。同时，还需要从制度建设层面，以现代化的理念，理顺从监管、执法、司法到执行的全链条全领域衔接机制。

然而，相较于美国和欧盟反垄断执法机构少则几百人多则近千人的人员编制，我国的反垄断监管和执法力量相对薄弱，人员相对匮乏，而且在很长时间里还较为分散，不能适应强化反垄断监管力量与提高反垄断监管能力的要求。在 2018 年国务院机构改革中，国务院反垄断执法机构实现了整合，将原先由国家发展改革委员会、国家工商行政管理总局与商务部三部委共同负责的反垄断执法体系整合至国家市场监督管理总局，运行了 10 年的反垄断执法“三驾马车”模式宣告终结。但在机构整合后，总体而言，我国的反垄断执法力量仍然严重不足。正是在这一大背景下，2021 年 11 月 18 日，国家反垄断局正式挂牌成立，机构和人员编制也在逐步增加，体现了国家持续提高监管能力和监管体系现代化水平，持续完善反垄断体制机制的决心。这一举措必将有利于进一步提升我国反垄断执法工作的统一性和权威性。

此外，除了执法机构主动对涉嫌违反《反垄断法》的案件进行查处，经营者依法向涉嫌实施垄断行为的市场主体发起反垄断诉讼也是本法的重要实施方式。并且，相较于执法机构主动查处，反垄断诉讼能够有效节约相对宝贵的执法资源，并使司法机关承担相应的反垄断职能。然而，近年来，相关诉讼案件数量始终较少，这一司法现实与国家对强化反垄断的重视程度之间仍存在差距。正是在这一背景下，2022 年修改《反垄断法》时引入了加强反垄断司法，依法公正、高效审理垄断案件，健全行政执行和司法衔接机制的表述，这为本法在司法层面的高效推进执行，进一步树立市场经营者合规经营、依法维权的法治信念，提供了根本保障。

在 2022 年《反垄断法》修改中，明确了国家需以维护市场公平竞争秩序为根本目的，不断健全完善反垄断规则制度，强化反垄断监管力量，提高反垄断监管能力和监管体系现代化水平，加强反垄断执法司法，依法公正高效审理垄断案件，并健全行政执行和司法衔接机制。这一宣誓性原则规定，为我国进一步完善反垄断体制机制、加强反垄断执法司法体系、充实反垄断监管力量、强化反垄断执法司法能力、提升反垄断司法效率与执行效率、切实规范市场竞争行为、建设高素质和专业化的反垄断执法司法队伍提供了最直接的法律依据。

第十二条 【国务院反垄断委员会的职能】国务院设立反垄断委员会，负责组织、协调、指导反垄断工作，履行下列职责：

（一）研究拟订有关竞争政策；

（二）组织调查、评估市场总体竞争状况，发布评估报告；

（三）制定、发布反垄断指南；

（四）协调反垄断行政执法工作；

（五）国务院规定的其他职责。

国务院反垄断委员会的组成和工作规则由国务院规定。

条文对照

2007 年《反垄断法》	2022 年《反垄断法》
第九条　国务院设立反垄断委员会,负责组织、协调、指导反垄断工作,履行下列职责: (一)研究拟订有关竞争政策; (二)组织调查、评估市场总体竞争状况,发布评估报告; (三)制定、发布反垄断指南; (四)协调反垄断行政执法工作; (五)国务院规定的其他职责。 国务院反垄断委员会的组成和工作规则由国务院规定。	**第十二条**　国务院设立反垄断委员会,负责组织、协调、指导反垄断工作,履行下列职责: (一)研究拟订有关竞争政策; (二)组织调查、评估市场总体竞争状况,发布评估报告; (三)制定、发布反垄断指南; (四)协调反垄断行政执法工作; (五)国务院规定的其他职责。 国务院反垄断委员会的组成和工作规则由国务院规定。

适用要点

本条是关于国务院反垄断委员会的职能的规定。2022 年修改《反垄断法》时,本条内容无变动。

由于反垄断工作的复杂性,本法的有效实施有赖于合理科学的机构规划设置。结合我国国情与《反垄断法》的特点,为了确保反垄断工作在全国开展的统一、公正、高效与权威,我国反垄断职能机构的设置,采取了"国务院反垄断委员会"与"国务院反垄断执法机构"互为依托的双层机构模式。本条规定,国务院设立反垄断委员会并规定反垄断委员会的组成和工作规则,反垄断委员会负责组织、协调、指导反垄断工作。这不仅确认了反垄断委员会的机构设置法律基础,也对委员会的核心职能进行了总括性规定。

国务院议事协调机构是国务院行政机构根据职能划分的一种机

构类型，承担跨国务院行政机构的重要业务工作的组织协调任务。《国务院行政机构设置和编制管理条例》第 6 条规定："国务院行政机构根据职能分为国务院办公厅、国务院组成部门、国务院直属机构、国务院办事机构、国务院组成部门管理的国家行政机构和国务院议事协调机构。""国务院议事协调机构议定的事项，经国务院同意，由有关的行政机构按照各自的职责负责办理。在特殊或者紧急的情况下，经国务院同意，国务院议事协调机构可以规定临时性的行政管理措施。"国务院议事协调机构的设立、撤销或者合并，由国务院机构编制管理机关提出方案，报国务院决定。国务院议事协调机构根据工作的需要，分为长期性议事协调机构和暂时性议事协调机构，其中，暂时性议事协调机构在工作任务完成后就会适时撤销。

根据 2008 年 7 月 28 日《国务院办公厅关于国务院反垄断委员会主要职责和组成人员的通知》，国务院反垄断委员会于 2008 年 8 月正式成立。作为国务院的一个议事协调机构，反垄断委员会具有联席会议的性质，不具有执法职能，其只负责对我国反垄断工作进行全面的统筹协调指导，但不会直接介入各级反垄断执法机构的具体工作。

2021 年 11 月 18 日，国家反垄断局正式成立后，竞争政策协调司负责承担国务院反垄断委员会的日常工作。在组成人员方面，设主任、副主任、委员、秘书长等职位。现任主任 1 位；副主任 2 位；现任委员 14 位；现任秘书长 1 位。此外，反垄断委员会下设专家咨询组，定期聘请法律、经济等方面的专家、学者和有关人员，为委员会提供专家咨询建议。

根据本条规定，反垄断委员会的职责包括：

1. 研究拟订有关竞争政策。竞争政策，是指市场经济国家为了保护和促进市场竞争而实施的经济政策，对竞争立法和执法具有根本性的指导意义，决定着竞争立法和执法的基本取向。一个国家的竞争政策与该国的经济发展阶段、经济体制、市场竞争状况、产业政策以及其他社会公共政策密切相关,拟订竞争政策是一项关系经济生活全局,涉及面广、专业性强的重要工作。国家通过制定和实施竞争政策,确保竞争机制在市场中发挥作用,达到提高生产效率、优化资源配置的目的。竞争政策是制定反垄断法的依据之一,反垄断法是竞争政策的法律表现形式。本法明确规定由国务院反垄断委员会负责研究拟定有关竞争政策,使竞争政策的研究拟定有一个法定的、明确的机制,这对于保证及时提出并适时调整有关竞争政策,保证竞争政策的科学性、统一性和权威性,具有非常重要的意义。

2. 组织调查、评估市场总体竞争状况,发布评估报告。市场总体竞争状况的调查、评估是市场体系建设的一项重要基础性工作,对于反垄断法规定的垄断行为,在具体定性上要看其是否排除、限制市场竞争。市场竞争状况是反垄断执法的重要依据,比如在认定经营者是否具有市场支配地位以及对经营者集中进行审查时,都需要考虑市场竞争状况。另外,市场总体竞争状况的调查、评估,也可以作为从总体上评价、检验反垄断法实施效果的重要依据,并在很大程度上反映出一国的总体投资环境。因此,国务院反垄断委员会作为中国反垄断工作的最高管理机构,应更多地从宏观角度出发,研究市场总体竞争状况,深层次研究市场经济竞争中存在的问题,形成报告并提出建议,供国务院决策部门参考,为反垄断执法部门提供指导。

3. 制定、发布反垄断指南。反垄断指南是指由国务院反垄断委员会制定、公布的反垄断政策性的规范性文件,指引竞争政策的方向,指导具体反垄断执法机构的行动。反垄断执法工作是一项专业性很强的工作,对经营者的市场行为是否排除、限制竞争,构成垄断行为,需要根据实际的市场竞争状况,运用经济学的分析方法等手段进行判断。反垄断指南对于保证本法的顺利实施以及反垄断执法的统一性、公平性和权威性,促进各项反垄断工作的开展,具有重要作用。反垄断委员会自成立以来，陆续发布了多份及时回应国家、社会与公众关切的反垄断行业指南，如2021年发布的《关于平台经济领域的反垄断指南》与《关于原料药领域的反垄断指南》等，为我国反垄断工作的高效深入开展与反垄断法律体系权威的提升，奠定了坚实的规则基础。

4. 协调反垄断行政执法工作。为保证反垄断执法的统一性，本法专门规定由国务院反垄断委员会负责协调反垄断行政执法工作，促使各部门按照统一的原则、程序、尺度执法。同时，由于反垄断执法具有很强的政策性，对于重大反垄断案件的处理，不仅要考虑本法以及其他有关法律的规定，还要综合考虑国家产业政策、案件处理后的社会效果以及国家利益、社会公共利益和消费者利益等多种因素。如果部门之间的意见出现分歧，为保证重大反垄断案件的妥善处理，国务院反垄断委员会有必要对其进行协调。

5. 国务院规定的其他职责。除了以上4项职责外，国务院反垄断委员会还要承担国务院规定的其他职责。

第十三条 【国务院反垄断执法机构】国务院反垄断执法机构负责反垄断统一执法工作。

国务院反垄断执法机构根据工作需要，可以授权省、自治区、直辖市人民政府相应的机构，依照本法规定负责有关反垄断执法工作。

条文对照

2007 年《反垄断法》	2022 年《反垄断法》
第十条 国务院规定的承担反垄断执法职责的机构(以下统称国务院反垄断执法机构)依照本法规定,负责反垄断执法工作。 国务院反垄断执法机构根据工作需要,可以授权省、自治区、直辖市人民政府相应的机构,依照本法规定负责有关反垄断执法工作。	**第十三条 国务院反垄断执法机构负责反垄断统一执法工作。** 国务院反垄断执法机构根据工作需要,可以授权省、自治区、直辖市人民政府相应的机构,依照本法规定负责有关反垄断执法工作。

适用要点

本条是关于国务院反垄断执法机构的规定。2022 年修改《反垄断法》时,本条的表述有所调整,强调国务院反垄断执法机构负责反垄断统一执法工作。

反垄断执法机构的具体设置、机构编制与权责划分,一直是社会各界持续关注的问题,也是评价我国《反垄断法》具体工作成效的一个重要指标。如前所述,在 2018 年国务院机构改革中,原先由国家发展改革委、国家工商行政管理总局与商务部 3 部委共同负责的反垄断执法体系整合为国家市场监督管理总局,由其设立的反垄断局专门负责反垄断执法,同时承办国务院反垄断委员会的日常工作。为适应强化反垄断的要求,进一步落实党中央、国务院充实反垄断监管力量与强化竞争政策基础地位的战略部署,持续提高我国反垄断执法的专业性和执法效率,2021 年 11 月 18 日,国家反垄断局正式挂牌成立。

原先市场监管总局下设的反垄断局调整成 3 个司局,它们分别是:反垄断执法一司、反垄断执法二司和竞争政策协调司。这样就确立了以国家反垄断局为核心、3 个司局级单位具体负责反垄断执法的

新模式。具体而言,3 个司局级单位的工作分工如下:

反垄断执法一司,负责垄断协议、滥用市场支配地位以及滥用知识产权排除、限制竞争等反垄断执法工作;负责组织实施数字经济领域垄断协议、滥用市场支配地位的执法;负责指导地方查处垄断协议、滥用市场支配地位案件,组织协调跨省(自治区、直辖市)垄断协议、滥用市场支配地位案件的查处。

反垄断执法二司,负责对经营者集中行为进行反垄断审查;负责查处违法实施的经营者集中案件,查处未达申报标准但可能排除、限制竞争的经营者集中案件。此外,其还负责开展数字经济领域经营者集中反垄断审查;监督执行经营者集中附加限制性条件并指导企业在国外的反垄断应诉和合规工作。

竞争政策协调司,负责统筹推进竞争政策实施与反垄断综合协调工作;指导地方开展反垄断工作;牵头拟订反垄断制度措施和指南;组织实施公平竞争审查制度并督促指导各部门和地方开展公平竞争审查工作。此外,其还负责滥用行政权力排除、限制竞争的反垄断执法工作;承担反垄断案件内部法制审核工作并承担竞争政策和反垄断国际合作与交流工作。

不难看出,反垄断执法一司与反垄断执法二司主要承担与经济性垄断行为相关的工作,尤其值得注意的,是两司对于数字经济领域垄断行为执法工作的分工。而竞争政策协调司则需承担经济性垄断行为之外的其他工作。

反垄断的相关工作由分工明确的 3 个业务司分别负责,将有利于反垄断执法工作的精细化和常态化。此外,在机构协调和整合执法资源方面,以国家局的名义推进《反垄断法》的实施可以更好地协调行业主管部门与市场监管部门的关系;在查处行政垄断案件的过程中,也可以更有力地纠正政府部门涉嫌滥用行政权力排除、限制竞争的行为。

可以说，国家反垄断局的正式成立是继2018年反垄断执法机构改革之后，我国反垄断执法体制建设工作中的又一重大制度构建，这对加快建立全方位、多层次、立体化反垄断监管体系，实现事前事中事后全链条全领域监管，营造公平、透明、可预期的反垄断执法环境，起到了重要的指导与推动作用。

需要注意的是，反垄断执法属于中央事权，原则上由国务院反垄断执法机构承担。国务院反垄断执法机构根据工作需要，可以授权省、自治区、直辖市人民政府相应的机构，依照本法规定负责有关反垄断执法工作。国家市场监督管理总局2018年12月28日印发《关于反垄断执法授权的通知》，授权各省、自治区、直辖市人民政府市场监督管理部门，负责本行政区域内有关反垄断执法工作。

本条第1款强调国务院反垄断执法机构负责反垄断“统一”执法工作。这一规定既是对以往我国反垄断执法机构改革成果的确认，也为今后指明了方向，有利于实现反垄断执法的统一性、专业性和权威性。

第十四条　【行业协会的自律】行业协会应当加强行业自律，引导本行业的经营者依法竞争，合规经营，维护市场竞争秩序。

条文对照

2007年《反垄断法》	2022年《反垄断法》
第十一条　行业协会应当加强行业自律，引导本行业的经营者依法竞争，维护市场竞争秩序。	**第十四条**　行业协会应当加强行业自律，引导本行业的经营者依法竞争，**合规经营**，维护市场竞争秩序。

适用要点

本条是关于行业协会自律的规定。2022 年修改《反垄断法》时，本条增加了“合规经营”的内容。

行业协会是世界各国市场中普遍存在的发挥重要作用的社会组织，其由特定行业内的市场经营者组成，加入行业协会，相关市场经营者便具有了共同的会员身份。一般认为，行业协会存在的主要目的是维护各会员的切身利益并促进行业整体利益的发展，行业协会通过政府监督、协会管理与会员自律保障这一目的的有效实现。在绝大多数国家，行业协会还发挥着连接政府职能部门、执法部门与行业市场中成千上万经营者的重要纽带作用。由此可知，行业协会一般必须由处于同一行业或同一市场的经营者组成，会员身份具有同质性；行业协会必须以维护全体会员利益与行业利益为根本目标；且行业协会主要依靠内部自律机制运行。同时还需要注意，行业协会自身的运营一般并不以直接营利为目的。

同样，我国的行业协会在诸多行业存在已久且对协会会员与所涉行业进行自律式管理。2016 年修订的《社会团体登记管理条例》第 2 条对社会团体的概念作了规定：“本条例所称社会团体，是指中国公民自愿组成，为实现会员共同意愿，按照其章程开展活动的非营利性社会组织。”该条例第 6 条第 2 款对社会团体主管单位作了规定：“国务院有关部门和县级以上地方各级人民政府有关部门、国务院或者县级以上地方各级人民政府授权的组织，是有关行业、学科或者业务范围内社会团体的业务主管单位。”这些规定正式确认了我国行业协会的基本法律属性与监管模式。因此在我国，行业协会属于会员为实现共同意愿自愿组成的按照章程开展活动的非营利性社会组织。

此外，在我国法律体系中还存在专门性的法律法规与地方性立法对相关行业所涉及的行业协会进行监管。比如《证券法》《律师法》《注册会计师法》等法律以及 2016 年 12 月 19 日经国务院同意由国家发展改革委、民政部等 10 部门联合发布的《行业协会商会综合监管办法》和 2019 年 8 月 29 日修正的《深圳经济特区行业协会条例》中，均有关于行业协会的一系列规定。

在我国反垄断法律体系的视野下，行业协会在部分行业与市场中发挥了不可或缺的积极作用。行业协会的存在维护了相关市场经营者的合法利益，积极传递了行业与经营者对于政府和执法机构的合理诉求，切实增进了行业相关市场中消费者的福利，并通过健全规范行业中的相关标准持续推动了行业整体在国内和国际市场竞争力的提升。

但在部分市场中，行业协会也会产生不容忽视的消极影响。行业协会可轻而易举地利用其庞大的会员网络渠道优势、组织自律协同优势与海量行业数据信息优势，联合会员在相关市场展开各类形式的排除、限制竞争行为，甚至发展为促成经营者之间达成垄断协议并监控其实施的合谋平台。由行业协会作为“中枢”和“大脑”发起运行的这类行为，基于行业协会的前述优势，其危害性往往也会比市场经营者之间发起的类似行为大得多。

正是基于这一背景，本条明确规定，行业协会负有加强行业自律、引导本行业经营者依法竞争、合规经营以维护市场竞争秩序的义务。换言之，若行业协会疏于行业自律，未能及时规范协会会员与相关行业经营者依法合规在市场中展开竞争，甚至主动从事危害市场竞争秩序的行为，行业协会就可能因违反本法而承担相应的责任。

值得注意的是，2022 年修改《反垄断法》时在本条加入了行业协会负有引导本行业经营者合规经营的责任的规定。换言之，引导行业协会会员与行业内经营者建立反垄断合规制度，成为本法赋予行业协会的新使命与新职责，也是本法对强化竞争政策基础地位这一指导方针的又一具体制度回应。

反垄断合规，是指经营者及其员工的经营管理行为符合《反垄断法》等法律、法规、规章及其他规范性文件的要求。反垄断合规管理，是指以预防和降低反垄断合规风险为目的，以经营者及其员工经营管理行为为对象，开展包括制度制定、风险识别、风险应对、考核评价、合规培训等管理活动。通过行业协会倡导督促会员和相关经营者尽快建立完善的反垄断合规管理机制，不仅符合让经营者在公平竞争中发展壮大的市场规律，也是全球各反垄断司法辖区的普遍实践。行之有效的经营者内部合规体系能够有效节约反垄断执法资源，提高反垄断执法效率，促进本法的高效实施。

此外，本条修改也是对 2020 年 9 月 11 日国务院反垄断委员会发布的《经营者反垄断合规指南》在行业协会反垄断监管层面的立法回应。具体而言，《经营者反垄断合规指南》对与经营者内部反垄断合规体系构建相关的基本原则、管理制度、风险重点与管理保障等内容进行了规定。其为行业协会会员和相关经营者开展反垄断合规工作提供了明确指引和具体要求，有助于相关市场主体深化对反垄断各项制度的理解和认识、有效预防和降低相关市场主体违反《反垄断法》的风险，帮助行业协会、会员经营者与相关市场经营者树立良好形象。

典型案例

丰城市预拌混凝土协会及其会员企业达成并实施垄断协议案[1]

要旨：2020 年 1 月，江西省市场监督管理局对丰城市预拌混凝土协会及其 8 家会员企业涉嫌垄断行为立案调查。经调查，涉案 8 家混凝土生产公司自 2012 年开始，签订了《丰城商砼企业行业自律小组协

〔1〕 参见《中国反垄断执法年度报告（2021）》，载国家市场监督管理总局网 2022 年 6 月 9 日，http://www.ipraction.gov.cn/article/gzdt/bmdt/202206/378119.html。

议》,协议中对商品价格、生产数量、市场划分、联合抵制交易等严重损害市场竞争的行为进行了明确约定。之后的经营活动中,8 家公司也履行了该协议,并最终通过上述行为垄断了丰城市城区预拌混凝土供应市场,控制了混凝土市场价格。2021 年 7 月 23 日,江西省市场监督管理局对丰城市预拌混凝土协会作出罚款 50 万元的行政处罚,并建议丰城市民政局依法撤销其社会团体法人登记;对涉案 8 家会员公司责令停止违法行为,没收违法所得,并处罚款共计人民币 2.86 亿元。

第十五条　【经营者和相关市场的定义】本法所称经营者,是指从事商品生产、经营或者提供服务的自然人、法人和非法人组织。

本法所称相关市场,是指经营者在一定时期内就特定商品或者服务(以下统称商品)进行竞争的商品范围和地域范围。

条文对照

2007 年《反垄断法》	2022 年《反垄断法》
第十二条　本法所称经营者,是指从事商品生产、经营或者提供服务的自然人、法人和**其他**组织。 本法所称相关市场,是指经营者在一定时期内就特定商品或者服务(以下统称商品)进行竞争的商品范围和地域范围。	**第十五条**　本法所称经营者,是指从事商品生产、经营或者提供服务的自然人、法人和**非法人**组织。 本法所称相关市场,是指经营者在一定时期内就特定商品或者服务(以下统称商品)进行竞争的商品范围和地域范围。

适用要点

本条是关于本法中的经营者和相关市场的定义的规定。

经营者与相关市场均为本法中最重要的概念,基于其不可忽视的规范定义价值,本条对其进行了专门规定。在 2022 年《反垄断法》修改中,本条只是按照《民法典》的表述,将“其他组织”调整为“非法人组织”,其他内容无变化。

一、经营者的定义

根据本条规定,本法中的经营者,需要满足“主体要件”与“行为要件”两方面的要求。具体来说,对于主体类型,本法规定,经营者必须是“自然人、法人和非法人组织”。本法并未进一步对“自然人”、“法人”与“非法人组织”的概念给出定义,具体可参考《民法典》的相关规定。

对于行为类型,本条将本法中经营者所需从事的行为定义为“从事商品生产、经营或者提供服务”。除了生产与经营这两类市场主体在市场竞争中所从事的最基本的行为,本法对于“提供服务”这一概念并未进行限定。换言之,不直接以营利为目的的服务行为,必要时,若其与排除、限制竞争的经营者行为相关,也会成为本法所涉及与规制的对象。

综上所述,判断市场中的某一主体是否能够成为本法中的适格经营者,需要从该主体的类型与其所从事的行为性质两方面综合进行分析判断。只有当自然人、法人或非法人组织从事的活动属于生产、经营或提供服务的行为,其才有可能被认定为本法中的经营者。

二、相关市场

相关市场的界定并不是本法中的一项独立制度,却是建立和实施本法各主要制度的基础。本法中的相关市场,是指经营者在一定时期内就特定商品或者服务(以下统称商品)进行竞争的商品范围和地域范围。这一规定不仅直接涉及相关市场的核心概念内涵,也与商品范围所涉及的“商品市场”概念、地域范围所涉及的“地域市场”和一定时期内所涉及的“时间市场”概念直接相关。但这几个概念只是界定相关市场过程中的“维度概念”,并非独立的相关市场“种类概念”,具体而言:

本法通过分析相关行为是否对竞争造成损害来判断其是否具有违法性,这就必然涉及发生竞争的领域。而相关市场的界定就是要划定这种竞争领域的范围。如此,才可知晓市场中到底有多少竞争者、他们各自的市场份额,进而才能判断涉嫌违法行为的性质。在大多数场合,相关市场的界定实际上是竞争分析的出发点和基本前提,虽然其内容未必规定在本法的具体条文中,但它蕴含在本法的各主要制度之中。

在反垄断执法实践中,通常必须要界定相关商品市场和相关地域市场。相关商品市场,是指根据商品的特性、用途及价格等因素,由需求者认为具有较为紧密替代关系的一组或一类商品所构成的市场。这些商品表现出较强的竞争关系,在反垄断执法中可以作为经营者进行竞争的商品范围。相关地域市场,是指需求者获取具有较为紧密替代关系的商品的地理区域。这些地域表现出较强的竞争关系,在反垄断执法中可以作为经营者进行竞争的地域范围。在这里,商品和地域只是界定相关市场过程中的两个维度,其意味着在确定一个具体案件的相关市场时,必须从不同的角度进行界定,如此界定出的相关市场才更符合实际。

此外,在相关市场的界定中有时还需要涉及所谓的相关时间市场,即在相关商品市场和相关地域市场内经营者所能展开竞争的时间范围。由于相关时间市场在很多情况下可以融入相关商品市场的界定之中,即在界定相关商品市场时应当考虑时间因素,因而可不将其作为一个单独的问题。此外,在进行相关市场界定时,有些案件只需要界定一个相关市场,而有些案件可能需要界定两个市场甚至多个市场。

综上所述，不难发现，科学、合理地界定相关市场，对于识别竞争者和潜在竞争者、判定经营者市场份额和市场集中度、认定经营者的市场地位、分析经营者的行为对市场竞争的影响、判断经营者的行为是否违法以及在违法情况下需如何承担法律责任等关键问题，具有重要的作用。

同时，正因为相关市场界定是本法各主要制度的前提性和事实性的问题，其未必适宜在条文中作出非常具体的规定。对此，本条的原则性规定已能发挥足够的指导作用。至于在相关市场界定中涉及的具体问题，可以作为本法实施中的基本问题之一，由国务院反垄断委员会制定具体的规则和指南。

实用小贴士

国务院反垄断委员会于 2009 年 7 月 6 日发布了《关于相关市场界定的指南》，明确了界定相关市场的基本依据、一般方法和假定垄断者测试的分析思路。此外，国务院反垄断委员会于 2021 年 2 月 7 日发布了《关于平台经济领域的反垄断指南》，其中，对平台经济领域反垄断执法过程中所涉及的经营者与相关市场概念，作出了十分具体的规定。具体而言：

1.《关于平台经济领域的反垄断指南》第 2 条"相关概念"规定：

(1)平台，该指南所称平台为互联网平台，是指通过网络信息技术，使相互依赖的双边或者多边主体在特定载体提供的规则下交互，以此共同创造价值的商业组织形态。

(2)平台经营者，是指向自然人、法人及其他市场主体提供经营场所、交易撮合、信息交流等互联网平台服务的经营者。

(3)平台内经营者，是指在互联网平台内提供商品或者服务(以下统称商品)的经营者。平台经营者在运营平台的同时，也可能直接通过平台提供商品。

(4)平台经济领域经营者，包括平台经营者、平台内经营者以及其他参与平台经济的经营者。

2.《关于平台经济领域的反垄断指南》第4条"相关市场界定"规定：

平台经济业务类型复杂、竞争动态多变，界定平台经济领域相关商品市场和相关地域市场需要遵循《反垄断法》和《国务院反垄断委员会关于相关市场界定的指南》所确定的一般原则，同时考虑平台经济的特点，结合个案进行具体分析。

（1）相关商品市场。平台经济领域相关商品市场界定的基本方法是替代性分析。在个案中界定相关商品市场时，可以基于平台功能、商业模式、应用场景、用户群体、多边市场、线下交易等因素进行需求替代分析；当供给替代对经营者行为产生的竞争约束类似于需求替代时，可以基于市场进入、技术壁垒、网络效应、锁定效应、转移成本、跨界竞争等因素考虑供给替代分析。具体而言，可以根据平台一边的商品界定相关商品市场；也可以根据平台所涉及的多边商品，分别界定多个相关商品市场，并考虑各相关商品市场之间的相互关系和影响。当该平台存在的跨平台网络效应能够给平台经营者施加足够的竞争约束时，可以根据该平台整体界定相关商品市场。

（2）相关地域市场。平台经济领域相关地域市场界定同样采用需求替代和供给替代分析。在个案中界定相关地域市场时，可以综合评估考虑多数用户选择商品的实际区域、用户的语言偏好和消费习惯、相关法律法规的规定、不同区域竞争约束程度、线上线下融合等因素。根据平台特点，相关地域市场通常界定为中国市场或者特定区域市场，根据个案情况也可以界定为全球市场。

（3）相关市场界定在各类垄断案件中的作用。坚持个案分析原则，不同类型垄断案件对于相关市场界定的实际需求不同。调查平台经济领域垄断协议、滥用市场支配地位案件和开展经营者集中反垄断审查，通常需要界定相关市场。

第二章　垄断协议

第十六条　【垄断协议的定义】本法所称垄断协议，是指排除、限制竞争的协议、决定或者其他协同行为。

条文对照

2007 年《反垄断法》	2022 年《反垄断法》
第十三条第二款　本法所称垄断协议，是指排除、限制竞争的协议、决定或者其他协同行为。	**第十六条**　本法所称垄断协议，是指排除、限制竞争的协议、决定或者其他协同行为。

适用要点

本条是关于垄断协议的定义的规定。2022 年修改《反垄断法》时，将其由原来的第 13 条第 2 款独立作为本章的第 1 条，意味着该条对垄断协议的定义适用于本章所有类型的垄断协议。

垄断协议是我国《反垄断法》使用的概念，其他国家和地区对“垄断协议”有不同的称谓，例如，欧盟和德国称其为“限制竞争协议”，法国称其为“非法联合行为”，日本称其为“不当交易限制”，等等。从本条规定来看，我国《反垄断法》选择将“垄断协议”解释为“排除、限制竞争的协议、决定或者其他协同行为"。本条前后两处"协议"的含义范围是不一致的,前面的"协议"是广义上的,后面的"协议"是狭义上的。这意味着,"垄断协议"除了一般意义的"协议",还包括了"协议"以外的其他行为(决定或者其他协同行为)。

垄断协议的构成总体上包括以下三个要件:第一,垄断协议的主体是两个或者两个以上的经营者,单个经营者无法形成协议或者实施联合一致的行为。行业协会作为市场主体的联合组织,以其为媒介很容易产生行为人的一致意见,故行业协会的决定也被视为经营者间的协议。第二,垄断协议要求当事人之间有某种形式的共谋,具体表现为协议、决定或者其他协同一致的行为。其中,协议或者决定可以是书面、口头等形式;其他协同行为,是指经营者之间虽未明确订立协议或者决定,但实质上存在协调一致的行为。根据《禁止垄断协议暂行规定》第 6 条的规定,认定其他协同行为,应当考虑经营者的市场行为是否具有一致性,经营者之间是否进行过意思联络或者信息交流,经营者能否对行为的一致性作出合理解释,以及相关市场的市场结构、竞争状况、市场变化等情况。第三,垄断协议的构成要求具有限制竞争的目的或产生限制竞争的效果,两者只要有一个即可。

实用小贴士

平台经济领域的垄断协议

随着以互联网、大数据和人工智能为代表的数字经济的发展,垄断协议的表现形式也发生了变化。国务院反垄断委员会发布的《关于平台经济领域的反垄断指南》对平台经济领域的垄断协议作出了进一步的规定,其第 5 条指出:"平台经济领域垄断协议是指经营者排除、限制竞争的协议、决定或者其他协同行为。协议、决定可以是书面、口头等形式。其他协同行为是指经营者虽未明确订立协议或者决定,但通过数据、算法、平台规则或者其他方式实质上存在协调一致的行为,有关经营者基于独立意思表示所作出的价格跟随等平行行为除外。"第 9 条规定:"认定平台经济领域协同行为,可以通过直接证据判定是否存在协同行为的事实。如果直接证据较难获取，可以根据《禁止垄断协议暂行规定》第六条规定，按照逻辑一致的间接证据，认定经营者对相关信息的知悉状况，判定经营者之间是否存在协同行为。经营者可以提供相反证据证明其不存在协同行为。"

第十七条　【横向垄断协议】禁止具有竞争关系的经营者达成下列垄断协议：

（一）固定或者变更商品价格；

（二）限制商品的生产数量或者销售数量；

（三）分割销售市场或者原材料采购市场；

（四）限制购买新技术、新设备或者限制开发新技术、新产品；

（五）联合抵制交易；

（六）国务院反垄断执法机构认定的其他垄断协议。

条文对照

2007年《反垄断法》	2022年《反垄断法》
第十三条第一款　禁止具有竞争关系的经营者达成下列垄断协议： （一）固定或者变更商品价格； （二）限制商品的生产数量或者销售数量； （三）分割销售市场或者原材料采购市场； （四）限制购买新技术、新设备或者限制开发新技术、新产品； （五）联合抵制交易； （六）国务院反垄断执法机构认定的其他垄断协议。	**第十七条**　禁止具有竞争关系的经营者达成下列垄断协议： （一）固定或者变更商品价格； （二）限制商品的生产数量或者销售数量； （三）分割销售市场或者原材料采购市场； （四）限制购买新技术、新设备或者限制开发新技术、新产品； （五）联合抵制交易； （六）国务院反垄断执法机构认定的其他垄断协议。

适用要点

本条是关于横向垄断协议的规定。2022 年修改《反垄断法》时，本条内容无变化。

无论是在学理上还是在大多数国家或地区的反垄断立法上，垄断协议通常依据参与主体的不同，分为横向垄断协议和纵向垄断协议两种基本类型。横向垄断协议，是指在生产或者销售过程中具有竞争关系的经营者之间达成的协议，这类经营者往往处于同一生产或销售阶段，如生产商之间、批发商之间、零售商之间等，他们对竞争限制的"合意"发生在同行业的同一经营层次，因而对市场竞争具有严重危害性，受到各国反垄断法的规制。本条是我国《反垄断法》对横向垄断协议的禁止性规定，即明确禁止具有竞争关系的经营者达成以下 6 种类型的横向垄断协议。

第一，固定或者变更商品价格的协议。由于价格竞争是经营者之间最重要、最基本的竞争方式，因而通过垄断协议固定或者变更商品价格的行为，是最为严重的反竞争行为。实践中，固定或者变更商品价格的垄断协议行为具体包括：(1)固定或者变更价格水平、价格变动幅度、利润水平或者折扣、手续费等其他费用；(2)约定采用据以计算价格的标准公式；(3)限制参与协议的经营者的自主定价权；(4)通过其他方式固定或者变更价格。需注意的是，此处所称的价格，包括但不限于商品价格以及经营者收取的佣金、手续费、会员费、推广费等服务收费。

第二，限制商品的生产数量或者销售数量的协议。商品产量或销量的减少，必然会导致价格的上涨，损害消费者的利益，因此该类协议成为横向垄断协议的一种。实践中，限制商品的生产数量或者销售数量的协议具体包括：(1)以限制产量、固定产量、停止生产等方式限制商品的生产数量，或者限制特定品种、型号商品的生产数量；(2)以限制商品投放量等方式限制商品的销售数量，或者限制特定品种、型号商品的销售数量;(3)通过其他方式限制商品的生产数量或者销售数量。

第三,分割销售市场或者原材料采购市场的协议。经营者之间分割销售市场或者原材料采购市场会限制商品的供应,排除、限制经营者之间的自由竞争。实践中,这类协议具体包括:(1)划分商品销售地域、市场份额、销售对象、销售收入、销售利润或者销售商品的种类、数量、时间;(2)划分原料、半成品、零部件、相关设备等原材料的采购区域、种类、数量、时间或者供应商;(3)通过其他方式分割销售市场或者原材料(包括经营者生产经营所必需的技术和服务)采购市场。

第四,限制购买新技术、新设备或者限制开发新技术、新产品的协议。经营者通过协议对新技术、新设备的购买以及对新技术、新产品的开发作出限制,是减少竞争、破坏竞争的行为。实践中,这类协议具体包括:(1)限制购买、使用新技术、新工艺;(2)限制购买、租赁、使用新设备、新产品;(3)限制投资、研发新技术、新工艺、新产品;(4)拒绝使用新技术、新工艺、新设备、新产品;(5)通过其他方式限制购买新技术、新设备或者限制开发新技术、新产品。

第五,联合抵制交易的协议。协议各方联合起来不与其他竞争对手、供应商或者销售商交易的联合抵制交易,是排除、限制市场竞争的行为。实践中,这类协议具体表现为:(1)联合拒绝向特定经营者供应或者销售商品;(2)联合拒绝采购或者销售特定经营者的商品;(3)联合限定特定经营者不得与其具有竞争关系的经营者进行交易;(4)通过其他方式联合抵制交易。

第六,国务院反垄断执法机构认定的其他垄断协议。该项为兜底条款,即授权国务院反垄断执法机构对本条列举之外的横向协议是否属于垄断协议作出认定。

此外,国务院反垄断委员会发布的《关于平台经济领域的反垄断指南》第6条，专门针对具有竞争关系的平台经济领域经营者可能达成横向垄断协议的方式作了详细规定，包括利用平台收集并且交换价格、销量、成本、客户等敏感信息，利用技术手段进行意思联络，利用数据、算法、平台规则等实现协调一致行为，以及其他有助于实现协同的方式。

典型案例

冰醋酸原料药垄断案〔1〕

要旨：冰醋酸（无水乙酸）作为一种原料药，主要用于生产血液透析浓缩液，治疗晚期肾脏衰竭、尿毒症等疾病。根据我国药品管理的有关规定，冰醋酸是生产血液透析浓缩液的必备原料之一，不具有可替代性。2017年以来，我国冰醋酸原料药市场实际只有涉案的3家企业生产销售冰醋酸。经查，这3家具有竞争关系的经营者通过电话沟通、当面交流、召开会议等方式交换价格信息，形成统一涨价的意愿，构成与具有竞争关系的经营者达成价格垄断协议的违法行为，并在制定冰醋酸原料药销售价格以及实际销售过程中实施了上述价格垄断协议，属于达成并实施"固定或者变更商品价格"垄断协议的违法行为。执法机关认为，3家涉案企业的行为性质严重、危害程度较深：一是严重排除、限制了市场竞争。作为市场上仅有的3家冰醋酸生产企业，达成并实施垄断协议后，统一提高了冰醋酸原料药价格，严重破坏了市场竞争秩序。二是加重下游制药企业负担。冰醋酸是生产血液透析浓缩液的主要原料药，价格的大幅上涨会直接增加下游生产成本，进而加重下游药企成本负担。三是危害血液透析患者正常治疗。冰醋酸原料药价格高涨，导致下游药企减产、停产血液透析浓缩液，危

〔1〕 参见国家市场监督管理总局国市监处〔2018〕17号行政处罚决定书。

害血液透析患者的正常治疗。因此,执法机关对当事人达成并实施价格垄断协议的行为作出以下决定:(1)责令当事人立即停止上述违法行为;(2)没收当事人违法所得136.09万元;(3)对当事人处以2017年度销售额6908.41万元4%的罚款,约计276.34万元。

第十八条　【纵向垄断协议和安全港规则】禁止经营者与交易相对人达成下列垄断协议:

(一)固定向第三人转售商品的价格;

(二)限定向第三人转售商品的最低价格;

(三)国务院反垄断执法机构认定的其他垄断协议。

对前款第一项和第二项规定的协议,经营者能够证明其不具有排除、限制竞争效果的,不予禁止。

经营者能够证明其在相关市场的市场份额低于国务院反垄断执法机构规定的标准,并符合国务院反垄断执法机构规定的其他条件的,不予禁止。

条文对照

2007年《反垄断法》	2022年《反垄断法》
第十四条　禁止经营者与交易相对人达成下列垄断协议: (一)固定向第三人转售商品的价格; (二)限定向第三人转售商品的最低价格; (三)国务院反垄断执法机构认定的其他垄断协议。	**第十八条**　禁止经营者与交易相对人达成下列垄断协议: (一)固定向第三人转售商品的价格; (二)限定向第三人转售商品的最低价格; (三)国务院反垄断执法机构认定的其他垄断协议。

续表

2007 年《反垄断法》	2022 年《反垄断法》
	对前款第一项和第二项规定的协议，经营者能够证明其不具有排除、限制竞争效果的，不予禁止。 经营者能够证明其在相关市场的市场份额低于国务院反垄断执法机构规定的标准，并符合国务院反垄断执法机构规定的其他条件的，不予禁止。

适用要点

本条是关于纵向垄断协议和安全港规则的规定。2022 年修改《反垄断法》时，本条新增了两款内容。

一、纵向垄断协议

相比于具有竞争关系的经营者之间达成的横向垄断协议，纵向垄断协议在我国《反垄断法》中被界定为经营者与交易相对人之间达成的垄断协议。纵向垄断协议最主要的特征在于当事人处于生产销售链条的不同环节，相互之间没有直接的竞争关系，而是一种上游和下游的关系。除了少数涉及价格的纵向协议，多数纵向协议对竞争的损害没有横向垄断协议那么直接和明显，因而不属于本法规制的重点。根据本条第 1 款的规定，本法禁止的纵向垄断协议类型主要包括以下 3 种：

第一，固定向第三人转售商品价格的协议。固定转售商品价格，主要指商品的生产商或者供应商要求购买方必须按照一定的价格水平转售其商品，通常发生在上、下游的厂商之间，如生产商与批发商、批发商与零售商之间，其表现形式包括固定向第三人转售商品的价格水平、价格变动幅度、利润水平或者折扣、手续费等其他费用。固定转售商品价格的协议,会直接导致市场中的价格机制和价格竞争失去作用,其与横向垄断协议中的固定价格协议一样,均属于严重的反竞争行为。

第二,限定向第三人转售商品最低价格的协议。维持最低转售价格,是指上游厂商要求下游厂商转售商品时不得低于某一价格水平,这实际上剥夺了下游厂商的定价自主权,破坏了价格竞争机制,也明显不利于保护消费者的利益。实践中,维持最低转售价格协议的具体表现形式包括:限定向第三人转售商品的最低价格,通过限定价格变动幅度、利润水平或者折扣、手续费等其他费用限定向第三人转售商品的最低价格。

第三,国务院反垄断执法机构认定的其他垄断协议。该项为兜底条款,即授权国务院反垄断执法机构对本条列举之外的纵向协议是否属于垄断协议作出认定。

此外,国务院反垄断委员会发布的《关于平台经济领域的反垄断指南》第7条,专门针对平台经济领域经营者与交易相对人达成纵向垄断协议的方式作了详细规定,包括利用技术手段对价格进行自动化设定,利用平台规则对价格进行统一,利用数据和算法对价格进行直接或者间接限定,以及利用技术手段、平台规则、数据和算法等方式限定其他交易条件,排除、限制市场竞争。当平台经营者要求平台内经营者在商品价格、数量等方面向其提供等于或者优于其他竞争性平台的交易条件,该行为既可能构成垄断协议,也可能构成滥用市场支配地位,但在分析其是否构成国务院反垄断执法机构认定的"其他纵向垄断协议"时,需综合考虑平台经营者的市场力量、相关市场竞争状况、对其他经营者进入相关市场的阻碍程度、对消费者利益和创新的影响等因素。

值得注意的是,本条新增的第2款,即"对前款第一项和第二项规定的协议，经营者能够证明其不具有排除、限制竞争效果的，不予禁止”，实际上是对过去反垄断行政执法和司法针对这两类纵向垄断协议规制存在的不同认识作出的回应。从过去的相关案件中可以看出，多数的法院认为，在规制这两类协议时，除了需要证明协议存在，还需要证明具体协议的确排除、限制了竞争；而行政执法机构则认为，由于这两类行为导致反竞争效果的可能性非常高，因此反垄断执法机构只需证明行为客观存在便可推定其具有反竞争效果，不需要进一步分析协议导致的具体反竞争效果，由涉案企业对此进行抗辩即可。这种明显的分歧给法律的实施和市场经营都带来了很大的不确定性。2022年修改《反垄断法》时新增该款意味着，这两类纵向垄断协议并不完全构成当然违法，若有证据证明所达成的纵向协议不具有排除、限制竞争的效果，则不属于本法所禁止的纵向垄断协议，但相关证明义务则需要由经营者而非反垄断行政执法机构承担。

二、安全港规则

本法所禁止的垄断协议，是以其具有排除限制竞争的目的或者效果为前提的，但如果根据反垄断法的实施经验，一些限制竞争的协议对市场竞争的影响不明显，它们可以不受到反垄断法的禁止，并得到反垄断法的豁免。所谓“安全港”，是指协议满足一定前提条件即可排除它们存在竞争损害，或无需评估具体市场情况即可认定其合法的规则。“安全港”规则为那些不太可能表现出明显的反竞争效应的协议提供了较为明确的豁免预期，避免禁止垄断协议制度规则的扩大化适用，同时能够提高反垄断执法的透明度并节约执法资源。

根据本条第 3 款的规定，本法确定的“安全港”规则限定适用于纵向垄断协议，具体的适用条件主要包括两个方面：一是经营者在相关市场的市场份额低于国务院反垄断执法机构规定的标准，二是符合国务院反垄断执法机构规定的其他条件。形成这种采用市场份额作为

“安全港”规则适用门槛的重要理论假设是损害竞争的能力与拥有实质性的市场力量成正比，多数国家反垄断法中的“安全港”规则主要是在没有突破市场份额限制的情况下给予豁免。事实上，在国务院反垄断委员会发布的《关于知识产权领域的反垄断指南》中已经制定了“安全港”规则，其第 13 条明确：“为了提高执法效率，给市场主体提供明确的预期，设立安全港规则。安全港规则是指，如果经营者符合下列条件之一，通常不将其达成的涉及知识产权的协议认定为《反垄断法》第十三条第一款第六项[1]和第十四条第三项[2]规定的垄断协议，但是有相反的证据证明该协议对市场竞争产生排除、限制影响的除外。（一）具有竞争关系的经营者在相关市场的市场份额合计不超过 20%；（二）经营者与交易相对人在受到涉及知识产权的协议影响的任一相关市场上的市场份额均不超过 30%；（三）如果经营者在相关市场的份额难以获得，或者市场份额不能准确反映经营者的市场地位，但在相关市场上除协议各方控制的技术外，存在四个或者四个以上能够以合理成本得到的由其他经营者独立控制的具有替代关系的技术。”

可以预见，国务院反垄断执法机构在未来将通过更多的反垄断指南或规范性文件，明确具体市场或行业领域的“安全港”规则。

典型案例

公牛集团股份有限公司达成并实施垄断协议案[3]

要旨：2014 年至 2020 年，当事人公牛集团股份有限公司，在全国范围内在转换器、墙壁开关插座、LED 照明、数码配件等电源连接和用

[1] 对应 2022 年《反垄断法》第 17 条第 6 项。
[2] 对应 2022 年《反垄断法》第 18 条第 1 款第 3 项。
[3] 参见浙江省市场监督管理局浙市监案〔2021〕4 号行政处罚决定书。

电延伸性产品销售渠道，与交易相对人（经销商）达成并实施固定和限定价格的垄断协议，具体包括：制定含有固定产品转售价格、限定最低转售价格内容的《市场运营规范》《经销商管理规则》《线上市场管理规范》《承诺书》等文件，并通过发布价格政策和与经销商签订经销合同、承诺书等方式，实现对产品价格的管控。当事人固定和限定价格的要求在线上和线下经销商均得到了实际执行。当事人还通过强化考核监督、委托中介机构维价、惩罚经销商等措施，进一步强化固定和限定价格协议的实施。鉴于当事人产品的市场优势地位，经销商对其重点产品具有一定依赖性。当事人固定和限定价格的行为，排除、限制了相关产品在经销商之间的竞争和在零售终端的竞争，损害了消费者合法权益和社会公共利益。执法机关认定当事人的上述行为构成与交易相对人达成并实施垄断协议的行为，符合《反垄断法》对纵向垄断协议的禁止性规定。

实用小贴士

认定是否构成兜底条款所规定的垄断协议时应考虑的因素

《反垄断法》授权国务院反垄断执法机构对该法第 17 条、第 18 条列举之外的横向及纵向协议是否属于垄断协议作出认定，根据《禁止垄断协议暂行规定》第 13 条的规定，国务院反垄断执法机构认定时应当考虑下列因素：“（一）经营者达成、实施协议的事实；（二）市场竞争状况；（三）经营者在相关市场中的市场份额及其对市场的控制力；（四）协议对商品价格、数量、质量等方面的影响；（五）协议对市场进入、技术进步等方面的影响；（六）协议对消费者、其他经营者的影响；（七）与认定垄断协议有关的其他因素。”

第十九条　【轴辐协议】经营者不得组织其他经营者达成垄断协议或者为其他经营者达成垄断协议提供实质性帮助。

适用要点

本条是关于轴辐协议的规定，是 2022 年修改《反垄断法》时新增加的内容。

所谓轴辐协议，也称轴辐卡特尔，是指处于横向关系的竞争者通过分别与处于纵向关系的同一主体（轴心经营者）签订纵向协议，从而实现信息交换，达到了横向垄断协议的效果。因此，它是一种兼具横向协议和纵向协议特征的混合型垄断协议。在家电、医药、汽车等行业，生产商依赖经销商进行产品销售，经营者之间横向关系与纵向关系错综复杂，十分容易衍生出轴辐协议的情况。但由于我国《反垄断法》对垄断协议采取横向协议与纵向协议的“二分法”，这不仅使对轴辐协议的规制面临“于法无据”的窘境，也使本应遭受处罚的垄断协议行为人逃脱制裁。2022 年修改《反垄断法》时，在横向垄断协议、纵向垄断协议的规定之外，新增轴辐协议的规定，完善了垄断协议的规范类型。

根据本条规定，法律所规制的是经营者通过组织或者实质性帮助其他经营者达成垄断协议的行为。此处的“实质性帮助”，主要是指轴心经营者为其他竞争者提供信息交换和传递的媒介，以促成相关主体之间形成横向意思联络。轴辐协议不同于横向垄断协议和纵向垄断协议以经营者所在的经济层次或环节作为划分标准，而是以经营者相互之间的组织、帮助关系作为标准，进一步拓展了垄断协议基本类型，确保各种违法经营者（特别是轴心经营者）都能受到《反垄断法》的制裁。轴辐协议并不要求轴心经营者具有市场支配地位，关键在于其是否组织或实质性帮助促成了横向垄断协议，产生了排除限制竞争效果，因此，需要结合轴心经营者所处相关市场的竞争状况进行具体分析。

在国务院反垄断委员会已经发布的反垄断指南中，亦有关于轴辐协议的规定。例如，《关于平台经济领域的反垄断指南》第 8 条规定，具有竞争关系的平台内经营者可能借助与平台经营者之间的纵向关系,或者由平台经营者组织、协调,达成具有横向垄断协议效果的轴辐协议。分析该协议是否属于《反垄断法》规制的垄断协议,可以考虑具有竞争关系的平台内经营者之间是否利用技术手段、平台规则、数据和算法等方式,达成、实施垄断协议,排除、限制相关市场竞争。又如,《关于原料药领域的反垄断指南》第9条规定,经营者不得组织原料药经营者达成垄断协议或者为其达成垄断协议提供实质性帮助。具有竞争关系的原料药经营者可能借助与其他经营者之间的纵向关系,或者由其他经营者组织、协调,达成具有横向垄断协议效果的轴辐协议。分析该协议是否属于《反垄断法》规制的垄断协议,主要考虑原料药经营者是否应知或者明知其他经营者与同一原料药经销企业签订相同、相似或者具有相互配合关系的协议。

典型案例

安徽信雅达等3家密码器企业垄断协议案[1]

要旨:当事人上海海基业高科技有限公司和兆日公司、信雅达公司均在安徽市场销售支付密码器,经营同种业务,是具有横向竞争关系的独立法人,本应依据法律规定和市场经济规则,开展充分、有序的市场竞争,但却以人民银行合肥中心支行行政限定为由,积极组织通过划分销售对象来分割支付密码器销售市场。虽然当事人之间没有直接签订书面协议,但在实际经营活动中,共同参加了人民银行合肥中心支行组织召开的相关会议,进行了意思联络,在按照分配方案划分的对象对应销售且不交叉供货、固定和调整销售价格、统一支付和取消代理服务费、共同开展宣传推广活动和应对媒体负面报道危机并

[1] 参见安徽省工商行政管理局皖工商公处字〔2016〕1号行政处罚决定书。

承担相关费用等方面达成一致意见。当事人与兆日公司、信雅达公司实施垄断协议分割销售市场的行为，排除、限制了竞争，扰乱了市场竞争秩序，影响了经济运行效率。在实施垄断行为期间，其售价明显高于同期竞争状态下的市场价格，牟取了高额垄断利润。当事人的行为使消费者仅能以高价购买指定产品，既剥夺了消费者自主选择权，又加重了消费者的负担，损害了消费者的权益。当事人与其他两家公司采取协调一致的行为在安徽省分割支付密码器销售市场，构成达成并实施垄断协议行为。

第二十条　【垄断协议的豁免】经营者能够证明所达成的协议属于下列情形之一的，不适用本法第十七条、第十八条第一款、第十九条的规定：

（一）为改进技术、研究开发新产品的；

（二）为提高产品质量、降低成本、增进效率，统一产品规格、标准或者实行专业化分工的；

（三）为提高中小经营者经营效率，增强中小经营者竞争力的；

（四）为实现节约能源、保护环境、救灾救助等社会公共利益的；

（五）因经济不景气，为缓解销售量严重下降或者生产明显过剩的；

（六）为保障对外贸易和对外经济合作中的正当利益的；

（七）法律和国务院规定的其他情形。

属于前款第一项至第五项情形，不适用本法第十七条、第十八条第一款、第十九条规定的，经营者还应当证明所达成的协议不会严重限制相关市场的竞争，并且能够使消费者分享由此产生的利益。

条文对照

2007 年《反垄断法》	2022 年《反垄断法》
第十五条 经营者能够证明所达成的协议属于下列情形之一的,不适用本法**第十三条、第十四条**的规定: (一)为改进技术、研究开发新产品的; (二)为提高产品质量、降低成本、增进效率,统一产品规格、标准或者实行专业化分工的; (三)为提高中小经营者经营效率,增强中小经营者竞争力的; (四)为实现节约能源、保护环境、救灾救助等社会公共利益的; (五)因经济不景气,为缓解销售量严重下降或者生产明显过剩的; (六)为保障对外贸易和对外经济合作中的正当利益的; (七)法律和国务院规定的其他情形。 属于前款第一项至第五项情形,不适用本法**第十三条、第十四条**规定的,经营者还应当证明所达成的协议不会严重限制相关市场的竞争,并且能够使消费者分享由此产生的利益。	**第二十条** 经营者能够证明所达成的协议属于下列情形之一的,不适用本法**第十七条、第十八条第一款、第十九条**的规定: (一)为改进技术、研究开发新产品的; (二)为提高产品质量、降低成本、增进效率,统一产品规格、标准或者实行专业化分工的; (三)为提高中小经营者经营效率,增强中小经营者竞争力的; (四)为实现节约能源、保护环境、救灾救助等社会公共利益的; (五)因经济不景气,为缓解销售量严重下降或者生产明显过剩的; (六)为保障对外贸易和对外经济合作中的正当利益的; (七)法律和国务院规定的其他情形。 属于前款第一项至第五项情形,不适用本法**第十七条、第十八条第一款、第十九条**规定的,经营者还应当证明所达成的协议不会严重限制相关市场的竞争,并且能够使消费者分享由此产生的利益。

适用要点

本条是关于垄断协议豁免的规定。2022 年修改《反垄断法》时,本条实质内容无变动。

在《反垄断法》的禁止垄断协议制度中，针对特定行为的豁免规定是其重要组成部分。不同国家或地区的反垄断法在垄断协议豁免的情形和条件方面有不同的规定，有的在反垄断法中对豁免作出了明确规定，有的则主要由反垄断执法机构和法院按照合理原则在个案中具体处理。

从本条第1款的规定可以看出，我国《反垄断法》采取的是规定豁免情形的方式，具体包括以下7种情形：(1)为改进技术、研究开发新产品的；(2)为提高产品质量、降低成本、增进效率，统一产品规格、标准或者实行专业化分工的；(3)为提高中小经营者经营效率，增强中小经营者竞争力的；(4)为实现节约能源、保护环境、救灾救助等社会公共利益的；(5)因经济不景气，为缓解销售量严重下降或者生产明显过剩的；(6)为保障对外贸易和对外经济合作中的正当利益的；(7)法律和国务院规定的其他情形。在上述规定的豁免情形中，有的是可以提高生产率，有利于经济发展和消费者利益；有的是有利于提高产品质量、降低成本、增进效率、实现规模经济，从而有利于保护消费者的利益；有的是有利于提高中小经营者的经营效率，增强中小经营者的竞争力；有的是有利于实现社会公共利益，促进社会的可持续发展；有的是针对特定经济时期所作的特别规定，避免对社会资源造成巨大浪费和造成大量失业；有的是有利于保障对外贸易和对外经济合作中的正当利益。为了增加规定的灵活性，本法还制定了兜底条款，即若其他法律对垄断协议豁免的情形作了规定，则应当适用本法，并授权国务院可以在本法规定的豁免情形之外规定其他的豁免情形。

本条第2款则规定了垄断协议豁免的适用条件，对属于第1款第1项至第5项的情形在符合一定的条件时可予以豁免，即经营者应当证明所达成的协议不会严重限制相关市场的竞争，并且能够使消费者分享由此产生的利益。

实用小贴士

反垄断执法机构认定豁免情形应考虑的因素

根据《禁止垄断协议暂行规定》第27条的规定，反垄断执法机构认定被调查的垄断协议是否属于《反垄断法》规定的豁免情形时，应当考虑下列因素：(1)协议实现该情形的具体形式和效果；(2)协议与实现该情形之间的因果关系；(3)协议是否是实现该情形的必要条件；(4)其他可以证明协议属于相关情形的因素。反垄断执法机构认定消费者能否分享协议产生的利益时，应当考虑消费者是否因协议的达成、实施在商品价格、质量、种类等方面获得利益。

第二十一条 【禁止行业协会组织从事垄断协议】行业协会不得组织本行业的经营者从事本章禁止的垄断行为。

条文对照

2007年《反垄断法》	2022年《反垄断法》
第十六条 行业协会不得组织本行业的经营者从事本章禁止的垄断行为。	**第二十一条** 行业协会不得组织本行业的经营者从事本章禁止的垄断行为。

适用要点

本条是关于禁止行业协会组织从事垄断协议的规定。2022年修改《反垄断法》时，本条内容无变动。

本法中的行业协会，主要指由同行业经济组织和个人组成，行使行业服务和自律管理职能的各种协会、学会、商会、联合会、促进会等社会团体法人。在市场、政府和社会组织三元主体构成的现代市场经济框架中，行业协会作为连接国家与市场主体间的桥梁与纽带，在一定程度上担负着促进和保障政府与市场主体相互沟通并形成良性互动的功能。但是，行业协会对市场竞争的影响是双重的。一方面，行业协会在沟通本行业与政府的关系、为会员企业提供信息等服务、实行行业自律以及支持企业参与国际竞争等方面，发挥着促进竞争的积极作用；另一方面，行业协会也可能起到破坏市场竞争的消极作用，包括被会员利用或控制，成为其实施垄断行为的"保护伞"，损害市场竞争秩序。行业协会因其高度的自治性，天然具有促进竞争与限制竞争的双重"基因"，因此需要《反垄断法》对其予以高度关注。本条即是对行业协会组织经营者从事垄断协议的禁止性规定。

实践中，行业协会从事的下列行为，将构成本法所禁止的违法行为：制定、发布含有排除、限制竞争内容的行业协会章程、规则、决定、通知、标准等，召集、组织或者推动本行业的经营者达成含有排除、限制竞争内容的协议、决议、纪要、备忘录等，以及其他组织本行业经营者达成或者实施垄断协议的行为。

典型案例

四川省水泥协会组织6家水泥经营者达成并实施垄断协议案[1]

要旨：四川省水泥协会以扭转水泥市场价格下滑、实现行业扭亏为由，通过会议组织和推动具有竞争关系的6家水泥经营者，在市场占有率高、下游用户集中的成都区域内推涨散装水泥价格，达成并实施统一散装水泥涨价时间、调价幅度的垄断协议，其他地区的水泥企业和下游用户难以对其形成供给和需求替代。执法机关认定，四川省

〔1〕 参见四川省市场监督管理局川市监处〔2020〕24号行政处罚决定书。

水泥协会组织本行业6家经营者达成变更水泥价格的垄断协议，并通过多种方式监督垄断协议的实施，还在《四川省水泥行业诚信建设条例》中试图将垄断协议的达成通过协会平台常态化，严重排除、限制市场竞争，损害消费者的利益，违反了《反垄断法》"行业协会不得组织本行业的经营者从事本章禁止的垄断行为"的规定。执法机关认为，当事人在垄断协议达成和实施过程中起到了主导和积极推动的作用，违法情节较重：一是所达成的垄断协议严重排除、限制了成都地区散装水泥市场的竞争，使相对落后的产能不能及时淘汰，不利于行业的长期发展；二是当事人组织6家水泥经营者对不接受价格上涨的下游企业采取断供措施，加重了下游企业负担并造成了水泥供应紧张；三是立案调查开始后，当事人在明知其行为涉嫌违反《反垄断法》的情况下，没有主动消除或减轻违法行为的危害后果。因此，执法机关对当事人作出责令停止违法行为，处以罚款50万元的处罚决定。

第三章　滥用市场支配地位

第二十二条　【市场支配地位定义和滥用市场支配地位的情形】禁止具有市场支配地位的经营者从事下列滥用市场支配地位的行为：

（一）以不公平的高价销售商品或者以不公平的低价购买商品；

（二）没有正当理由，以低于成本的价格销售商品；

（三）没有正当理由，拒绝与交易相对人进行交易；

（四）没有正当理由，限定交易相对人只能与其进行交易或者只能与其指定的经营者进行交易；

（五）没有正当理由搭售商品，或者在交易时附加其他不合理的交易条件；

（六）没有正当理由，对条件相同的交易相对人在交易价格等交易条件上实行差别待遇；

（七）国务院反垄断执法机构认定的其他滥用市场支配地位的行为。

具有市场支配地位的经营者不得利用数据和算法、技术以及平台规则等从事前款规定的滥用市场支配地位的行为。

本法所称市场支配地位，是指经营者在相关市场内具有能够控制商品价格、数量或者其他交易条件，或者能够阻碍、影响其他经营者进入相关市场能力的市场地位。

条文对照

2007 年《反垄断法》	2022 年《反垄断法》
第十七条 禁止具有市场支配地位的经营者从事下列滥用市场支配地位的行为： （一）以不公平的高价销售商品或者以不公平的低价购买商品； （二）没有正当理由，以低于成本的价格销售商品； （三）没有正当理由，拒绝与交易相对人进行交易； （四）没有正当理由，限定交易相对人只能与其进行交易或者只能与其指定的经营者进行交易； （五）没有正当理由搭售商品，或者在交易时附加其他不合理的交易条件； （六）没有正当理由，对条件相同的交易相对人在交易价格等交易条件上实行差别待遇； （七）国务院反垄断执法机构认定的其他滥用市场支配地位的行为。 本法所称市场支配地位，是指经营者在相关市场内具有能够控制商品价格、数量或者其他交易条件，或者能够阻碍、影响其他经营者进入相关市场能力的市场地位。	**第二十二条** 禁止具有市场支配地位的经营者从事下列滥用市场支配地位的行为： （一）以不公平的高价销售商品或者以不公平的低价购买商品； （二）没有正当理由，以低于成本的价格销售商品； （三）没有正当理由，拒绝与交易相对人进行交易； （四）没有正当理由，限定交易相对人只能与其进行交易或者只能与其指定的经营者进行交易； （五）没有正当理由搭售商品，或者在交易时附加其他不合理的交易条件； （六）没有正当理由，对条件相同的交易相对人在交易价格等交易条件上实行差别待遇； （七）国务院反垄断执法机构认定的其他滥用市场支配地位的行为。 **具有市场支配地位的经营者不得利用数据和算法、技术以及平台规则等从事前款规定的滥用市场支配地位的行为。** 本法所称市场支配地位，是指经营者在相关市场内具有能够控制商品价格、数量或者其他交易条件，或者能够阻碍、影响其他经营者进入相关市场能力的市场地位。

适用要点

本条是关于市场支配地位的定义和滥用市场支配地位的情形的规定。

一、市场支配地位的概念

市场支配地位,是指经营者能够左右市场竞争或者不受市场竞争机制制约的状态。本法将市场支配地位界定为"经营者在相关市场内具有能够控制商品价格、数量或者其他交易条件,或者能够阻碍、影响其他经营者进入相关市场能力的市场地位"。其中,相关市场指的是经营者在一定时期内就特定商品(或服务)进行竞争的商品和地域范围。一般认为,企业或企业集团主要依靠3种方式获得市场支配地位:第一种是国家对某些特定行业进行授权,如在电力、通信、铁路、烟草、供水等领域,国家通过立法赋予经营者专有经营权,从而使经营者获得市场支配地位;第二种是经营者依靠技术创新、提高生产效率、改善经营手段等方式成功经营,从而提高经营效益,获取市场支配地位;第三种是经营者之间通过联合、重组等方式进行经营者集中,形成一定规模企业,从而对市场进行控制。

应当指出的是,市场支配地位本身并不违法,只要经营者不滥用其市场力量,不仅不会对竞争产生影响,还可能促进规模经济,提高生产效率。我国《反垄断法》禁止的是滥用市场支配地位排除、限制竞争的行为,与国际通行做法一致。

二、滥用市场支配地位的具体情形

我国《反垄断法》禁止具有市场支配地位的企业滥用市场支配地位排除、限制竞争。本条对具有市场支配地位的经营者可能实施的典型滥用行为进行了列举,并设置了兜底条款,具体包括以下几点。

1. 以不公平的高价销售商品或者以不公平的低价购买商品。这指的是具有市场支配地位的企业违背市场经济等价交换原则，凭借较强的市场势力，以不公平的高价销售或以不公平的低价购买商品，损害交易相对人的权益、扰乱市场竞争秩序的行为。

2. 没有正当理由，以低于成本的价格销售商品。这指的是具有市场支配地位的企业对商品进行低价倾销，从而排挤竞争对手，阻止潜在竞争者进入市场的行为。在认定掠夺性定价时，除了需要经营者有低于成本价销售的行为，还需要证明经营者具有排除、限制竞争的主观目的。在实践中，这种对主观目的的认定较为困难，反垄断执法也可以用低于成本价出售的事实来推测经营者的意图。[1] 应当指出，如果企业低价倾销具有合理性，如为了销售鲜活商品、处理过季产品、依法清偿债务、企业破产重整等，以低于成本价出售，则不构成反垄断违法。

3. 没有正当理由，拒绝与交易相对人进行交易。市场经济活动中，企业一般具有自由选择交易对象的权利。但是在特定情形下，具有市场支配地位的经营者拥有的相关设施可能构成市场竞争的"必需设施"，此时经营者拒绝交易的行为就可能限制市场竞争，构成滥用市场支配地位。由于拒绝交易在绝大多数情形下具有合法性，因此反垄断执法机构对拒绝交易是否构成反垄断违法的判断一般应当适用"合理原则"进行分析，即需要对拒绝交易的目的和后果等进行详细分析。

4. 没有正当理由，限定交易相对人只能与其进行交易或者只能与其指定的经营者进行交易。具有市场支配地位的经营者强制要求的限定交易或独家交易可能构成反垄断违法。实践中，限定交易可能表现为：(1)限定交易相对人只能与其交易；(2)限定交易相对人只能与其指定的经营者进行交易；(3)限定交易相对人不得与其竞争对手进

[1] 参见王先林：《竞争法学》(第3版)，中国人民大学出版社2018年版，第252页。

行交易。

5. 没有正当理由搭售商品,或者在交易时附加其他不合理的交易条件。这指的是具有市场支配地位的经营者强迫交易相对方购买从交易习惯上与合同标的没有关联的产品或服务的行为,进而将经营者的市场支配力从一个相关市场传导至其他市场。一般而言,构成搭售的法律要件包括:(1)结卖品和搭卖品是两个独立的产品;(2)实施搭售行为的主体在结卖品市场上存在市场支配力;(3)搭售行为对被搭售的产品市场有实质影响,从而将市场力量进行传导。[1]

6. 没有正当理由,对条件相同的交易相对人在交易价格等交易条件上实行差别待遇。这指的是具有市场支配地位的经营者没有正当理由对条件相同的交易相对人实施歧视性待遇。

7. 国务院反垄断执法机构认定的其他滥用市场支配地位的行为。反垄断实践中可能出现其他类型的滥用市场支配地位的行为,本条专门设置了兜底条款,授权国务院反垄断执法机构对本条未明确列举的其他滥用市场支配地位的行为进行认定。对于适用兜底条款的滥用市场支配地位的行为,反垄断执法机构除了应当考察行为本身的合理性,还需要考察行为是否可能产生反竞争效果。

三、数字经济背景下的滥用市场支配地位的行为

近年来,随着数字经济在我国蓬勃发展,平台垄断行为逐渐引起社会关注。2022 年修改《反垄断法》时新增规定:“具有市场支配地位的经营者不得利用数据和算法、技术以及平台规则等从事前款规定的滥用市场支配地位的行为。”该规定表明,互联网平台等垄断企业不得利用技术优势、平台规则、数据算法等实施损害竞争的滥用市场支配地位的行为。同时,该条明确平台垄断不是一类独立的垄断行为,互

〔1〕 参见王先林:《竞争法学》(第 3 版),中国人民大学出版社 2018 年版,第 256 页。

联网平台是否构成滥用市场支配地位行为，仍然需要结合滥用市场支配地位行为判定的一般方法进行综合认定。

典型案例

美团"二选一"滥用市场支配地位案[1]

要旨：2021 年 4 月 26 日，国家市场监督管理总局正式发布公告，表明其根据举报已经对美团实施"二选一"等涉嫌垄断行为进行立案调查。[2] 2021 年 10 月 8 日，市场监督管理总局认定美团在中国境内网络餐饮外卖平台服务市场具有市场支配地位，且实施禁止平台内商家在其他竞争性平台开展网络餐饮外卖服务的行为（"二选一"行为）构成滥用市场支配地位。经查，自 2018 年以来，美团以阻碍其他竞争性平台发展，进一步提升、维持、巩固自身市场地位为目的，系统、全面实施"二选一"行为，阻碍了平台内经营者与其他竞争性平台合作，并以多种措施保障行为实施。2021 年 10 月 8 日，国家市场监督管理总局依法作出行政处罚决定，责令美团停止违法行为、全额退还独家合作保证金 12.89 亿元，并处以上一年度中国境内销售额 3% 的罚款，约计 34.42 亿元。同时，向美团发出《行政指导书》，督促其进行整改。该案有力维护了市场公平竞争秩序和多方市场主体的合法利益，获得社会各方面广泛支持和肯定。[3]

---

〔1〕 参见国家市场监督管理总局国市监处〔2021〕74 号行政处罚决定书。

〔2〕 参见《市场监管总局依法对美团涉嫌垄断行为立案调查》，载国家市场监督管理总局网 2021 年 4 月 26 日，https://www.samr.gov.cn/xw/zj/202104/t20210426_328234.html。

〔3〕 参见《中国反垄断执法年度报告（2021）》，载国家市场监督管理总局网 2022 年 6 月 9 日，http://www.ipraction.gov.cn/article/gzdt/bmdt/202206/378119.html。

实用小贴士

1. 滥用市场支配地位行为的一般分析方法

我国《反垄断法》没有直接规定滥用市场支配地位行为的分析方法。在反垄断实践中，反垄断执法机构通常会通过以下步骤判断涉案企业是否有滥用市场支配地位的行为：首先是界定相关市场，其次是分析涉案企业在相关市场中是否具有市场支配地位，最后是分析具有市场支配地位的经营者是否有排除、限制竞争的滥用行为。

2. 平台企业“二选一”行为违法

根据国务院反垄断委员会发布的《关于平台经济领域的反垄断指南》第15条的规定，具有市场支配地位的平台经济领域经营者，可能滥用市场支配地位，无正当理由对交易相对人进行限定交易，排除、限制市场竞争。分析是否构成限定交易行为时，可以考虑是否存在要求平台内经营者在竞争性平台间进行“二选一”，或者限定交易相对人与其进行独家交易的其他行为。

3. 平台企业“大数据杀熟”违法

根据国务院反垄断委员会发布的《关于平台经济领域的反垄断指南》第17条的规定，具有市场支配地位的平台经济领域经营者，可能滥用市场支配地位，无正当理由对交易条件相同的交易相对人实施差别待遇，排除、限制市场竞争。可以基于大数据和算法，根据交易相对人的支付能力、消费偏好、使用习惯等，实行差异性交易价格或者其他交易条件，来分析是否构成差别待遇。

第二十三条　【认定市场支配地位的因素】认定经营者具有市场支配地位，应当依据下列因素：

（一）该经营者在相关市场的市场份额，以及相关市场的竞争状况；

（二）该经营者控制销售市场或者原材料采购市场的能力；

（三）该经营者的财力和技术条件；

（四）其他经营者对该经营者在交易上的依赖程度；

（五）其他经营者进入相关市场的难易程度；
（六）与认定该经营者市场支配地位有关的其他因素。

条文对照

2007年《反垄断法》	2022年《反垄断法》
第十八条 认定经营者具有市场支配地位，应当依据下列因素： （一）该经营者在相关市场的市场份额，以及相关市场的竞争状况； （二）该经营者控制销售市场或者原材料采购市场的能力； （三）该经营者的财力和技术条件； （四）其他经营者对该经营者在交易上的依赖程度； （五）其他经营者进入相关市场的难易程度； （六）与认定该经营者市场支配地位有关的其他因素。	**第二十三条** 认定经营者具有市场支配地位，应当依据下列因素： （一）该经营者在相关市场的市场份额，以及相关市场的竞争状况； （二）该经营者控制销售市场或者原材料采购市场的能力； （三）该经营者的财力和技术条件； （四）其他经营者对该经营者在交易上的依赖程度； （五）其他经营者进入相关市场的难易程度； （六）与认定该经营者市场支配地位有关的其他因素。

适用要点

本条是关于认定市场支配地位的因素的规定。2022年修改《反垄断法》时，本条内容无变动。

经营者构成滥用市场支配地位的前提是经营者在相关市场具有支配地位。本法第22条对市场支配地位的定义作了明确规定，在此基础上，本条对认定市场支配地位的因素作了列举式规定，为反垄断执法机构和人民法院的执法和司法实践提供了认定依据。具体认定的因素包括：

1. 该经营者在相关市场的市场份额，以及相关市场的竞争状况。市场份额是分析企业是否具有市场支配地位的一项重要指标，其指的是特定企业的总产量、销售量或者生产能力在相关市场中所占比例。此外，竞争状况指的是在特定相关市场有无竞争、竞争是否充分等。

2. 该经营者控制销售市场或者原材料采购市场的能力。这指的是经营者对销售市场或者原材料采购市场相关交易条件的控制能力。

3. 该经营者的财力和技术条件。这指的是经营者在资金、技术发展等方面是否处于优越地位。

4. 其他经营者对该经营者在交易上的依赖程度。这指的是相对于其他交易相对人，经营者的交易地位如何。

5. 其他经营者进入相关市场的难易程度。这指的是其他潜在竞争者进入相关市场时是否有壁垒，即该经营者对相关市场的控制情况。

6. 与认定该经营者市场支配地位有关的其他因素。市场支配地位的认定因素繁多，本法只能明确一些比较典型的考量因素，并设置兜底条款，为反垄断执法机构在具体执法中参考其他因素时提供法律依据。

典型案例

吴某秦诉陕西广电网络传媒（集团）股份有限公司捆绑交易纠纷案[1]

要旨：该案中，提供数字电视服务的经营者利用其市场支配地位，

〔1〕 参见最高人民法院（2016）最高法民再98号民事判决书。该案是最高人民法院指导案例79号。

将数字电视基本收视维护费和数字电视付费节目费一起收取，影响了消费者选择其他服务提供者提供相关数字付费节目，也不利于其他服务提供者进入此电视服务市场，对市场竞争具有危害效果。在认定陕西广电是否具有市场支配地位时，人民法院考虑其作为特定区域内唯一合法经营有线传输业务的经营者及电视节目集中播控者，在包括市场准入、市场份额、经营地位、经营规模等各要素中均有优势地位，因此认定其具有市场支配地位。

实用小贴士

1. 平台经济领域市场支配地位的认定因素

《关于平台经济领域的反垄断指南》

第 11 条　反垄断执法机构依据《反垄断法》第十八条、第十九条规定，认定或者推定经营者具有市场支配地位。结合平台经济的特点，可以具体考虑以下因素：

（一）经营者的市场份额以及相关市场竞争状况。确定平台经济领域经营者市场份额，可以考虑交易金额、交易数量、销售额、活跃用户数、点击量、使用时长或者其他指标在相关市场所占比重，同时考虑该市场份额持续的时间。

分析相关市场竞争状况，可以考虑相关平台市场的发展状况、现有竞争者数量和市场份额、平台竞争特点、平台差异程度、规模经济、潜在竞争者情况、创新和技术变化等。

（二）经营者控制市场的能力。可以考虑该经营者控制上下游市场或者其他关联市场的能力，阻碍、影响其他经营者进入相关市场的能力，相关平台经营模式、网络效应，以及影响或者决定价格、流量或者其他交易条件的能力等。

（三）经营者的财力和技术条件。可以考虑该经营者的投资者情况、资产规模、资本来源、盈利能力、融资能力、技术创新和应用能力、拥有的知识产权、掌握和处理相关数据的能力，以及该财力和技术条件能够以何种程度促进该经营者业务扩张或者巩固、维持市场地位等。

（四）其他经营者对该经营者在交易上的依赖程度。可以考虑其他经营者与该经营者的交易关系、交易量、交易持续时间，锁定效应、用户黏性，以及其他经营者转向其他平台的可能性及转换成本等。

（五）其他经营者进入相关市场的难易程度。可以考虑市场准入、平台规模效应、资金投入规模、技术壁垒、用户多栖性、用户转换成本、数据获取的难易程度、用户习惯等。

（六）其他因素。可以考虑基于平台经济特点认定经营者具有市场支配地位的其他因素。

2. 知识产权和市场支配地位认定

根据国务院反垄断委员会发布的《关于知识产权领域的反垄断指南》第14条的规定，经营者拥有知识产权，并不意味着其必然具有市场支配地位。认定拥有知识产权的经营者在相关市场上是否具有支配地位，应依据《反垄断法》第18条、第19条（修正后第23条、第24条）规定的认定或者推定经营者具有市场支配地位的因素和情形进行分析，结合知识产权的特点，还可以具体考虑以下因素：（1）交易相对人转向具有替代关系的技术或者商品等的可能性及转换成本；（2）下游市场对利用知识产权所提供的商品的依赖程度；（3）交易相对人对经营者的制衡能力。

第二十四条　【市场支配地位推定】有下列情形之一的，可以推定经营者具有市场支配地位：

（一）一个经营者在相关市场的市场份额达到二分之一的；

（二）两个经营者在相关市场的市场份额合计达到三分之二的；

（三）三个经营者在相关市场的市场份额合计达到四分之三的。

有前款第二项、第三项规定的情形，其中有的经营者市场份额不足十分之一的，不应当推定该经营者具有市场支配地位。

被推定具有市场支配地位的经营者，有证据证明不具有市场支配地位的，不应当认定其具有市场支配地位。

条文对照

2007 年《反垄断法》	2022 年《反垄断法》
第十九条 有下列情形之一的,可以推定经营者具有市场支配地位: (一)一个经营者在相关市场的市场份额达到二分之一的; (二)两个经营者在相关市场的市场份额合计达到三分之二的; (三)三个经营者在相关市场的市场份额合计达到四分之三的。 有前款第二项、第三项规定的情形,其中有的经营者市场份额不足十分之一的,不应当推定该经营者具有市场支配地位。 被推定具有市场支配地位的经营者,有证据证明不具有市场支配地位的,不应当认定其具有市场支配地位。	**第二十四条** 有下列情形之一的,可以推定经营者具有市场支配地位: (一)一个经营者在相关市场的市场份额达到二分之一的; (二)两个经营者在相关市场的市场份额合计达到三分之二的; (三)三个经营者在相关市场的市场份额合计达到四分之三的。 有前款第二项、第三项规定的情形,其中有的经营者市场份额不足十分之一的,不应当推定该经营者具有市场支配地位。 被推定具有市场支配地位的经营者,有证据证明不具有市场支配地位的,不应当认定其具有市场支配地位。

适用要点

本条是关于市场支配地位推定的规定。2022 年修改《反垄断法》时,本条内容无变动。

本法第 23 条对认定市场支配地位的因素作了详细列举。对市场支配地位的认定,原则上是综合认定的结果。在反垄断实践中,反垄断执法机构应当根据个案情况,依照本法第 23 条的规定分析涉案企业是否具有市场支配地位。出于节约执法成本和为企业提供相对稳定的法律预期考虑,本条规定了基于市场份额的市场支配地位推定制度。由于市场份额是反映企业市场支配力的重要因素,反垄断执法机构在实践中可以根据企业在相关市场具有的市场份额来推定其是否具有市场支配地位。

本条规定的市场支配地位推定规则主要包括:(1)1个经营者在相关市场的市场份额达到1/2的;(2)2个经营者在相关市场的市场份额合计达到2/3的;(3)3个经营者在相关市场的市场份额合计达到3/4的。其中,第二种和第三种情形下的支配地位推定规则主要是为了解决寡头垄断问题。实践中,如果2个或3个企业共同占据了市场的大部分份额,其比较方便实施协同行为从而排除、限制市场竞争,但反垄断执法机构往往比较难以获得垄断协议的证据,特别是企业间具有垄断协议的意思联络的证据。因此,《反垄断法》将多个企业的市场份额进行合并计算,从而推定多个企业具有共同市场支配地位,以有效应对从事相同行为的多个企业组成的寡头垄断。本条同时规定,在认定共同市场支配地位时,如果其中有的经营者市场份额不足1/10,则不应当将其认定为具有市场支配地位,这主要是考虑到1/10的份额过小,实践中其市场支配力可以忽略不计。

本条依据市场份额认定市场支配地位的做法,属于推定制度。因此,经营者可以举证证明推定的市场支配地位不成立。此时,如果经营者根据本法第23条其他因素证明市场份额指标并不可靠,其事实上不具有市场支配地位,则反垄断执法机构不应当认定经营者具有市场支配地位。

典型案例

北京奇虎科技有限公司诉腾讯科技(深圳)有限公司、深圳市腾讯计算机系统有限公司滥用市场支配地位纠纷案[1]

要旨:一般而言,市场份额越高,持续的时间越长,就越可能预示

〔1〕 参见最高人民法院(2013)民三终字第4号民事判决书。该案是最高人民法院指导案例78号。

着市场支配地位的存在。尽管如此,市场份额只是判断市场支配地位的一项比较粗糙且可能具有误导性的指标。在市场进入比较容易,或者高市场份额源于经营者更高的市场效率或提供了更优异的产品,或者市场外产品对经营者形成较强的竞争约束等情况下,高的市场份额并不能直接推断出市场支配地位的存在。特别是互联网环境下的竞争存在高度动态的特征,相关市场的边界远不如传统领域那样清晰,在此情况下,更不能高估市场份额的指示作用,而应更多地关注市场进入、经营者的市场行为、对竞争的影响等有助于判断市场支配地位的具体事实和证据。

实用小贴士

1. 互联网、高科技等领域市场支配地位的推定

在传统行业,市场份额一般是反映经营者市场支配力的重要指标,占据较高市场份额的企业往往是具有更高经营效率、更优技术水平的具有市场支配地位的企业。但是,在互联网、高科技等领域,竞争状况往往瞬息万变,一时占据较高市场份额的企业很有可能在较短时期内因为技术迭代而被市场淘汰。因此,在反垄断实践中,反垄断执法机构对互联网企业或其他高科技企业的竞争状况进行调查时,不仅需要考察市场份额的比重,还需要考察维持该市场份额的时间,并结合其他因素对企业的市场支配地位进行综合判断。

2. 市场份额认定的因素

国家市场监管总局发布的《禁止滥用市场支配地位行为暂行规定》第 6 条规定,根据《反垄断法》第 18 条(修正后第 23 条)第 1 项,"确定经营者在相关市场的市场份额,可以考虑一定时期内经营者的特定商品销售金额、销售数量或者其他指标在相关市场所占的比重。分析相关市场竞争状况,可以考虑相关市场的发展状况、现有竞争者的数量和市场份额、商品差异程度、创新和技术变化、销售和采购模式、潜在竞争者情况等因素"。

第四章　经营者集中

第二十五条　【经营者集中的情形】经营者集中是指下列情形：

（一）经营者合并；

（二）经营者通过取得股权或者资产的方式取得对其他经营者的控制权；

（三）经营者通过合同等方式取得对其他经营者的控制权或者能够对其他经营者施加决定性影响。

条文对照

2007 年《反垄断法》	2022 年《反垄断法》
第二十条　经营者集中是指下列情形： （一）经营者合并； （二）经营者通过取得股权或者资产的方式取得对其他经营者的控制权； （三）经营者通过合同等方式取得对其他经营者的控制权或者能够对其他经营者施加决定性影响。	**第二十五条**　经营者集中是指下列情形： （一）经营者合并； （二）经营者通过取得股权或者资产的方式取得对其他经营者的控制权； （三）经营者通过合同等方式取得对其他经营者的控制权或者能够对其他经营者施加决定性影响。

适用要点

本条是关于经营者集中的情形的规定。2022 年修改《反垄断法》时，本条内容无变动。

一、经营者合并

经营者合并是最常见的一种经营者集中行为，一般指两个或两个以上经营者完全合并为一家企业的行为。企业并购中的经营者合并主要包括两类：吸收合并和新设合并。吸收合并，是指收购方获得被收购方的全部资产所有权，被收购方的法律实体归于消灭或成为完全附属于收购方的子公司，或成为收购方的一部分(分公司)，收购方仍保留原有的法律主体地位。新设合并，同样指收购方获得被收购方的全部资产所有权，不同的是，被收购方与收购方的法律主体同时归于消灭，合并后形成的新法律主体继受参与合并方的全部债权债务关系。除了企业并购中涉及的经营者合并，非并购情形如设立联营企业、办公室、生产线等也属于经营者合并的范畴。此时虽可能并无明晰的收购方与被收购方，但因为联合经营行为会产生等同于并购的竞争影响，因此在达到申报门槛时也可能触发经营者集中申报义务。

二、股权与资产收购

股权与资产收购达到申报标准的核心在于收购方通过购买、置换等方式获得被收购企业的股权或资产，同时这种收购必须达到能够控制被收购企业的程度。《经营者集中审查暂行规定》第 4 条规定了“控制”的具体含义：“判断经营者是否通过交易取得对其他经营者的控制权或者能够对其他经营者施加决定性影响，应当考虑下列因素：(一)交易的目的和未来的计划；(二)交易前后其他经营者的股权结构及其变化；(三)其他经营者股东大会的表决事项及其表决机制，以及其历史出席率和表决情况；(四)其他经营者董事会或者监事会的组成及其表决机制;(五)其他经营者高级管理人员的任免等;(六)其他经营者股东、董事之间的关系,是否存在委托行使投票权、一致行动人等;(七)该经营者与其他经营者是否存在重大商业关系、合作协议等;(八)其他应当考虑的因素。"因此在分析股权与资产收购行为是否会触发经营者集中申报义务时,不仅要考虑是否有收购行为,还要考虑该收购行为是否会产生控制后果。

三、协议控制

协议控制,是指并未获得合并对象的股权、资产或在获取股权、资产不能达到"控制"标准时,通过合同、章程等手段能够实质性控制被合并对象的情形。此处,还包括对被合并对象的重大经营行为能产生实质性影响。本条第3项虽然比第2项多出"施加决定性影响"这一要件,但在判断标准上与前项并无实质性差别。根据《经营者集中审查暂行规定》第4条的规定,"控制权"与"施加决定性影响"是并列出现的且在衡量因素上完全一致,因此判断协议控制是否会触发经营者集中申报义务时,与股权及资产收购一样,要以第4条为依据。国务院反垄断委员会发布的《关于平台经济领域的反垄断指南》第18条中也特别提及"涉及协议控制架构的经营者集中,属于经营者集中反垄断审查范围"。该指南特别强调了涉及协议控制架构(VIE架构)的经营者集中属于反垄断审查范围。"VIE"即可变利益实体(Variable Interest Entities),主要是指中国企业实现海外上市、融资及外国投资者为规避国内监管对外资产业准入的限制而设立的法律实体。一般而言,VIE架构实际上为拟上市公司为实现海外上市,在开曼群岛或英属维尔京群岛设立一个平行的离岸公司,以该离岸公司作为未来上市或融资主体,其股权架构反映了拟上市公司真实的股权架构,而国内的拟上市公司本身则并不一定反映这一股权架构。然后,该离岸公司经过一系列投资活动,最终在国内落地为一家外商投资企业

(WFOE),WFOE 与拟上市公司签订一系列协议,拟上市公司把自身大部分利润输送给 WFOE。如此一来,最顶层的离岸公司成为拟上市公司的影子公司,就可以以此登陆国外资本市场;当离岸公司通过协议控制多家公司时,就可能构成经营者集中。

典型案例

中山乐兴通过合同取得深圳索菱控制权未依法申报违法实施经营者集中案[1]

要旨:2018 年 8 月 10 日,中山乐兴与深圳索菱原控股股东肖某签署《股份转让协议》,收购深圳索菱 11.33%股权,成为深圳索菱第二大股东。8 月 31 日,完成股权过户登记。2019 年 12 月 25 日,因肖某无法偿还中山乐兴借款,中山乐兴与肖某签署《控制权变更框架协议》,约定肖某及其一致行动人放弃所持深圳索菱 34.73%股权对应的表决权,深圳索菱董事会、监事会及高级管理人员改组以实现中山乐兴对深圳索菱的控制。中山乐兴及其一致行动人持有深圳索菱 12.18%股份,占全部有表决权股份的 18.66%,成为单一表决权最大的股东,且不存在其他单一持有表决权股份数量超过 5%的股东。国家市场监督管理总局指出:中山乐兴与深圳索菱原控股股东肖某于 2019 年 12 月 25 日签署《控制权变更框架协议》,肖某放弃表决权,中山乐兴实际成为单一表决权最大的股东,并委派董事、高管等,属于《反垄断法》中的“经营者通过合同等方式取得对其他经营者的控制权或者能够对其他经营者施加决定性影响”,构成经营者集中。经查,该案构成未依法申报违法实施的经营者集中,但不具有排除、限制竞争的效果。基于调查情况和评估结论,市场监督管理总局给予中山乐兴 30 万元人民币罚款的行政处罚。

---

[1] 参见国家市场监督管理总局国市监处〔2021〕5 号行政处罚决定书。

实用小贴士

私募基金运营可能触发经营者集中申报义务

私募基金在设立和投资环节可能触发经营者集中申报义务。截至 2021 年 12 月 31 日,国家市场监督管理总局已公布多起涉私募基金违法实施经营者集中案件。仅在 2021 年公示的经营者集中简易案件中,私募机构参与的经营者集中简易案件就有 103 起,关于私募基金设立的案件共 10 起,关于私募基金投资目标公司的案件共 93 起。因此,市场主体通过私募基金进行投融资时要关注到可能触发的经营者集中申报义务。

第二十六条 【经营者集中申报】经营者集中达到国务院规定的申报标准的,经营者应当事先向国务院反垄断执法机构申报,未申报的不得实施集中。

经营者集中未达到国务院规定的申报标准,但有证据证明该经营者集中具有或者可能具有排除、限制竞争效果的,国务院反垄断执法机构可以要求经营者申报。

经营者未依照前两款规定进行申报的,国务院反垄断执法机构应当依法进行调查。

条文对照

2007 年《反垄断法》	2022 年《反垄断法》
第二十一条 经营者集中达到国务院规定的申报标准的,经营者应当事先向国务院反垄断执法机构申报,未申报的不得实施集中。	**第二十六条** 经营者集中达到国务院规定的申报标准的,经营者应当事先向国务院反垄断执法机构申报,未申报的不得实施集中。

续表

2007 年《反垄断法》	2022 年《反垄断法》
	经营者集中未达到国务院规定的申报标准，但有证据证明该经营者集中具有或者可能具有排除、限制竞争效果的，国务院反垄断执法机构可以要求经营者申报。 经营者未依照前两款规定进行申报的，国务院反垄断执法机构应当依法进行调查。

适用要点

本条是关于经营者集中申报的规定。

一、达到申报标准应当事先申报

事先申报是经营者集中申报最主要的形式。事先申报需要企业自主判断集中行为是否满足申报条件。对于申报条件的具体要求，本法并没有作出具体规定，而是授权国务院设定。目前《国务院关于经营者集中申报标准的规定》对经营者集中是否符合申报要求作出了基本规定。其中第 3 条第 1 款规定："经营者集中达到下列标准之一的，经营者应当事先向国务院反垄断执法机构申报，未申报的不得实施集中：(一)参与集中的所有经营者上一会计年度在全球范围内的营业额合计超过 100 亿元人民币，并且其中至少两个经营者上一会计年度在中国境内的营业额均超过 4 亿元人民币；(二)参与集中的所有经营者上一会计年度在中国境内的营业额合计超过 20 亿元人民币，并且其中至少两个经营者上一会计年度在中国境内的营业额均超过 4 亿元人民币。"该申报标准区分了国内与全球市场份额两个标准，满足任意一个均应申报。且营业额标准分为总营业额与个体营业额两项，只有同时满足才视为符合营业额标准。该条第 2 款又规定:“营业额的计算,应当考虑银行、保险、证券、期货等特殊行业、领域的实际情况,具体办法由国务院反垄断执法机构会同国务院有关部门制定。”涉金融机构的经营者集中应当依据《金融业经营者集中申报营业额计算办法》来计算营业额。

二、未达到申报标准可能被要求申报

本条第 2 款仍是强制事先申报制度的一部分。当经营者集中行为未达到申报标准,但仍可能具有排除、限制竞争效果时,国务院反垄断执法机构可以要求经营者申报。这说明对于未达标准的经营者集中,反垄断执法机构具有灵活判断是否需要进行申报的权力。反垄断执法机构获取竞争关切的信息非常多元,可能来自集中参与方的竞争者、交易对象、投资方、消费者甚至无利害关系人。因此,经营者集中即使未达到申报标准,也应当考虑集中后的竞争影响。当经营者集中可能具有排除、限制竞争的效果,或者经营者难以对集中的竞争影响进行准确判断时,可以主动咨询反垄断执法机构是否需要进行申报。这样可以获得集中交易中的主动权,避免因为未申报集中而后被执法机构认定为具有排除、限制竞争效果,从而面临被取消交易甚至分拆已完成集中的风险。未达申报标准的事先申报制度是为了弥补单一营业额标准的不足而设置的兜底性规则,这尤其对超级互联网平台通过频繁收购中小初创科技公司而形成的“扼杀型”并购具有较强的控制效果。

三、未事先申报的后果

本条第 3 款规定,当申报义务人在集中交易达到申报门槛未主动进行申报即擅自进行集中,或者集中交易虽未达到申报门槛但被国务院反垄断执法机构要求进行经营者集中申报却未进行申报即擅自集中时,国务院反垄断执法机构应当对本次交易行为依法进行调查。该款会涉及未依法申报的两种法律后果。申报义务人应当进行事先申报却未申报就进行集中时,国务院反垄断执法机构应当对该集中行为进行相应的审查,故不主动进行事先申报并不能免除经营者集中审查的后果。如果审查结论是该集中行为不具有排除、限制竞争效果,则集中行为被视为合法,但要受到程序性制裁,按本法第58条规定承担500万元以下的罚款;如果审查结论是该集中行为具有或者可能具有排除、限制竞争效果,则该集中行为将被认定为非法,并视情况按照本法第58条承担"责令停止实施集中、限期处分股份或者资产、限期转让营业以及采取其他必要措施恢复到集中前的状态,处上一年度销售额百分之十以下的罚款"的法律后果。

典型案例

腾讯控股有限公司与天津三快科技有限公司收购北京易酒批电子商务有限公司股权未依法申报违法实施经营者集中案〔1〕

要旨:北京易酒批电子商务有限公司(以下简称易酒批)自2015年起进行了多轮融资,其中,BAI GmbH(以下简称贝塔斯曼)于2015年通过A轮融资进入易酒批,与创始团队形成对易酒批的共同控制,但当时创始团队和易酒批本身的营业额均尚未达到申报标准。2018年,天津三快科技有限公司(以下简称天津三快)获得易酒批11.53%股权并取得对易酒批的共同控制权,由于天津三快系香港上市公司美团以协议方式单独控制的公司,故天津三快与原股东贝塔斯曼的营业

〔1〕 参见国家市场监督管理总局国市监处〔2021〕81号、国市监处〔2021〕90号行政处罚决定书。

额当时均已达到申报标准。2019年,腾讯通过其控制的香港公司Tencent Mobility Limited获得易酒批10%股权并取得共同控制权,腾讯与原股东天津三快的营业额当时均已达到申报标准。市场监督管理总局在两份行政处罚决定书中认定,两案均属股权收购,且收购主体都取得了对易酒批的共同控制权,属于《反垄断法》第20条[1]规定的经营者集中,且两案中的经营者均未依据《反垄断法》第21条[2]规定进行事先申报即擅自集中,构成违法实施经营者集中。经评估,两案均不具有排除、限制竞争的效果。故市场监督管理总局分别于2021年11月16日、18日,给予天津三快、腾讯50万元罚款的行政处罚。

第二十七条 【经营者集中申报的豁免】经营者集中有下列情形之一的,可以不向国务院反垄断执法机构申报:

(一)参与集中的一个经营者拥有其他每个经营者百分之五十以上有表决权的股份或者资产的;

(二)参与集中的每个经营者百分之五十以上有表决权的股份或者资产被同一个未参与集中的经营者拥有的。

条文对照

2007年《反垄断法》	2022年《反垄断法》
第二十二条 经营者集中有下列情形之一的,可以不向国务院反垄断执法机构申报: (一)参与集中的一个经营者拥有	**第二十七条** 经营者集中有下列情形之一的,可以不向国务院反垄断执法机构申报: (一)参与集中的一个经营者拥有

[1] 对应2022年《反垄断法》第25条。
[2] 对应2022年《反垄断法》第26条。

续表

2007 年《反垄断法》	2022 年《反垄断法》
其他每个经营者百分之五十以上有表决权的股份或者资产的； （二）参与集中的每个经营者百分之五十以上有表决权的股份或者资产被同一个未参与集中的经营者拥有的。	其他每个经营者百分之五十以上有表决权的股份或者资产的； （二）参与集中的每个经营者百分之五十以上有表决权的股份或者资产被同一个未参与集中的经营者拥有的。

适用要点

本条是关于经营者集中两类豁免申报情形的规定。2022 年修改《反垄断法》时，本条内容无变动。

一、豁免申报的原因

经营者集中申报是强制性义务，通过设定营业额标准，市场主体可以清晰地知晓自身发起的集中交易行为是否需要得到事先的批准。但是，市场主体间的交易行为非常普遍，集中的形式也各式各样，部分集中行为实际上并不会对市场竞争状况产生实际或显著影响。控制经营者集中制度是对经营者企图形成或者加强潜在市场支配力的事先预防、控制，旨在维护合理的市场结构，防止市场力量的过度集中。而对已经形成的市场力量，若非是违反经营者集中申报规定而形成的，应当视为市场自发形成的合法且合理的市场结构，此时仅承担预防职能的控制经营者集中制度不应加以干涉。因此，对于维持现有市场结构不变的企业间重组、集中行为，并没有被纳入强制事先审查制度的必要。而且，豁免此类集中申报可以节省反垄断执法机构的执法资源，使执法机构将精力投放到对更可能危害竞争的经营者集中案件的审查中，提高审查效率。

二、单一经济体

单一经济体的概念起源于欧盟竞争法。即各自具有独立法律人格的公司、自然人或其他市场主体，基于某种法律或事实方面的因素，可在竞争法适用中将其视为一个共同的经济实体。认定单一经济体的关键是经营者之间控制与被控制的关系。欧盟竞争法中对"经营者"的界定关注的不是经营者的形态（是否构成法人），而是经营者是否具备经济决策上的独立性，即每一个经营者必须能够独立决定其在欧洲市场上采取的策略，包括人事安排以及交易对象的选择。单一经济体的核心特征是在市场上发挥单一竞争实力的"人、有形和无形资产"的组合。在审查经营者集中案件时，应以单一经济体为市场竞争主体，并基于此分析集中前后的竞争状况变化。

三、母子公司集中

本条第1项规定了母子公司集中可豁免申报经营者集中——参与集中的一个经营者拥有其他每个经营者50%以上有表决权的股份或者资产。参与集中的一个经营者是其他每个经营者的控股股东或实际控制人的，这类集中通常是母子公司、集团公司内部由母公司或集团公司牵头进行的股份或资产的一种重新组合。原来参与集中方的控制权均集于母公司（实际控制者）一方，在集中后，子公司或下属部门的企业结构虽然发生变化，但控制权并未发生转移。若以实际控制权、经营权划分单一经济体，则集中行为并未改变单一经济体的范围。因此，集中前后以单一经济体划分的市场结构与竞争状况未发生本质变化，此类申报可被豁免。

四、同一母公司控制下的子公司集中

本条第2项规定了同一母公司控股下的子公司集中可豁免申报

经营者集中,即参与集中的每个经营者50%以上有表决权的股份或者资产被同一个未参与集中的经营者拥有。这种情形是子公司间的内部重组,因为参与集中的子公司均受控于一家不参与集中的母公司。在未集中的情况下,母公司与其所能控制的全部子公司的经营行为受同一控制权约束,因此可视为一个单一经济体。在集中后,因为控制权仍握在母公司手中,纵然其未参与集中,控制权在单一经济体内部并未发生变化,更未向外转移。因此,集中前后以单一经济体划分的市场结构与竞争状况也未发生本质变化,此类申报可被豁免。

典型案例

苏宁易购集团南京苏宁易购投资有限公司
与阿里巴巴(中国)网络技术有限公司
设立合营企业未依法申报违法实施经营者集中案[1]

要旨:2016年10月18日,南京苏宁易购与阿里网络签署《关于设立重庆猫宁电子商务有限公司的股东协议》,设立合营企业猫宁电商,南京苏宁易购持股51%,阿里网络持股49%,双方共同控制合营企业。2016年11月30日,合营企业取得营业执照。国家市场监督管理总局指出,该交易系设立合营企业,南京苏宁易购持股51%,阿里网络持股49%,共同控制合营企业,属于《反垄断法》规定的经营者集中。经查,该案构成未依法申报违法实施的经营者集中,但不具有排除、限制竞争的效果。基于调查情况和评估结论,分别给予南京苏宁易购和阿里网络50万元罚款的行政处罚。

---

〔1〕 参见国家市场监督管理总局国市监处〔2021〕101号行政处罚决定书。

实用小贴士

合营企业的经营者集中申报义务

国家市场监督管理总局2018年9月29日修订发布的《关于经营者集中申报的指导意见》第4条对新设合营企业是否构成经营者集中申报作了明确规定："对于新设合营企业，如果至少有两个经营者共同控制该合营企业，则构成经营者集中；如果仅有一个经营者单独控制该合营企业，其他的经营者没有控制权，则不构成经营者集中。"由此可知，在判断新设合营企业是否需要进行经营者集中申报时，判断是否构成"共同控制"非常关键，只有合营企业构成共同控制，并达到申报标准，才产生申报义务。如果新设合营企业属于单独控制的结构，则不需要进行申报。因为在此种情况下，经营者的力量没有紧密联合，对于相关市场的竞争影响不大。对于"共同控制"的认定取决于大量法律和事实因素的综合分析。集中协议和其他经营者的章程固然是重要判断依据，但不是唯一依据。即使从集中协议和章程中无法判断谁取得了控制权，但由于其他股权分散等原因，特定经营者实际上拥有了极强的话语权与表决权，这种情况也属于经营者集中所指的控制权取得。而认定共同控制权时，则需要将多个经营者对合营企业的影响力合并起来，以此判断他们能否对合营企业进行"共同控制"。

第二十八条 【经营者集中申报提交的文件和资料】经营者向国务院反垄断执法机构申报集中，应当提交下列文件、资料：

（一）申报书；

（二）集中对相关市场竞争状况影响的说明；

（三）集中协议；

（四）参与集中的经营者经会计师事务所审计的上一会计年度财务会计报告；

（五）国务院反垄断执法机构规定的其他文件、资料。

申报书应当载明参与集中的经营者的名称、住所、经营范围、预定实施集中的日期和国务院反垄断执法机构规定的其他事项。

条文对照

2007 年《反垄断法》	2022 年《反垄断法》
第二十三条 经营者向国务院反垄断执法机构申报集中,应当提交下列文件、资料: (一)申报书; (二)集中对相关市场竞争状况影响的说明; (三)集中协议; (四)参与集中的经营者经会计师事务所审计的上一会计年度财务会计报告; (五)国务院反垄断执法机构规定的其他文件、资料。 申报书应当载明参与集中的经营者的名称、住所、经营范围、预定实施集中的日期和国务院反垄断执法机构规定的其他事项。	**第二十八条** 经营者向国务院反垄断执法机构申报集中,应当提交下列文件、资料: (一)申报书; (二)集中对相关市场竞争状况影响的说明; (三)集中协议; (四)参与集中的经营者经会计师事务所审计的上一会计年度财务会计报告; (五)国务院反垄断执法机构规定的其他文件、资料。 申报书应当载明参与集中的经营者的名称、住所、经营范围、预定实施集中的日期和国务院反垄断执法机构规定的其他事项。

适用要点

本条是关于经营者集中申报提交的文件和资料的规定。2022 年修改《反垄断法》时,本条内容无变动。

一、申报材料种类

经营者向国务院反垄断执法机构申报集中时应当提交法律规定的文件、资料,便于国务院反垄断执法机构进行审查。本条第 1 款规定了 5 类文件、资料。(1)申报书。简易案件申报可采用格式化表格,普通案件一般以申请书的形式呈现。(2)集中对相关市场竞争状况影响的说明。这是指参与集中方对集中后产生的竞争影响的看法，可以援引来自第三方的研究成果。一般应包括相关市场界定、竞争者数量变化、集中后市场份额及市场集中度变化、进入壁垒强弱、市场封锁能力强弱等，具体内容可由法律、法规、规章、指南或其他规范性文件规定，也可以由反垄断执法机构单独要求。(3)集中协议。即参与集中的经营者之间订立的合同。作为参与集中方共同意志的体现，集中协议往往能反映出集中各方对市场竞争状况的专业预测，并透露出集中交易的真实目的，而这是执法机构的审查重点。从国外的实践看，为了缩短集中时间，加快集中速度，参与集中的经营者往往在集中协议草签阶段即向有关反垄断执法机构申报反垄断审查，在审查过程中，随着协商的不断深入，逐渐形成正式的协议文本。经营者可在申报审查的同时，先将协议草签稿上报反垄断执法机构，协议正式签订后再上传正式版。(4)参与集中的经营者经会计师事务所审计的上一会计年度财务会计报告。这是对参与集中的经营者生产经营的成果和财务状况的总结性书面文件。申报审查时提交这一文件，有利于反垄断执法机构掌握参与集中的经营者的财务会计信息，从而对经营者的竞争能力和实际竞争状况有更准确的了解。(5)国务院反垄断执法机构规定的其他文件、资料。该项为兜底条款，经营者集中的申报审查复杂且多样，法律不可能穷尽规定，故授权国务院反垄断执法机构灵活规定审查需要的材料有其必要性。

二、申报书要求

本条第 2 款是对申报书应当载明的内容作出的强制性规定。参与集中的经营者名称是经营者区别于其他经营者和市场主体的标志，住所是其主要办事机构所在地。参与集中的经营者的经营范围，是指经营者从事的行业和项目种类，是经营者从事业务活动的界限。预定实施集中的日期，是指参与集中的经营者约定实施集中的日期。最后还有一个兜底条款，国务院反垄断执法机构规定的其他事项，只要有具体规定，都应当具体载明。

申报书是最重要的申报材料。因此，本条单设一款对其要求进行细化。申报书不仅是申报者申报意愿的体现，更是执法机构启动审查执法程序的必备前提。申报书应当载明的各事项有助于执法机构迅速发现经营者集中审查中最重要的基础性法律事实，并以此确立后续审查方向与分析重点。完备且详略得当的申报书不仅能极大地提升执法机构的执法效率，还能减少参与集中各方在申报过程中的等待时间及面临的不确定性。

第二十九条 【资料补正】经营者提交的文件、资料不完备的，应当在国务院反垄断执法机构规定的期限内补交文件、资料。经营者逾期未补交文件、资料的，视为未申报。

条文对照

2007 年《反垄断法》	2022 年《反垄断法》
第二十四条 经营者提交的文件、资料不完备的，应当在国务院反垄断执法机构规定的期限内补交文件、资料。经营者逾期未补交文件、资料的，视为未申报。	**第二十九条** 经营者提交的文件、资料不完备的，应当在国务院反垄断执法机构规定的期限内补交文件、资料。经营者逾期未补交文件、资料的，视为未申报。

适用要点

本条是关于资料补正的规定。2022 年修改《反垄断法》时，本条内容无变动。

一、补充材料的意义

本条是程序性规定，本法第28条要求参与集中的经营者向国务院反垄断执法机构申报集中应当提交规定的文件、资料。对于从事复杂交易的申报者来说，由于文件、资料数量较多，并且对内容也有一定的要求，其很难一次性提交数量完全、内容翔实、材料适格的全部申报材料。此时，应当允许经营者在法定期限内补充申报材料。而且，面对不同的集中交易，执法机构审查的侧重点也是不同的，执法机构经常需要根据经营者在先提交的材料来确定所需的后续补充材料。这意味着即使对于执法机构来说，一次性即确定全部申报资料范围也很困难。故本条允许经营者在法定期限内补交材料。

二、逾期未补交的法律责任

经营者享有补交材料的权利，但这种权利并不是不受约束的。若经营者无故拖延补交材料，则其将会被视同未申报，这是法律的拟制性规定。该规定主要是为了督促经营者及时、按期提交材料，不耽误执法进程。若经营者逾期未补交材料，将会产生未申报的法律后果，构成违法实施经营者集中。按照《反垄断法》第58条的规定，违法实施经营者集中的经营者会被反垄断执法机构施以处罚。

实用小贴士

申报义务不明确时可事前咨询反垄断执法机构

虽然《反垄断法》第27条规定了两类可被豁免的经营者集中申报类型，但是豁免申报并不意味着一定不会受到执法机构的竞争关注。商业实践中的交易模式纷繁复杂，股权与资产在形式上的持有关系有时并不能必然反映出企业间的控制关系。比如，在存在股权代持与协议控制的情形下，经营者援引第27条作为不申报的理由可能被执法机构认定为刻意规避申报义务并面临处罚。

《反垄断法》第 26 条第 2 款也规定："经营者集中未达到国务院规定的申报标准，但有证据证明该经营者集中具有或者可能具有排除、限制竞争效果的，国务院反垄断执法机构可以要求经营者申报。"当申报义务不明确时，企业可以事前咨询反垄断执法机构，并出具真实的涉及企业间控制关系的资料供执法机构参考，从而降低被事后调查、处罚的风险。《经营者集中审查暂行规定》第 10 条也规定："市场监管总局加强对经营者集中申报的指导。在正式申报前，经营者可以以书面方式就集中申报事宜向市场监管总局提出商谈的具体问题。"故经营者享有事前咨询的权利，反垄断执法机构也有相应的指导义务。

第三十条 【经营者集中的初步审查】国务院反垄断执法机构应当自收到经营者提交的符合本法第二十八条规定的文件、资料之日起三十日内，对申报的经营者集中进行初步审查，作出是否实施进一步审查的决定，并书面通知经营者。国务院反垄断执法机构作出决定前，经营者不得实施集中。

国务院反垄断执法机构作出不实施进一步审查的决定或者逾期未作出决定的，经营者可以实施集中。

条文对照

2007 年《反垄断法》	2022 年《反垄断法》
第二十五条 国务院反垄断执法机构应当自收到经营者提交的符合本法**第二十三条**规定的文件、资料之日起三十日内，对申报的经营者集中进行初步审查，作出是否实施进一步审查的决定，并书面通知经营者。国务院反垄断执法机构作出决定前，经营者不得实施集中。	**第三十条** 国务院反垄断执法机构应当自收到经营者提交的符合本法**第二十八条**规定的文件、资料之日起三十日内，对申报的经营者集中进行初步审查，作出是否实施进一步审查的决定，并书面通知经营者。国务院反垄断执法机构作出决定前，经营者不得实施集中。

续表

2007年《反垄断法》	2022年《反垄断法》
国务院反垄断执法机构作出不实施进一步审查的决定或者逾期未作出决定的,经营者可以实施集中。	国务院反垄断执法机构作出不实施进一步审查的决定或者逾期未作出决定的,经营者可以实施集中。

适用要点

本条是关于经营者集中的初步审查的规定。2022年修改《反垄断法》时,除了引用的法条序号外,本条其他内容无变动。

一、30日内初审

经营者集中的审查分为两个阶段,初步审查是必经阶段。国务院反垄断执法机构自收到经营者依法提交的文件、资料后,就应立即启动初审程序。这主要是为了尽早结束经营者集中协议实施的不确定状态,保护经营者利益。初步审查法定期限为30日,且不能被延长。根据本条规定,初审期限的起算时点为“自收到经营者提交的符合本法第二十八条规定的文件、资料之日起”。故当经营者提交的申报资料不完全或者不符合法定要求时,并不计算初审期限,仅从经营者补全或者补正资料时开始计算。当初审结果为本次集中不属于要进行强制事先申报的类型或者本次集中明显不具有排除、限制竞争的效果时,反垄断执法机构可以决定不进行进一步审查并批准本次集中。无论是否进行后续审查,反垄断执法机构均应当在30日内完成初审,并将初审结果告知经营者。

二、两步审查

当反垄断执法机构经过初审认为该集中有可能影响竞争或者对

竞争造成威胁时,就需要进行进一步审查,且应当书面通知申报集中的经营者。在国务院反垄断执法机构作出上述决定前,经营者不得实施集中。30日初审主要是为了维护经营者的利益,但当集中可能危害竞争时,反垄断执法机构也应当有足够的时间进行审查,以更好维护竞争秩序,审慎应对涉及公共利益的经济问题。故本法在平衡私权与公益的基本理念上,设置了两步审查制度。

三、等待期间

本条第1款规定:"国务院反垄断执法机构作出决定前,经营者不得实施集中。"在法定的审查期限内,包括初审期限及依法进一步审查期限内,经营者有配合反垄断执法机构审查的义务,其中最重要的就是不能在审查决定作出前实施集中行为。进一步审查期间和初步审查期间一样,都属于"等待期间"。如果在反垄断执法机构没有作出决定前,经营者就实施了集中,而该集中将对市场竞争产生严重的排除、限制影响的,尽管反垄断执法机构可以依照本法规定做出责令违法实施集中的经营者限期处分股份、资产,转让营业甚至采取拆分等措施,但这样做的成本很高。因此,本条及第31条均规定,在审查期间经营者不得实施集中。为兼顾经营者的合法利益,本条第2款又规定,在反垄断执法机构"作出不实施进一步审查的决定"或者"逾期未作出决定"两种情况下,经营者有自主实施集中的权利。前者是因为不作出进一步审查决定即已默示认同该项集中不须加以限制,此时无论是否作出批准决定,阻碍经营者集中的法定理由已被消除,经营者得以按自身意志实施集中;后者是为了防止执法机构怠于执法而赋予经营者的法定权利,在审查期限届满后,如果经营者未收到反垄断执法机构的书面审查决定,无论反垄断执法机构以后的审查结论如何,经营者均可自行实施集中,该集中行为在程序上合法且不可被认定为构成违法实施经营者集中。

第三十一条　【经营者集中的进一步审查】国务院反垄断执法机构决定实施进一步审查的，应当自决定之日起九十日内审查完毕，作出是否禁止经营者集中的决定，并书面通知经营者。作出禁止经营者集中的决定，应当说明理由。审查期间，经营者不得实施集中。

有下列情形之一的，国务院反垄断执法机构经书面通知经营者，可以延长前款规定的审查期限，但最长不得超过六十日：

（一）经营者同意延长审查期限的；

（二）经营者提交的文件、资料不准确，需要进一步核实的；

（三）经营者申报后有关情况发生重大变化的。

国务院反垄断执法机构逾期未作出决定的，经营者可以实施集中。

条文对照

2007年《反垄断法》	2022年《反垄断法》
第二十六条　国务院反垄断执法机构决定实施进一步审查的，应当自决定之日起九十日内审查完毕，作出是否禁止经营者集中的决定，并书面通知经营者。作出禁止经营者集中的决定，应当说明理由。审查期间，经营者不得实施集中。 有下列情形之一的，国务院反垄断执法机构经书面通知经营者，可以延长前款规定的审查期限，但最长不得超过六十日： （一）经营者同意延长审查期限的；	**第三十一条**　国务院反垄断执法机构决定实施进一步审查的，应当自决定之日起九十日内审查完毕，作出是否禁止经营者集中的决定，并书面通知经营者。作出禁止经营者集中的决定，应当说明理由。审查期间，经营者不得实施集中。 有下列情形之一的，国务院反垄断执法机构经书面通知经营者，可以延长前款规定的审查期限，但最长不得超过六十日： （一）经营者同意延长审查期限的；

续表

2007年《反垄断法》	2022年《反垄断法》
(二)经营者提交的文件、资料不准确,需要进一步核实的; (三)经营者申报后有关情况发生重大变化的。 国务院反垄断执法机构逾期未作出决定的,经营者可以实施集中。	(二)经营者提交的文件、资料不准确,需要进一步核实的; (三)经营者申报后有关情况发生重大变化的。 国务院反垄断执法机构逾期未作出决定的,经营者可以实施集中。

适用要点

本条是关于经营者集中的进一步审查的规定。2022年修改《反垄断法》时,本条内容无变动。

一、90日基础审查期限

为消除可否集中的不确定性,防止贻误集中的时机、影响经济运行效率,审查期限不应过长;但若审查期限太短,反垄断执法机构没有足够的时间对集中进行审查,又很难充分评估集中对竞争产生的影响,也就不能科学地对集中作出禁止或者不予禁止的决定,因此审查期限也不能太短。凡是进入进一步审查程序的集中,一般都会对市场竞争有较大的影响,与初步审查程序相比需要进行更加详尽、细致的审查,审查期限也要相应延长。因此本条规定,反垄断执法机构决定实施进一步审查的,应当自决定之日起90日内审查完毕,作出是否禁止经营者集中的决定。显然,这里的时间比初审的30日要长。

二、60日延长审查期限

经营者集中审查是专业性强、要求高、十分复杂的行政活动,因此集中的审查期限也要具有一定的灵活性,从而确保反垄断执法机构作出的决定符合市场竞争状况。为此,本条规定,在符合法定情形的前提下,反垄断执法机构经书面通知经营者,可以延长审查期限。为了防止执法机构滥用延长审查期限的制度,保护参与集中的经营者的合法利益,本条对延长审查期限的3种情形作出了明确限定,即经营者同意延长审查期限的;经营者提交的文件、资料不准确,需要进一步核实的;经营者申报后有关情况发生重大变化的。凡是不属于这3种情形之一的,反垄断执法机构不能延长审查期限,必须在90日的期限内审查完毕并作出最终决定。经营者同意延长是经营者主动放弃对自己不利的程序性权利,因此延长审查期限的决定就具备了合法性基础。当提交的文件、资料不准确时,一般是因为经营者自身的过错导致审查程序被耽搁,因此应承担延长审查期限的不利后果。有关情形发生重大变化会导致既有的审查结论无法反映实际的竞争状况,考虑到经营者集中审查决定对竞争状况的深远影响,有必要为审慎评估变化后的市场环境留出一定时间。然而,审查期间也不能无限制延长,毕竟等待期间制度本身必然会影响到经营者的经济利益,故本条第2款对延长期限的上限作出了规定,即最长不得超过60日,介于初审期限和进一步审查基础期限之间。

三、反垄断执法机构的通知说明义务

反垄断执法机构作出的决定,对参与集中的经营者有着重大的影响。因此,本条对反垄断执法机构规定了两项程序性义务。一是将作出的决定书面通知经营者。一方面,使经营者可以尽快解除不确定的状态,根据书面决定做出相应的调整;另一方面,经营者如果对禁止集中的决定不服,书面决定也是向反垄断执法机构提出行政复议的必要材料。二是对禁止集中的决定说明理由。反垄断执法机构在经营者集中的审查中有较大的自由裁量权,作出的决定对参与集中的经营者的利益有重大影响。为了确保反垄断执法机构不滥用权力,促使审查

经营者集中的工作人员尽职尽责，保护参与集中的经营者的合法权益，本条第1款规定，反垄断执法机构作出禁止经营者集中的决定，应当说明理由，以此约束反垄断执法机构审慎应对集中案件，尤其是会对经营者产生重大负面影响的禁止集中案件。

实用小贴士

上市公司申报集中后须履行信息披露义务

上市公司面临经营者集中审查尤其是进一步审查时，无论是被批准还是被禁止，都应当履行信息披露义务。如按照《证券法》第80条的规定，经营者集中（审查）可能属于"公司的经营方针和经营范围的重大变化""公司的重大投资行为""公司的实际控制人及其控制的其他企业从事与公司相同或者相似业务的情况发生较大变化"等"可能对上市公司、股票在国务院批准的其他全国性证券交易场所交易的公司的股票交易价格产生较大影响的重大事件"，也可能属于第81条的"公司股权结构或者生产经营状况发生重大变化""作出减资、合并、分立、解散及申请破产的决定"等"可能对上市交易公司债券的交易价格产生较大影响的重大事件"。故上市公司在收到反垄断执法机构的最终审查决定和进一步审查决定时均应按《证券法》、《上市公司信息披露管理办法》及证监会与交易所制定的相关信息披露规则履行公告披露义务。

第三十二条　【经营者集中的停钟制度】有下列情形之一的，国务院反垄断执法机构可以决定中止计算经营者集中的审查期限，并书面通知经营者：

（一）经营者未按照规定提交文件、资料，导致审查工作无法进行；

（二）出现对经营者集中审查具有重大影响的新情况、新事实，不经核实将导致审查工作无法进行；

（三）需要对经营者集中附加的限制性条件进一步评估，且经营者提出中止请求。

自中止计算审查期限的情形消除之日起，审查期限继续计算，国务院反垄断执法机构应当书面通知经营者。

适用要点

本条是关于经营者集中的停钟制度的规定，是2022年修改《反垄断法》时新增加的内容。

一、停钟制度引入的意义

停钟制度是2022年修改《反垄断法》时新引入的一项制度，主要是用于解决审查期限不足的问题。一般情况下经营者集中的审查期限自立案之日起最长不超过180日。然而，如果案件涉及复杂的竞争评估、限制性条件磋商等情形，分阶段的法定期限设置往往捉襟见肘。在以往的实践中，当申报方面临审查期限届满但又未获审批的情况时，常常会在审查期限即将届满之时撤回申报并再次提交，甚至多次撤回、多次提交，以此刷新时限。这种变通做法复杂且不合理，而停钟制度的设立正是为了扫清这一程序障碍。欧盟和美国等域外主要司法辖区在其经营者集中审查程序中都规定了停钟制度。2004年的《欧盟理事会关于经营者集中控制的第139/2004号条例》第10条规定，如因参与集中经营者之缘故，委员会决定要求经营者提供信息或者决定要求进行检查，则所设定的期限应当暂停。美国1976年的《哈特-斯科特-罗迪诺反托拉斯改进法》[《美国法典》标题15第18a(g)(2)条]同样规定，如果执法机构能够证明，在等待期即将结束之前，“有任何人……未能实际遵守”二次要求的任何内容，则执法机构就能请求法院发布延长等待期的命令。尽管各司法辖区有关停钟制度的适用情形与执行细节存在差异，但该制度的根本目的都是减少程序性因素对审查时间的挤占,避免不必要的重复撤回再申报,并倒逼经营者提高提交材料的完整性和效率。

二、停钟触发事由

本条第 1 款规定了 3 项停钟触发事由。第 1 项"经营者未按照规定提交文件、资料,导致审查工作无法进行"。经营者的过错或导致申报期限被冻结,该项旨在告知经营者在申报集中时有积极配合执法机构进行反垄断审查的义务,不按规定配合将承担不利的程序后果。第 2 项"出现对经营者集中审查具有重大影响的新情况、新事实,不经核实将导致审查工作无法进行"。对执法机构来说,重大新情况必须要进行审查,故当审查期限不足时,原先只能劝导经营者撤回申报后重新申报以重启时限,这一做法不合理,引入停钟制度则不再置执法机构于尴尬的境地,也维持了法的安定性。对经营者而言,该项规定将使经营者在集中交易发生重大变化时不再需要撤回申报,可待交易恢复正常后继续计算审查时限。这一制度使审批时间的可预见性得到增强,相较于重新申报、重启时限,在一定程度上减少了交易的不确定性。第 3 项"需要对经营者集中附加的限制性条件进一步评估,且经营者提出中止请求"。这是经营者集中审查中最常见的需要延长审查期限的情形。附条件案件往往非常复杂,因为在经营者与执法机构商谈限制性条件之前,参与集中的经营者之间要先达成一致意见。如果与执法机构商谈不顺利,需要变更条件,同样还要返回到内部谈判中。故附条件案件往往涉及多方的博弈,谈判及商谈程序也可能反复重启,极耗时间。从既往批准的附加限制性条件集中案件中可发现,很多案件的实际审查期限远远超过了 180 天。这也体现了停钟制度引入的必要性。

三、执法机构的通知义务

停钟制度中涉及执法机构的两项通知义务。一是触发停钟状态冻结计时时的书面通知义务，根据本条第1款的规定，有法定情形出现时，“国务院反垄断执法机构可以决定中止计算经营者集中的审查期限，并书面通知经营者”。二是结束停钟状态开始计算审查时限时的书面通知义务，本条第2款规定：“自中止计算审查期限的情形消除之日起，审查期限继续计算，国务院反垄断执法机构应当书面通知经营者。”

典型案例

国家市场监督管理总局关于附加限制性条件批准诺贝丽斯公司收购爱励公司股权案〔1〕

要旨：2018年8月31日，国家市场监督管理总局收到本案经营者集中申报，申报方以简易案件进行申报，2018年9月30日立案，公示期内第三方提出异议。经审查，国家市场监督管理总局认为本案不符合简易案件适用标准，2018年10月26日撤销立案，并要求申报人按非简易案件重新申报。2018年11月1日，申报方以非简易案件重新申报。经审核，国家市场监督管理总局认为该申报材料不完备，要求申报方予以补充。2018年12月13日，国家市场监督管理总局确认经补充的申报材料符合《反垄断法》第23条（修改后第28条）的规定，对此项经营者集中申报予以立案并开始初步审查。2019年1月11日，国家市场监督管理总局决定对此项经营者集中实施进一步审查。2019年4月10日，经申报方同意，国家市场监督管理总局决定延长进一步审查期限。2019年6月6日，进一步审查延长期届满时，申报方申请撤回案件并得到国家市场监督管理总局同意。2019年6月12日，申报方再次申报。2019年6月14日，国家市场监督管理总局对申

〔1〕参见国家市场监督管理总局2019年12月20日公告。

报方的再次申报予以立案审查。2019 年 12 月 6 日，进一步审查延长期届满时，申报方再次申请撤回案件并得到国家市场监督管理总局同意，当日，申报方再次申报。2019 年 12 月 12 日，国家市场监督管理总局对申报方的申报予以立案审查。国家市场监督管理总局认为，此项集中对中国汽车车身铝薄板内板市场和汽车车身铝薄板外板市场可能产生排除、限制竞争效果。

第三十三条　【审查考虑的因素】审查经营者集中，应当考虑下列因素：

（一）参与集中的经营者在相关市场的市场份额及其对市场的控制力；

（二）相关市场的市场集中度；

（三）经营者集中对市场进入、技术进步的影响；

（四）经营者集中对消费者和其他有关经营者的影响；

（五）经营者集中对国民经济发展的影响；

（六）国务院反垄断执法机构认为应当考虑的影响市场竞争的其他因素。

条文对照

2007 年《反垄断法》	2022 年《反垄断法》
第二十七条　审查经营者集中，应当考虑下列因素： （一）参与集中的经营者在相关市场的市场份额及其对市场的控制力；	**第三十三条**　审查经营者集中，应当考虑下列因素： （一）参与集中的经营者在相关市场的市场份额及其对市场的控制力；

续表

2007 年《反垄断法》	2022 年《反垄断法》
（二）相关市场的市场集中度； （三）经营者集中对市场进入、技术进步的影响； （四）经营者集中对消费者和其他有关经营者的影响； （五）经营者集中对国民经济发展的影响； （六）国务院反垄断执法机构认为应当考虑的影响市场竞争的其他因素。	（二）相关市场的市场集中度； （三）经营者集中对市场进入、技术进步的影响； （四）经营者集中对消费者和其他有关经营者的影响； （五）经营者集中对国民经济发展的影响； （六）国务院反垄断执法机构认为应当考虑的影响市场竞争的其他因素。

适用要点

本条是关于经营者集中审查考虑的因素的规定。2022 年修改《反垄断法》时，本条内容无变动。

一、参与集中的经营者在相关市场的市场份额及其对市场的控制力

经营者在相关市场的市场份额越大，对市场的控制力就越大，就越有能力自主决定在市场上的交易条件，也越有可能排挤竞争对手或者损害消费者利益，其实施的排除、限制竞争行为对市场造成的危害也更大。即使是正常的商业行为也可能对市场产生剧烈影响。本条要注意市场份额并不一定反映了市场控制力，二者是需要并列考虑的因素。因为在动态竞争的背景下，市场份额的变化可能非常迅速，对于需要预测市场竞争状况变化的经营者集中审查而言，其参考价值一定程度上受到了削弱，对真实市场力量的反映有限。而市场控制力还要考虑技术水平、用户粘性以及其他经营者依赖程度等多方面因素。

二、相关市场的市场集中度

市场集中度与市场支配地位有密切的联系，市场集中度越高，经营者产生或者加强市场支配地位的可能性也就越大，具有排除、限制竞争效果的概率也会越大。与市场份额相比，市场集中度比较全面、精确地分析了市场结构，可以更加科学、合理地反映经营者集中对市场竞争的影响。因此，不少国家和地区的反垄断执法机构将市场集中度作为审查经营者集中最为重要的标准之一。常用的测算市场集中度指标为赫芬达尔-赫希曼指数（以下简称 HHI），即将相关市场上所有参与者各自的市场份额平方后再相加计算得出。根据这种测算方法，以美国为例，反垄断执法机构一般将相关市场的市场集中度分为 3 种状态：（1）HHI 不足 1000 点为没有形成集中的市场，在该市场上的集中不具有排除、限制竞争的效果。（2）集中后的 HHI 在 1000 点至 1800 点之间，该市场为中度集中的市场。在该市场上，如果集中使市场的 HHI 较集中前提高了不足 100 点，该集中不具有排除、限制竞争的效果；反之，该集中可能会严重影响有效竞争。（3）集中后的 HHI 达到 1800 点以上，该市场为高度集中的市场。在该市场上，如果集中使市场的 HHI 较集中前提高了不足 50 点，该集中不具有排除、限制竞争的效果；反之，该集中可能会严重影响有效竞争。对于未形成集中的市场，一般可以以简易程序申报集中。中度集中市场通常应以普通程序申报。反垄断执法机构审查的重点在于高度集中市场，集中前为中度集中状态，集中后直接跃升为高度集中状态的经营者集中，更是审查的重中之重，因其直接改变了市场竞争状况的性质。

三、经营者集中对市场进入、技术进步的影响

市场进入的难度直接决定了申报集中的经营者是否存在潜在的竞争者。集中后的经营者即使取得或者加强了市场支配地位，可能实

施排除、限制竞争的行为，如降低产量、抬高价格、强制交易等，如果相关市场没有或者只有很低的进入障碍，潜在的竞争者很快就会进入这个市场，抢占市场份额，那对竞争的危害就不大；相反，如果经营者集中的结果大大提高了潜在竞争者的市场进入门槛，则会增加排除、限制竞争的可能。因此，对市场进入的影响是审查经营者集中的一个重要因素。而技术进步则是经济增长的决定性因素，其对增强国家的经济实力和改善人民的物质生活水平具有重要的意义。因此，为了保持市场的竞争性，防止集中后的经营者在没有竞争压力的情况下失去危机感，不再有动力去降低产品成本、提高产品质量，反垄断执法机构在进行经营者集中审查时，也要考虑集中对技术进步的影响。

四、经营者集中对消费者和其他有关经营者的影响

经营者集中是否具有或者可能具有排除、限制竞争的效果，除了通过市场份额、市场集中度等因素进行分析，还可以通过对消费者和其他有关经营者的影响反映出来。如果集中的结果是降低了产品价格，提高了产品质量，使消费者从中获得利益，而且对同行业竞争者、上下游经营者的市场进入、交易机会等竞争条件没有产生实质性影响，那么该集中一般不具有排除、限制竞争的效果。但需要注意的是，审查经营者集中对消费者和其他有关经营者的影响时，不仅要考虑集中后的短期影响，更要考虑长期影响。

五、经营者集中对国民经济发展的影响

竞争能够提升经济效率，但有时，集中也能提升效率并惠及消费者。集中可能产生规模效应，降低生产成本从而降低产品价格，提升产量。集中也可能增强经营者的研发能力，使之生产出更优质的产品。集中还可能整合朝阳产业，促进国家战略性产业的发展，优化我国经济结构与产业布局。故审查经营者集中时应辩证看待竞争与集中的关系。

统筹协调《反垄断法》与国家产业政策和其他经济政策的实施,既要考虑集中对市场竞争的影响,又要考虑集中对国民经济发展的影响。

六、国务院反垄断执法机构认为应当考虑的影响市场竞争的其他因素

随着经济的发展、技术的进步和反垄断执法经验的积累,审查经营者集中所应当考虑的因素还会不断丰富。因此,本条授权国务院反垄断执法机构可以在执法实践中认定其他应当考虑的影响市场竞争的因素。

典型案例

商务部禁止可口可乐公司收购中国汇源公司案[1]

要旨:2008 年 9 月 18 日,可口可乐公司向商务部递交了收购中国汇源公司的经营者集中申报材料。11 月 20 日,商务部对此项经营者集中予以立案审查。根据《反垄断法》第 27 条[2]规定,商务部对此项经营者集中进行了全面审查。经审查,商务部确认集中将产生如下不利影响:(1)集中完成后,可口可乐公司有能力将其在碳酸软饮料市场上的支配地位传导到果汁饮料市场,对现有果汁饮料企业产生排除、限制竞争效果,进而损害饮料消费者的合法权益。(2)品牌是影响饮料市场有效竞争的关键因素,集中完成后,可口可乐公司通过控制“美汁源”和“汇源”两个知名果汁品牌,对果汁市场控制力将明显增强,加之其在碳酸饮料市场已有的支配地位以及相应的传导效应,集中将使潜在竞争对手进入果汁饮料市场的门槛明显提高。(3)集中挤压了国内中小型果汁企业生存空间,抑制了国内企业在果汁饮料市场参与竞

〔1〕 参见商务部公告 2009 年第 22 号。
〔2〕 对应 2022 年《反垄断法》第 33 条。

争和自主创新的能力，给中国果汁饮料市场有效竞争格局造成不良影响，不利于中国果汁行业的持续健康发展。鉴于上述原因，根据《反垄断法》第28条和第29条[1]的规定，商务部认为，此项经营者集中具有排除、限制竞争效果，将对中国果汁饮料市场有效竞争和果汁产业健康发展产生不利影响。鉴于参与集中的经营者没有提供充足的证据证明集中对竞争产生的有利影响明显大于不利影响或者符合社会公共利益，在规定的时间内，可口可乐公司也没有提出可行的减少不利影响的解决方案，因此，决定禁止此项经营者集中。

第三十四条　【经营者集中的禁止及豁免】经营者集中具有或者可能具有排除、限制竞争效果的，国务院反垄断执法机构应当作出禁止经营者集中的决定。但是，经营者能够证明该集中对竞争产生的有利影响明显大于不利影响，或者符合社会公共利益的，国务院反垄断执法机构可以作出对经营者集中不予禁止的决定。

条文对照

2007年《反垄断法》	2022年《反垄断法》
第二十八条　经营者集中具有或者可能具有排除、限制竞争效果的，国务院反垄断执法机构应当作出禁止经营者集中的决定。但是，经营者能够证明该集中对竞争产生的有利影响明显大于不利影响，或者符合社会公共利益的，国务院反垄断执法机构可以作出对经营者集中不予禁止的决定。	**第三十四条**　经营者集中具有或者可能具有排除、限制竞争效果的，国务院反垄断执法机构应当作出禁止经营者集中的决定。但是，经营者能够证明该集中对竞争产生的有利影响明显大于不利影响，或者符合社会公共利益的，国务院反垄断执法机构可以作出对经营者集中不予禁止的决定。

〔1〕 对应2022年《反垄断法》第34条和第35条。

适用要点

本条是关于经营者集中的禁止及豁免的规定。在 2022 年修改《反垄断法》时,本条内容无变动。

一、原则上禁止具有排除、限制竞争可能的集中

经营者集中审查的核心功能就在于禁止一些具有或者可能具有排除、限制竞争效果的集中,以防止市场高度集中后竞争状况发生不可逆的恶化。故本条原则上将具有或者可能具有排除、限制竞争效果作为禁止经营者集中的判断标准,以保护竞争的市场结构,确保相关市场的有效竞争。

二、豁免情形之一:集中对竞争产生的有利影响明显大于不利影响

根据世界上大多数国家或地区经营者集中审查的法律制度与实践经验,即使是一些具有或者可能具有排除、限制竞争效果的集中,也不应绝对予以禁止,因为任何一项经营者集中都同时有着积极和消极两个方面的影响。经营者集中一方面可能产生或者加强市场支配地位,但同时也可能带来效率的提高、国际竞争力的增强,甚至市场竞争条件的改善,等等。竞争状况的改善不仅要单纯比较经营者数量,还要考虑相关市场中头部竞争者面临的竞争威胁。如果市场内仅有一家企业格外强大,其他中小企业均无法对其形成竞争约束,那么即使相关市场内企业数量再多,也难言该市场内存在有效竞争。相反,若数家中小企业集中后能够抗衡头部企业,这才会使头部企业面临有效的竞争约束,此时,虽然相关市场内经营者数量是减少的,但竞争状况却得到了改善。故评价竞争状况不仅要考虑经营者数量,还要考虑竞争的强度,尤其是头部企业是否受到有效的竞争约束。因此,国务院反垄断执法机构应当审慎评估集中对竞争产生的影响。但要注意,该例外事项的证明责任归经营者。考虑到集中对竞争秩序的长远影响,

经营者不仅需要证明该项集中对竞争有积极影响，还需要证明该积极影响远远超过消极影响。

三、豁免情形之二：符合社会公共利益

我国《反垄断法》将符合社会公共利益作为非竞争因素加以考察，是因为经济生活的复杂性使竞争政策有时会与社会公共利益存在冲突。比如环境保护、文化多样性保护、救灾应急、就业促进等社会政策所追求的目标往往都是非经济性的，因此可能与单纯追求经济目标的《反垄断法》产生冲突。这些社会政策目标往往对应着重大的社会公共利益，并有优先于竞争秩序及其代表的经济效率的价值。此时，即使特定的经营者集中行为会危害竞争，但考虑到集中可以保护更为重要的社会公共利益，应当允许经营者实施集中行为。比如新冠肺炎病毒流行背景下，国内数个有研发、生产新冠肺炎病毒特效药能力的公司希望通过合并来提升对新冠肺炎病毒特效药的研发、生产能力。虽然该经营者集中可能会导致特定药物市场的排除、限制竞争效果，然而对比新冠肺炎病毒特效药对控制疫情扩散、维护国民身体健康的重大意义，该集中行为可能会被允许。同样要注意，该例外事项的证明责任归于经营者，即经营者不仅需要证明该项集中符合特定社会公共利益，还需要证明该社会公共利益优先于竞争秩序及其代表的经济效率。

典型案例

商务部禁止马士基、地中海航运、达飞设立网络中心经营者集中案[1]

要旨：2013 年 9 月 18 日，商务部收到丹麦穆勒马士基集团（A. P.

〔1〕 参见商务部公告 2014 年第 46 号。

Møller-Maersk A/S)、地中海航运公司(MSC Mediterranean Shipping Company S. A.)、法国达飞海运集团公司(CMA CGM S. A.)设立网络中心的经营者集中反垄断申报。2013年12月19日,商务部对此项经营者集中予以立案审查。根据《反垄断法》第27条(修改后第33条)的规定和本案特点,商务部对交易方及网络中心涉及的相关市场份额、市场控制力、市场集中度、市场进入、对消费者和其他经营者的影响等因素进行了评估。商务部重点考察了亚洲—欧洲航线集装箱班轮运输服务市场,并得出如下结论:(1)本次交易形成了紧密型联营,与松散型的传统航运联盟有实质不同。(2)本次交易显著增强交易方的市场控制力。(3)本次交易将大幅提高相关市场的集中度。(4)本次交易将进一步推高相关市场的进入壁垒。(5)本次交易将进一步弱化货主企业和港口的议价能力。基于此,商务部认为此项经营者集中形成了交易方紧密型联营,在亚洲—欧洲航线集装箱班轮运输服务市场可能具有排除、限制竞争效果。参与集中的经营者不能证明该集中对竞争产生的有利影响明显大于不利影响或者符合社会公共利益。因此,商务部决定禁止此项经营者集中。

第三十五条 【附条件批准集中】对不予禁止的经营者集中,国务院反垄断执法机构可以决定附加减少集中对竞争产生不利影响的限制性条件。

条文对照

2007年《反垄断法》	2022年《反垄断法》
第二十九条 对不予禁止的经营者集中,国务院反垄断执法机构可以	**第三十五条** 对不予禁止的经营者集中,国务院反垄断执法机构可以

续表

2007 年《反垄断法》	2022 年《反垄断法》
决定附加减少集中对竞争产生不利影响的限制性条件。	决定附加减少集中对竞争产生不利影响的限制性条件。

适用要点

本条是关于附条件批准集中的规定。2022 年修改《反垄断法》时，本条内容无变动。

一、附条件批准集中的前提是存在竞争问题

附条件批准集中的前提是存在竞争问题。对于不存在竞争影响或其影响不大的集中，执法机构必须尊重经营者的意思自治，无条件批准集中，不得滥用行政权力，违法干预市场主体间的正当商事行为。而在判断是否存在竞争问题上，执法机构须首先提出拟议经营者集中存在竞争问题，即认为所审查的集中事项具有或者可能具有排除、限制竞争的效果，并说明相应的事实和理由。我国的经营者集中审查体制以行政裁决为中心，执法机构要自行评估认定拟议集中存在的问题，而非将证明责任交由经营者，由其证明集中不会产生竞争危害。但经营者享有申辩的权利，并可就集中的竞争问题提出自己的意见。故对集中是否会存在竞争问题的判断虽是由执法机构作出，但执法机构作出决定时也要参考经营者提交的关于集中产生的竞争影响的意见。

二、附条件批准集中的对象是应予禁止的经营者集中

如果一项经营者集中不具有也不可能具有排除、限制竞争的效果，即不存在竞争损害或者竞争损害没有达到不可接受的程度，不需

要依法禁止,就不能附加限制性条件批准集中。本条规定,“国务院反垄断执法机构可以决定附加减少集中对竞争产生不利影响的限制性条件”,这意味着,国务院反垄断执法机构也“可以”不附加限制性条件,而直接决定禁止集中。因此,附条件批准集中实际上是禁止集中的替代救济措施。就应予禁止集中的案件,鉴于完全禁止会严重限制经济主体的行为自由,执法机构秉持对市场的最小干预原则,应优先考虑附条件方案,仅在附条件仍无法解决竞争问题时选择禁止集中。对于可予附条件集中的案件,一般包括两类:一是集中会对竞争产生积极和消极双重影响,但达不到有利影响明显大于不利影响的程度,此时可通过附条件措施尽可能降低不利影响,以达到可以进行集中的程度;二是集中符合社会公共利益要求,但对竞争的损害也非常明显,此时也可以通过附加限制性条件批准集中的方式在社会公共利益、经营者个体利益与竞争秩序之间达到最佳平衡。

三、附条件批准的内容是各方均接受的方案

经营者作为相关市场内的竞争者,往往对如何解决竞争问题比较了解,特别是对自己能够实际执行哪些条件最为清楚,因此经营者提供的解决方案往往具有可执行性。实践中,通常是执法机构提出竞争问题,经营者提出解决方案。而经营者在提出解决方案之前,会在事前就方案与参与集中的各方达成一致意见,参与集中各方对附条件方案往往是接受的。执法机构收到方案后,会以该方案为基础在细节方面与经营者反复进行磋商修改,而最后决定实施的附条件方案必是得到执法机构与经营者认可的方案。而且,执法机构在设计附条件方案时也会征询经营者的竞争者、利害关系人的意见,为提升方案的客观性,最终方案一般也会得到他们的认可。故附条件批准的内容一般是经营者内部、执法机构、经营者的利害关系人均接受的方案。

典型案例

国家市场监督管理总局关于附加限制性条件批准环球晶圆股份有限公司收购世创股份有限公司股权案[1]

要旨:2020年12月25日,国家市场监督管理总局收到环球晶圆股份有限公司(以下简称环球晶圆)收购世创股份有限公司股权案的经营者集中反垄断申报。2021年3月29日,国家市场监督管理总局对此项经营者集中予以立案审查。经审查,鉴于此项经营者集中在8英寸区熔晶圆市场具有或可能具有排除、限制竞争效果,根据申报方提交的附加限制性条件承诺方案,国家市场监督管理总局决定附加限制性条件批准此项集中,要求交易双方和集中后实体履行如下义务:(1)剥离环球晶圆的区熔晶圆业务,即丹麦 Topsil GlobalWafers A/S(拓谱公司)的区熔法晶圆业务,包括该公司所有有形资产和无形资产,所有协议、租约、承诺和客户订单,所有客户、信贷及其他记录等维持该业务运营、确保该业务存续性和竞争性所必需的全部资产及人员。(2)自审查决定生效日起6个月内完成剥离,如到期无法完成,经国家市场监督管理总局批准,上述时限可延长3个月;如未能在上述期限内完成剥离,应根据《经营者集中审查暂行规定》委托剥离受托人寻找合适的剥离买方并完成剥离。(3)按照公平、合理、无歧视的原则,继续向中国境内客户供应各类晶圆产品。在同等条件下,不得就价格、质量、数量和交货期、售后服务等交易条件对中国境内客户实施差别待遇。(4)合同期满后,如果中国境内客户希望续签合同,集中后实体无正当理由不得拒绝,且续签条件不得低于原合同。(5)对相关管理人员和员工进行持续培训,并采取必要措施,确保承诺方案的落实。本承诺方案对交易双方和集中后实体具有法律约束力。自生效

---

〔1〕 参见国家市场监督管理总局2022年1月20日公告。

日起5年后,集中后实体可以向国家市场监督管理总局提出解除行为性条件的申请。国家市场监督管理总局将依申请并根据市场竞争状况作出是否解除的决定。未经国家市场监督管理总局批准解除,集中后实体应继续履行限制性条件。国家市场监督管理总局有权通过监督受托人或自行监督检查交易双方和集中后实体履行上述义务的情况。交易双方和集中后实体如未履行或违反上述义务,国家市场监督管理总局将根据《反垄断法》的相关规定作出处理。

实用小贴士

限制性条件的选择:结构条件或行为条件

经营者集中的限制性条件包括两类:结构条件和行为条件。常见的结构条件主要包括:剥离既存的独立业务、剥离少数股权或放弃股东权利、剥离不构成既存独立业务的资产、剥离知识产权、剥离产能。常见的行为条件主要包括:降低市场进入门槛、保护易受损害的客户和供应商、限制敏感信息流动、控制后续集中。结构条件设计相对容易,资产剥离与企业拆分对竞争的影响最为直接且强度最高,但在实施过程中,由于参与集中的企业和剥离资产的购买人基于各自利益的策略行为,救济的效果可能会偏离反垄断执法机构的预期目标。行为救济则具有可调整性或逆转性。一方面,即便在实施伊始看似最优的结构救济措施,也会随着时间推移而不再具有经济意义,最终可能会变得不仅对企业有害,还对消费者有害,而行为条件通常设置一定的期限,因时制宜,可以在后期进行适时调整;另一方面,在市场结构发生变化或市场实际的发展与限制性条件设定时的预期出现实质性差异时,原有行为性条件措施也可适时修改、变更。我国反垄断执法机构在设计附条件批准集中方案时更偏好行为救济,仅在行为救济难以解决竞争问题时选择结构救济。因此,一项复杂的集中最终呈现的方案往往兼有行为条件与结构条件。

第三十六条　【决定和公告】国务院反垄断执法机构应当将禁止经营者集中的决定或者对经营者集中附加限制性条件的决定,及时向社会公布。

条文对照

2007 年《反垄断法》	2022 年《反垄断法》
第三十条　国务院反垄断执法机构应当将禁止经营者集中的决定或者对经营者集中附加限制性条件的决定，及时向社会公布。	**第三十六条**　国务院反垄断执法机构应当将禁止经营者集中的决定或者对经营者集中附加限制性条件的决定，及时向社会公布。

适用要点

本条是关于决定和公告的规定。2022 年修改《反垄断法》时，本条内容无变动。

一、决定结果必须公开

从本条“应当”二字可以看出，依照法定的程序和方式发布公告是反垄断执法机构必须履行的一项义务。在经营者集中的审查过程中，反垄断执法机构可能会作出各种决定，但要求公告的决定仅仅包括两类：禁止经营者集中的决定和对经营者集中附加限制性条件的决定。这两类决定的结果会对经营者及市场产生重大影响，因此必须公开。审查过程中反垄断执法机构作出的其他决定当然也可能存在公示和公告的问题，但却不是本条所要求进行公告的内容。不同于审查决定的通知，本条中规定的公告面向的是社会公众而非仅限于从事经营者集中行为的当事人。这是为了保障社会公众的知情权，将反垄断执法机构的执法行为置于社会监督之下。更为重要的是，经营者集中审查涉及的是整个市场竞争秩序，代表的是社会公共利益，禁止集中及附条件批准集中不仅会对参与集中者，还可能对竞争者、消费者、有利害关系的经营者及市场预期产生重大影响，此时只告知参与集中的经营者可能会损害其他受影响主体的利益，向社会公众公告可以保障这些潜在的利害关系人寻求法律救济的途径。

二、决定依据及细节可以公开

一般来说，执法机构将有关决定进行公告时，在不泄露相关企业商业秘密的前提下，还会将搜集到的集中当事人的有关情况（如市场占有率、潜在的市场支配力量的行使、对上下游企业的控制、未来的经营策略等）、分析集中对市场竞争造成影响时所采取的方法和经济学原理、分析的具体过程和结论、批准或禁止依据、附加性条件的必要性等作出决定的依据及细节公之于众。这增强了公众和集中当事人对于反垄断执法机构所作决定的合理性与权威性的信任。同时，将决定向社会公告也有利于公众提高反垄断法律意识。但是，对于部分涉及国家机密、商业秘密的信息，公开时应进行脱敏化处理或者选择不公开。《经营者集中审查暂行规定》第61条也规定："市场监管总局以及其他单位和个人对于知悉的商业秘密、未披露信息或者保密商务信息承担保密义务，但根据法律法规规定应当披露的或者事先取得权利人同意的除外。"综上，执法机构在履行公开经营者集中审查决定的公告披露义务时也应遵守其他法律、法规要求的保密义务。

典型案例

国家市场监督管理总局禁止虎牙公司与斗鱼国际控股有限公司合并案[1]

2020年11月16日，国家市场监督管理总局收到腾讯控股有限公司（以下简称腾讯）提交的本案经营者集中反垄断申报。2021年1月4日，市场监督管理总局对此项经营者集中予以立案审查。根据《反

〔1〕参见国家市场监督管理总局2021年7月10日公告。

垄断法》第27条(修改后第33条)规定,国家市场监督管理总局从参与集中的经营者在相关市场的市场份额及其对市场的控制力、相关市场的市场集中度、集中对下游用户企业和其他有关经营者的影响等方面,深入分析了此项经营者集中对市场竞争的影响,得出如下竞争评估结论:(1)游戏直播市场进入壁垒高,短期内出现新进入者可能性不大;交易将彻底消除市场上两家最大游戏直播平台之间的竞争,进一步减少消费者选择权,且有可能利用其市场力量,降低产品质量,提高服务价格或者降低用户体验感受,损害消费者权益;交易将完全消除虎牙和斗鱼之间的竞争,进一步减少主播平台选择权,降低主播和游戏主播工会议价能力,损害从业者权利。(2)本项集中后,腾讯在上下游均拥有较强的市场控制力,有能力和动机对下游游戏直播市场的竞争对手实施网络游戏著作权许可封锁,对上游网络游戏运营服务市场的竞争对手实施直播推广渠道封锁,在上下游市场形成闭环,排挤现有竞争对手、扼杀潜在竞争对手。鉴于此项经营者集中对中国境内游戏直播市场和网络游戏运营服务市场具有或者可能具有排除、限制竞争的效果,申报方未能证明集中对竞争产生的有利影响明显大于不利影响,或者符合社会公共利益,且申报方提交的承诺方案无法有效减少集中对竞争产生的不利影响,国家市场监督管理总局决定禁止此项经营者集中。

第三十七条 【分类分级审查】国务院反垄断执法机构应当健全经营者集中分类分级审查制度,依法加强对涉及国计民生等重要领域的经营者集中的审查,提高审查质量和效率。

适用要点

本条是关于分类分级审查的规定,是2022年《反垄断法》修改时新增加的内容。

一、分类分级审查

分类分级审查制度的核心包括两个维度。第一个维度在于分类。《反垄断法》适用于所有行业，但各个行业的行业业态、商业模式对市场竞争的影响、行业在国民经济中所占的地位均有较大差距。因此，统一的审查方法只能在宏观层面为经营者集中案件的审查做出指引，而无法做出细致的指导。这也是反垄断指南往往按照不同的行业出台以契合各行业实践的重要原因之一。在经营者集中审查中，为提升审查的效率和针对性，有必要设置分类审查制度，区分不同行业类别的审查重点，使审查结论更具科学性。第二个维度在于分级。分级审查恰好对接了审查程序中的初步审查——进一步审查的程序规则，旨在抓大放小，即通过初步审查程序首先筛选出需要重点关注的行业以及同一行业中需要重点关注的集中类型，从而将用于审查小概率反竞争集中案件的时间用于审查更有反竞争可能的集中案件。比如，横向集中相较纵向集中对市场竞争的影响可能更大，应重点分析；对于向中小企业频繁发起并购并且目的可能在于扼杀未来竞争的情形，应予以重点审查；有紧密联系的相邻市场间头部企业的合并可能会相互强化各自的市场支配力，产生跨市场间的反竞争效应，也应重点关注。设置分类分级审查制度的目的就在于本条中提及的“提高审查质量和效率”。

二、强化重要领域审查

本条还规定了，要“依法加强对涉及国计民生等重要领域的经营者集中的审查”。反垄断的实质是国家为发挥市场竞争机制在经济发展中的积极作用，实现国家整体利益的最大化，而对市场结构和市场行为进行调节和控制的一种带有全局意义的谋划和采取的相应措施。

反垄断本身的法律性特别明显，其实际上表现为国家制定和实施相应的法律制度的行为。在当今经济全球化与逆全球化交织的背景下，反垄断已经不是单纯的经济问题，也不仅是一个国家内部的政策手段和法律工具，而越来越多地与国家的制度竞争优势和国际话语权联系在一起。本条指出要强化对涉及国计民生等重要领域的经营者集中审查正是从国家战略的角度出发，旨在维护我国的经济安全，促进产业发展，强化国际竞争力。经营者集中作为《反垄断法》中会产生长远影响的制度工具，理应为国家的整体利益服务。这既可以表现为对特定产业的扶持——从宽审查集中案件；也可以表现为对特定产业合并的警惕——从严限制集中行为；还可以表现为对涉及民生领域的集中案件的审慎处理。除此之外，本条还包含“等”这一兜底性词语，其目的在于授予反垄断执法机构剩余干预权，为竞争政策的广泛实施预留出法律空间。

典型案例

商务部关于附加限制性条件批准陶氏化学公司与杜邦公司合并案[1]

要旨：2016 年 3 月 21 日，商务部收到陶氏化学公司（The Dow Chemical Company）与杜邦公司（E. I. Du Pont De Nemours And Company）合并案的经营者集中反垄断申报。2016 年 5 月 6 日，商务部对此项经营者集中立案审查。商务部审查认为，此项经营者集中对中国水稻选择性除草剂市场、水稻杀虫剂市场可能具有排除、限制竞争的效果，对全球酸共聚物市场、离聚物市场具有排除、限制竞争的效果。在审查过程中，商务部将审查意见及时告知了申报方，并与申报方就

[1] 参见商务部公告 2017 年第 25 号。

如何减少此项经营者集中对竞争产生的不利影响等有关问题进行了多轮商谈。对于申报方提交的限制性条件建议，商务部按照《关于经营者集中附加限制性条件的规定（试行）》（2021年失效）的规定，重点从剥离业务的范围及有效性，剥离业务的存续性、竞争性和可销售性，行为性条件的有效性等方面进行了评估。经评估，商务部认为，申报方2017年4月24日向商务部提交的限制性条件建议最终稿可以减少此项经营者集中对竞争造成的不利影响。根据此最终稿，商务部于2017年4月29日决定附加限制性条件批准此项集中。

第三十八条 【反垄断审查和国家安全审查】对外资并购境内企业或者以其他方式参与经营者集中，涉及国家安全的，除依照本法规定进行经营者集中审查外，还应当按照国家有关规定进行国家安全审查。

条文对照

2007年《反垄断法》	2022年《反垄断法》
第三十一条 对外资并购境内企业或者以其他方式参与经营者集中，涉及国家安全的，除依照本法规定进行经营者集中审查外，还应当按照国家有关规定进行国家安全审查。	**第三十八条** 对外资并购境内企业或者以其他方式参与经营者集中，涉及国家安全的，除依照本法规定进行经营者集中审查外，还应当按照国家有关规定进行国家安全审查。

适用要点

本条是关于反垄断审查和国家安全审查的规定。2022年修改《反垄断法》时，本条内容无变动。

一、双重审查的衔接

本条既非经营者集中的实质性规定，也非关于国家安全审查的实质性规定。根据本条规定，当外资并购境内企业或参与到经营者集中时，一旦涉及关乎国家安全的事项，应当同时启动国家安全审查程序。这是反垄断审查与国家安全审查的衔接规定。本条中所指的“外资”应理解为“外商投资”的简称。而“外商投资”的概念在《外商投资法》第2条第2款中有明确的规定：“本法所称外商投资，是指外国的自然人、企业或者其他组织（以下称外国投资者）直接或者间接在中国境内进行的投资活动，包括下列情形：（一）外国投资者单独或者与其他投资者共同在中国境内设立外商投资企业；（二）外国投资者取得中国境内企业的股份、股权、财产份额或者其他类似权益；（三）外国投资者单独或者与其他投资者共同在中国境内投资新建项目；（四）法律、行政法规或者国务院规定的其他方式的投资。”本条规定的“并购境内企业”，是指外资直接获得境内企业控制权的情形。“以其他方式参与经营者集中”，是指外资未获得境内企业控制权但外资成分与内资成分的融合已构成《反垄断法》意义上的经营者集中的情形，如设立联营机构等。这也意味着，只要参与集中的经营者中含有外资成分，在进行经营者集中申报时均有可能同时触发申报国家安全审查的义务。

二、国家安全审查的制度体系

《外商投资法》第4条第1款规定，“国家对外商投资实行准入前国民待遇加负面清单管理制度”，第6条也作了外商投资不得危害国家安全的原则性要求。该法第35条规定：“国家建立外商投资安全审查制度，对影响或者可能影响国家安全的外商投资进行安全审查。依法作出的安全审查决定为最终决定。”《外商投资法实施条例》第40条规定：“国家建立外商投资安全审查制度，对影响或者可能影响国家安全的外商投资进行安全审查。”这些法律、法规是我国国家安全审查制度的法定依据。《国务院办公厅关于建立外国投资者并购境内企业安全审查制度的通知》以国务院规范性文件的形式对外商投资国家安全审查制度作了宏观的政策规定。同时,为做好自由贸易试验区对外开放工作,试点实施与负面清单管理模式相适应的外商投资国家安全审查措施,引导外商投资有序发展,维护国家安全,国务院办公厅还印发了《自由贸易试验区外商投资国家安全审查试行办法》。《商务部实施外国投资者并购境内企业安全审查制度的规定》作为部门规章,落实了国家安全审查制度实施的程序细则。该规章第1条明确指出了国家安全审查申报的接收主体为商务部,即“外国投资者应向商务部提出并购安全审查申请”。值得注意的是,商务部并非唯一的审查主体。依照《国务院办公厅关于建立外国投资者并购境内企业安全审查制度的通知》规定,国家安全审查的审查主体为外国投资者并购境内企业安全审查部际联席会议,商务部在此承担了窗口对接的工作。鉴于经营者集中审查的申报对接主体为反垄断执法机构(国家市场监督管理总局),国家安全审查的申报对接主体为商务部,故经营者在申报涉外资的集中时往往负有双头申报义务,只有当拟集中行为同时通过了经营者集中审查和国家安全审查后,方能实施集中行为。

第五章 滥用行政权力排除、限制竞争

第三十九条 【禁止指定交易】行政机关和法律、法规授权的具有管理公共事务职能的组织不得滥用行政权力，限定或者变相限定单位或者个人经营、购买、使用其指定的经营者提供的商品。

条文对照

2007 年《反垄断法》	2022 年《反垄断法》
第三十二条 行政机关和法律、法规授权的具有管理公共事务职能的组织不得滥用行政权力，限定或者变相限定单位或者个人经营、购买、使用其指定的经营者提供的商品。	**第三十九条** 行政机关和法律、法规授权的具有管理公共事务职能的组织不得滥用行政权力，限定或者变相限定单位或者个人经营、购买、使用其指定的经营者提供的商品。

适用要点

本条是关于禁止行政机关和法律、法规授权的具有管理公共事务职能的组织滥用行政权力指定交易的规定。2022 年修改《反垄断法》时，本条内容无变动。

指定交易行为是我国行政性垄断行为的典型表现之一。任何市场主体都有决定是否交易以及选择交易对象的自由，这一理念构成了市场经济的基石。行政机关和法律、法规授权的具有管理公共事务职能的组织滥用行政权力指定交易的行为，背离了市场经济的基本准则，严重侵害了市场主体的交易自由。此外，指定交易行为限定消费者购买、使用指定的商品，剥夺了消费者的自主选择权和公平交易权。认定行政机关和法律、法规授权的具有管理公共事务职能的组织滥用行政权力指定交易应具备3项要件：第一，主体是行政主体，即行政机关和法律、法规授权的具有管理公共事务职能的组织，符合本法第10条规定的行政性垄断行为的共性；第二，行政机关及其相关组织有限定或者变相限定单位或者个人经营、购买、使用其指定的经营者提供的商品的行为；第三，行政机关及相关组织在实施上述行为过程中滥用行政权力，并且产生了排除、限制竞争的效果。

本条禁止的指定交易行为具有两种实施方式，即限定和变相限定。前者是直接的、明示的，后者是间接的、暗示的，但二者都具有一定的强制性。变相限定通常是通过设定具有指向性的标准或条件实施的。这类标准或条件看似针对所有的经营者，但实则只有特定的经营者能够符合确定的条件，具有与直接的、明示的限定相同的行为效果。[1] 限定或者变相限定的对象是单位或者个人，既包含经营者，也包含消费者。限定或者变相限定单位或者个人从事的行为是“经营、购买、使用其指定的经营者提供的商品”，这涉及商品的流通、消费甚至生产领域，代理销售、个人消费、原料采购等交易行为都在此列。

行政机关和法律、法规授权的具有管理公共事务职能的组织滥用行政权力指定交易，不论其是否以排除、限制竞争为目的，也不论该行为是否已造成排除、限制竞争的实际效果，只要实施了该行为，且有可能产生排除、限制竞争的效果，就构成对本条的违反。

---

〔1〕 参见时建中主编：《反垄断法——法典释评与学理探源》，中国人民大学出版社2008年版，第339-341页。

典型案例

深圳斯维尔科技有限公司诉广东省教育厅行政性垄断案[1]

要旨：广州市中级人民法院认为，根据《反垄断法》的规定，广东省教育厅“指定独家参赛软件”的行为具备构成行政性垄断的要素条件，即在主体上，广东省教育厅是“行政机关和法律、法规授权的具有管理公共事务职能的组织”；在行为上，广东省教育厅指定独家参赛软件的行为符合“限定或者变相限定单位或者个人经营、购买、使用其指定的经营者提供的商品”的规定；至于“滥用行政权力”，法院依据《行政诉讼法》有关行政机关应对自己的具体行政行为负有举证责任的规定，认定广东省教育厅对自己指定独家参赛软件的行为不能提供证据证明其合法性，为此广东省教育厅的行为构成“滥用行政权力”。经审理，广州市中级人民法院于2015年2月2日作出一审判决，确认广东省教育厅在2014年工程造价基本技能省级选拔赛中指定独家使用广联达公司相关软件的行为违法。2017年8月初，广东省高级人民法院对该案作出二审判决，认定广东省教育厅在工程造价基本技能省级比赛中指定广联达软件为独家参赛软件的行为属于滥用行政权力，产生了排除、限制竞争的效果，违反了《反垄断法》的规定，为此驳回广东省教育厅和广联达公司的所有上诉请求，维持一审判决。

实用小贴士

参考国家市场监督管理总局2019年公布的《制止滥用行政权力排除、限制竞争行为暂行规定》，《反垄断法》禁止的指定交易行为的主要表现形式包括：(1)以明确要求、暗示、拒绝或者拖延行政审批、重复检查、不予接入平台或者网络等方式，限定或者变相限定经营、购买、使用特定经营者提供的商品；(2)通过

〔1〕参见广东省高级人民法院(2015)粤高法行终字第228号行政判决书。

限制投标人所在地、所有制形式、组织形式等方式，限定或者变相限定经营、购买、使用特定投标人提供的商品；(3)没有法律、法规依据，通过设置项目库、名录库等方式，限定或者变相限定经营、购买、使用特定经营者提供的商品。

第四十条 【禁止妨碍经营者进入相关市场或者实行不平等待遇】行政机关和法律、法规授权的具有管理公共事务职能的组织不得滥用行政权力，通过与经营者签订合作协议、备忘录等方式，妨碍其他经营者进入相关市场或者对其他经营者实行不平等待遇，排除、限制竞争。

适用要点

本条是关于禁止行政机关和法律、法规授权的具有管理公共事务职能的组织滥用行政权力妨碍经营者进入相关市场或实行不平等待遇的规定，是2022年修改《反垄断法》时的新增加的内容。

除主体要件外，认定行政机关和法律、法规授权的具有管理公共事务职能的组织构成本条规定的滥用行政权力，妨碍其他经营者进入相关市场或实行不平等待遇行为时还应考虑两项要件：第一，滥用行政权力排除、限制竞争的行为载体是行政主体与经营者签订的合作协议、备忘录等具有合同性质的文件；第二，滥用行政权力排除、限制竞争行为的行为方式是妨碍其他经营者进入相关市场或对其他经营者实行不平等待遇。

一、通过与经营者签订合作协议、备忘录等方式

在实践中，行政机关和法律、法规授权的具有管理公共事务职能的组织与经营者签订的合作协议，主要是指在公共服务领域，行政主体为了增强公共产品和服务的供应能力、提高供给效率，与社会资本

签订的，使社会资本参与基础设施建设、提供公共产品与服务的协议。从协议性质上来看，行政机关和法律、法规授权的具有管理公共事务职能的组织与经营者签订的合作协议，既有可能是普通的民事协议，也有可能是具有行政法上权利义务关系的行政协议。行政性垄断指向的是行政主体滥用行政权力排除、限制竞争的行为，与行政权的行使具有密切联系。因此，本条中的合作协议应主要是指行政主体为了实现行政管理或者公共服务目标，与公民、法人或者其他组织协商签订的具有行政法上权利义务内容的行政协议。

备忘录并不属于严格意义的法律概念。作为一种使用频率较高的文本形式，备忘录在商事领域特别是涉外商事领域广泛存在，近年来也常见于政府与社会资本合作的领域。一般而言，当备忘录的内容和形式仅为记载各方协商过程，或者各方对未来合作的预期或其他陈述时，其不构成合同，不能产生法律意义上的合同拘束力。如果备忘录为彼此创设权利义务关系的意思表示，且当事人各方也存在一致认可的履行行为时，备忘录就具备合同效力。本条在已经列举了合作协议这一类型的情形下将备忘录与合作协议并列，主要是考虑到实践中也存在较多以备忘录为形式，但实质上属于约定双方权利义务关系的“协议”。这些备忘录中的相关条款，同样具有排斥、限制竞争的可能性。

二、妨碍其他经营者进入相关市场或对其他经营者实行不平等待遇

通过与经营者签订合作协议、备忘录等方式妨碍其他经营者进入相关市场，主要是指行政主体与经营者在协议中约定，授予该经营者独家经营权或限制其他经营者的市场准入。例如，协议约定：“在有效期内，甲方（行政主体）不再引入其他经营者；如有其他经营者未经甲方同意进入相关市场，甲方对相关经营行为实施管控。”

通过与经营者签订合作协议、备忘录等方式对其他经营者实行不平等待遇，主要是指没有法律、法规依据，行政主体与经营者在协议中

约定为经营者提供优惠政策，从而为特定经营者提供不正当的竞争优势。这类优惠政策包括但不限于：(1)为经营者提供财政奖励和补贴；(2)给予经营者税收优惠；(3)在安全生产、节能环保、质量标准等方面给予经营者特殊待遇；(4)减免经营者应当缴纳的行政事业性收费、政府性基金、住房公积金、社会保险费用等。

第四十一条　【禁止妨碍商品在地区间自由流通】行政机关和法律、法规授权的具有管理公共事务职能的组织不得滥用行政权力，实施下列行为，妨碍商品在地区之间的自由流通：

（一）对外地商品设定歧视性收费项目、实行歧视性收费标准，或者规定歧视性价格；

（二）对外地商品规定与本地同类商品不同的技术要求、检验标准，或者对外地商品采取重复检验、重复认证等歧视性技术措施，限制外地商品进入本地市场；

（三）采取专门针对外地商品的行政许可，限制外地商品进入本地市场；

（四）设置关卡或者采取其他手段，阻碍外地商品进入或者本地商品运出；

（五）妨碍商品在地区之间自由流通的其他行为。

条文对照

2007年《反垄断法》	2022年《反垄断法》
第三十三条　行政机关和法律、法规授权的具有管理公共事务职能的组织不得滥用行政权力，实施下列行	**第四十一条**　行政机关和法律、法规授权的具有管理公共事务职能的组织不得滥用行政权力，实施下列行

续表

2007 年《反垄断法》	2022 年《反垄断法》
为,妨碍商品在地区之间的自由流通: （一）对外地商品设定歧视性收费项目、实行歧视性收费标准,或者规定歧视性价格; （二）对外地商品规定与本地同类商品不同的技术要求、检验标准,或者对外地商品采取重复检验、重复认证等歧视性技术措施,限制外地商品进入本地市场; （三）采取专门针对外地商品的行政许可,限制外地商品进入本地市场; （四）设置关卡或者采取其他手段,阻碍外地商品进入或者本地商品运出; （五）妨碍商品在地区之间自由流通的其他行为。	为,妨碍商品在地区之间的自由流通: （一）对外地商品设定歧视性收费项目、实行歧视性收费标准,或者规定歧视性价格; （二）对外地商品规定与本地同类商品不同的技术要求、检验标准,或者对外地商品采取重复检验、重复认证等歧视性技术措施,限制外地商品进入本地市场; （三）采取专门针对外地商品的行政许可,限制外地商品进入本地市场; （四）设置关卡或者采取其他手段,阻碍外地商品进入或者本地商品运出; （五）妨碍商品在地区之间自由流通的其他行为。

适用要点

本条是关于禁止行政机关和法律、法规授权的具有管理公共事务职能的组织滥用行政权力妨碍商品在地区间自由流通的规定。2022 年修改《反垄断法》时,本条内容无变动。

打破地方保护和市场分割,建设全国统一大市场是构建社会主义市场经济的基础支撑和内在要求。在统一开放的市场经济体系中,行政主体应保持中立,对外地企业和本地企业一视同仁。但是,部分地方政府从局部利益出发,实行地区封锁,人为地提高了外地经营者的经营成本,妨碍了商品的自由流通,严重影响了全国统一大市场的形成。本条禁止的妨碍商品在地区间自由流通的行为有 5 种表现形式:

1. 对外地商品设定歧视性收费项目、实行歧视性收费标准，或者规定歧视性价格。基于公共利益需要，行政机关和法律、法规授权的具有管理公共事务职能的组织会对商品及其经营者征收一定的费用，这类费用将计入经营者的成本，并最终体现在商品价格当中。因此，行政机关和法律、法规授权的具有管理公共事务职能的组织对外地商品设定歧视性的收费项目或收费标准，会给外地商品在本地的流通增加额外成本，使外地商品与本地商品无法处于公平竞争的地位。

2. 对外地商品规定与本地同类商品不同的技术要求、检验标准，或者对外地商品采取重复检验、重复认证等歧视性技术措施，限制外地商品进入本地市场。出于维护商品质量、保护消费者合法权益的目的，我国法律及行政法规规定了一些商品的技术要求和检验标准。然而，一些地方的行政机关和法律、法规授权的具有管理公共事务职能的组织超越国家标准的要求，擅自为外地商品设定与本地同类商品标准不同的技术要求和检验标准，或者对外地商品采取重复检验、重复认证等歧视性措施，提高外地商品进入本地流通的门槛，有意限制外地商品进入本地市场。

3. 采取专门针对外地商品的行政许可，限制外地商品进入本地市场。行政许可，是指在法律规范一般禁止的情况下，行政机关根据公民、法人或者其他组织的申请，经依法审查，准予其从事特定活动的行为。根据《行政许可法》的规定，对于可以设定行政许可的事项，法律、行政法规可以设定行政许可；尚未制定法律、行政法规的，地方性法规可以设定行政许可；尚未制定法律、行政法规和地方性法规的，因行政管理的需要，确需立即实施行政许可的，省、自治区、直辖市人民政府规章可以设定临时性的行政许可。无论是地方性法规设定的行政许可，还是省、自治区、直辖市人民政府通过规章设定的临时性行政许可，都不能限制其他地区的商品进入本地市场。《行政许可法》颁布实施后，明显违反《行政许可法》，限制外地商品进入本地市场的行政许可已经基本取消,但是实践中仍存在很多以行政备案之名行行政许可之实的情况,部分地方政府变相设置一些备案程序,限制外地商品的进入。故此,本法作出规定,禁止采取专门针对外地商品的行政许可,或设定不同的许可条件、程序等,限制外地商品进入本地市场。本法规定的行政许可应作宽泛理解,即凡是阻碍了外地商品进入本地市场的许可、备案等行为,都属于本条禁止的范畴。

4. 设置关卡或者采取其他手段,阻碍外地商品进入或者本地商品运出。设置关卡是最直接的限制商品流通的方式。实践中,部分地方的行政机关和法律、法规授权的具有管理公共事务职能的组织,为了保护本地生产、销售同类商品的企业,阻碍外地商品进入本地市场,或是为了优先保障本地企业的原材料供应,在道路、港口等交通枢纽地带设置关卡拦截,阻碍本地商品运出。这类行为严重阻碍了商品的自由流通,破坏了公平竞争的市场秩序。

5. 妨碍商品在地区之间自由流通的其他行为。前述 4 类行为是对行政机关和法律、法规授权的具有管理公共事务职能的组织,滥用行政权力妨碍商品在地区间自由流通的行为类型的较详细的列举。同时,考虑到实践中妨碍商品在地区间自由流通的行为的具体情形较为复杂,所以将本条第 5 项作为兜底条款,以便将各类妨碍商品在地区间自由流通的行为都纳入《反垄断法》的规制范围。

典型案例

河北省三部门行政性垄断案[1]

要旨:据调查,通行费支出对经营者收益率影响较大。根据某运

〔1〕 参见《河北几部门违反〈反垄断法〉发展改革委建议纠正》,载中国政府网 2014 年 9 月 26 日,http://www.gov.cn/xinwen/2014-09/26/content_2756875.htm。

输公司测算的数据，高速公路通行费占其总收入的比重为10%~20%。河北省有关部门对本省客运班车实行通行费优惠政策，其实质是对本省客运班车经营者按照通行费额给予经济补偿，使河北省客运班车经营者的通行费成本大幅低于其他省份相关经营者的通行费成本，导致外省经营者处于不利的竞争地位。以天津至石家庄线路为例，天津公司单程需缴纳通行费360元，与之对开的河北省公司只需缴纳通行费180元，单次差额为180元。据天津一运输公司测算，仅这一线路，天津公司比河北公司每年多支出130余万元。河北省有关部门的上述做法，破坏了河北省客运班车经营者与外省同一线路经营者之间的公平竞争秩序，属于《反垄断法》禁止的“对外地商品设定歧视性收费项目、实行歧视性收费标准，或者规定歧视性价格”的行为。

第四十二条　【禁止排斥或限制经营者参加招标投标及其他经营活动】行政机关和法律、法规授权的具有管理公共事务职能的组织不得滥用行政权力，以设定歧视性资质要求、评审标准或者不依法发布信息等方式，排斥或者限制经营者参加招标投标以及其他经营活动。

条文对照

2007年《反垄断法》	2022年《反垄断法》
第三十四条　行政机关和法律、法规授权的具有管理公共事务职能的组织不得滥用行政权力，以设定歧视性资质要求、评审标准或者不依法发布信息等方式，排斥或者限制**外地**经营者参加**本地的**招标投标活动。	**第四十二条**　行政机关和法律、法规授权的具有管理公共事务职能的组织不得滥用行政权力，以设定歧视性资质要求、评审标准或者不依法发布信息等方式，排斥或者限制经营者参加**招标投标以及其他经营活动**。

适用要点

本条是关于禁止行政机关和法律、法规授权的具有管理公共事务职能的组织滥用行政权力排斥或限制经营者参加招标投标及其他经营活动的规定。

作为一种竞争性缔约方式,招标投标广泛应用于建设工程承包、成套设备或其他商品的购买、企业承包经营、土地使用权出让等领域。[1] 招标投标是一种规范的市场交易方式,更能体现市场竞争机制的作用。因此,招标投标活动应当遵循公开、公平、公正和诚实信用的原则。除了招标者及投标者相互间不得串通招标投标外,行政机关和法律、法规授权的具有管理公共事务职能的组织也不得排斥或限制经营者参与招标投标及其他经营活动。如果在招标投标活动中设置歧视性标准,必然会大大缩小竞争规模,竞争机制的优越性难以得到发挥,招标投标的作用将大打折扣。

2022 年《反垄断法》修改了"排斥或者限制外地经营者参加本地的招标投标活动"这一表述,取消了本地、外地的区分。虽然地方保护在我国较为普遍,是建设全国统一大市场的过程中需要解决的难题,但实践中已经出现"优待外地企业、歧视本地企业"的情况,即给予外地经营者优势,导致本地经营者无法与之竞争。这种行为和地方保护一样,都会破坏统一开放、公平竞争的市场环境。考虑到招标投标活动中的限制竞争行为较为复杂,取消本地、外地的区分,有利于将各类排斥或限制经营者参加招标投标及其他经营活动的行为均纳入《反垄断法》的规制范围。

2022 年修改《反垄断法》时新增了"其他经营活动"的规定,实现了与其他法律规范的有序衔接。2007 年《反垄断法》规定的是招标投标活动中的限制竞争行为,其范围较窄。例如,在政府采购领域,根据

---

[1] 参见王先林:《竞争法学》(第 3 版),中国人民大学出版社 2018 年版,第 295 页。

《政府采购法》及相关法律、法规的规定，除招标投标外，竞争性谈判、询价、竞争性磋商都属于政府采购方式，也都应贯彻公平竞争的原则。实践中也已经出现了在竞争性磋商等政府采购活动中排斥或限制经营者参与的现象。2022年《反垄断法》新增"其他经营活动"的规定使现行法律规定更加完善。

排斥或限制经营者参加招标投标及其他经营活动的行为方式具体包括：

1. 设定歧视性资质要求，即对特定经营者设定不同于其他经营者的要求，如高于或严于其他经营者的资质方面的要求。资质包括经营者的资金实力、业务能力、业务资格或业绩等。

2. 设定歧视性的评审标准，即对参与招标投标的经营者采用不平等的标准和尺度进行评审，进而实现不公平的招标投标结果。

3. 不依法发布信息，即行政机关和法律、法规授权的具有管理公共事务职能的组织不依照法律、法规所规定的程序，隐瞒招标投标以及其他经营活动信息，不向社会公布，以此达到排除和限制经营者参加招标投标以及其他经营活动的目的。[1] 我国《招标投标法》规定，招标分为公开招标和邀请招标，公开招标采用公告的形式发布信息，邀请招标采用投标邀请书的形式发布信息，上述方式均需要遵照法律、法规的规定进行。

典型案例

蚌埠市卫生和计划生育委员会行政性垄断案[2]

要旨：2015年，国家发展改革委对安徽省蚌埠市卫生和计划生育

〔1〕 参见时建中主编：《反垄断法——法典释评与学理探源》，中国人民大学出版社2008年版，第354-356页。

〔2〕 参见《国家发展改革委办公厅关于建议纠正蚌埠市卫生计生委滥用行政权力排除限制竞争有关行为的函》，载《中国价格监管与反垄断》2015年第9期。

委员会(以下简称蚌埠市卫计委)在药品集中招标采购中,涉嫌滥用行政权力排除限制竞争的行为进行了调查。调查显示,蚌埠市卫计委在2015年4月10日发布的市区组竞争性磋商公告和在2015年5月22日发布的三县组竞争性磋商公告中对外地经营者设置歧视性资质要求,限制外地经营者参加本地的招标投标活动。虽然112号和168号公告是以“竞争性磋商”的名义发布的,但属于以公告的方式邀请不特定的法人或者其他组织投标,实质上是招标行为。同时,在外地和本地相关经营者数量明显存在巨大差别的情况下,两次招标均明确规定需要有相同数量的外地和本地经营者中标,保护本地相关经营者的意图明显。蚌埠市卫计委的相关做法排除了外地潜在投标者,不利于促进相关市场充分竞争,违反了《反垄断法》禁止行政机关和法律、法规授权的具有管理公共事务职能的组织滥用行政权力排斥或限制经营者参加招标投标的规定。

实用小贴士

《反垄断法》与《招标投标法》的衔接

对于排斥和限制经营者参与招标投标的行为,除《反垄断法》外,我国2017年修正的《招标投标法》也作了详尽的规定。其中,《招标投标法》第6条规定:“依法必须进行招标的项目,其招标投标活动不受地区或者部门的限制。任何单位和个人不得违法限制或者排斥本地区、本系统以外的法人或者其他组织参加投标,不得以任何方式非法干涉招标投标活动。”同时,《招标投标法》第18条与第20条也对歧视潜在投标人的行为进行了限制。《招标投标法》与《反垄断法》的规定有重合的部分,但二者从不同方面对招标投标中的不当行为进行了规制。行政机关和法律、法规授权的具有管理公共事务职能的组织在招标投标活动中不仅应遵守《招标投标法》的规定,还应遵守《反垄断法》的规定。

第四十三条 【禁止排斥、限制、强制或者变相强制在本地投资或者设立分支机构】行政机关和法律、法规授权的具有管理公共事务职能的组织不得滥用行政权力，采取与本地经营者不平等待遇等方式，排斥、限制、强制或者变相强制外地经营者在本地投资或者设立分支机构。

条文对照

2007年《反垄断法》	2022年《反垄断法》
第三十五条 行政机关和法律、法规授权的具有管理公共事务职能的组织不得滥用行政权力，采取与本地经营者不平等待遇等方式，排斥**或者**限制外地经营者在本地投资或者设立分支机构。	**第四十三条** 行政机关和法律、法规授权的具有管理公共事务职能的组织不得滥用行政权力，采取与本地经营者不平等待遇等方式，排斥、限制、**强制或者变相强制**外地经营者在本地投资或者设立分支机构。

适用要点

本条是关于禁止行政机关和法律、法规授权的具有管理公共事务职能的组织滥用行政权力排斥、限制、强制或者变相强制外地经营者在本地投资或者设立分支机构的规定。

行政机关和法律、法规授权的具有管理公共事务职能的组织滥用行政权力排除、限制竞争的行为，除了对外地商品流入本地市场或者本地商品流入外地市场这些商品流通领域实施地域性限制，还包括对劳动力、资本等生产要素的限制。排斥、限制、强制或者变相强制外地经营者在本地投资或者设立分支机构就是其中的一个重要方面。相较于2007年《反垄断法》，2022年修改时本条新增行政主体不得强制

或变相强制外地经营者在本地投资或设立分支机构的规定。2022 年修改后,本条禁止以下行为:

一、排斥、限制外地经营者在本地投资或者设立分支机构

经营者在一个地区投资或设立分支机构,一般是为了获取原材料、相对廉价的劳动力或者为了进入该地区的商品或服务市场。随着市场化改革的推进,除法律规定的特殊行业或领域外,市场准入的限制正逐渐减少。但是,出于地方保护主义,部分地方的行政机关和法律、法规授权的具有管理公共事务职能的组织会采取不平等待遇等方式排斥或限制外地经营者在本地投资或设立分支机构。从行为方式来看,不平等待遇主要体现在两个方面:(1)采取与本地经营者不平等的方式限制外地经营者的权利,如限制外地经营者在本地投资的规模及方式,设置最低资本要求,在安全生产、节能环保、质量标准等方面实行歧视性待遇,等等;(2)为本地经营者提供特殊待遇,间接限制外地经营者的投资,如要求银行为本地经营者提供贷款支持、给予本地经营者税收优惠等。

二、强制或者变相强制外地经营者在本地投资或者设立分支机构

近年来,招商引资已经成为地方政府促进本地经济发展、增加财政收入的重要手段。外地经营者不仅可以为本地发展注入资金,而且能带来先进技术和管理经验。但是,部分地方行政机关和法律、法规授权的具有管理公共事务职能的组织在招商引资的过程中,直接强制或变相强制外地经营者在本地投资或者设立分支机构。此处的变相强制,主要是指将在本地投资或者设立分支机构作为参与本地招标投标、享受补贴和优惠政策的必要条件。这种行为同样会破坏市场竞争秩序,不利于全国统一大市场的形成。

实用小贴士

涉及市场准入措施的公平竞争审查

根据《国务院关于在市场体系建设中建立公平竞争审查制度的意见》及《公平竞争审查制度实施细则》的规定，行政机关以及法律、法规授权的具有管理公共事务职能的组织，在制定政策措施时：(1)不得设置明显不必要或者超出实际需要的准入条件，排斥或者限制经营者参与市场竞争；(2)不得在没有法律、行政法规或者国务院规定依据的情形下，对不同所有制、地区、组织形式的经营者实施不合理的差别化待遇，设置不平等的市场准入条件；(3)不得在没有法律、行政法规或者国务院规定依据的情形下，设定或者变相设定市场准入障碍；(4)不得以行政许可、行政检查、行政处罚、行政强制等方式，强制或者变相强制企业转让技术，设定或者变相设定市场准入障碍。

第四十四条　【禁止强制经营者从事垄断行为】行政机关和法律、法规授权的具有管理公共事务职能的组织不得滥用行政权力，强制或者变相强制经营者从事本法规定的垄断行为。

条文对照

2007年《反垄断法》	2022年《反垄断法》
第三十六条　行政机关和法律、法规授权的具有管理公共事务职能的组织不得滥用行政权力，强制经营者从事本法规定的垄断行为。	**第四十四条**　行政机关和法律、法规授权的具有管理公共事务职能的组织不得滥用行政权力，强制**或者变相强制**经营者从事本法规定的垄断行为。

适用要点

本条是关于禁止行政机关和法律、法规授权的具有管理公共事务职能的组织滥用行政权力强制经营者从事垄断行为的规定。

随着全面依法治国的深入推进，行政机关和法律、法规授权的具有管理公共事务职能的组织很难再以行政命令的方式强制要求经营者从事本法规定的垄断行为。但是，实践中一些地方政府和法律、法规授权的具有管理公共事务职能的组织采取了更为隐蔽的方式，即通过行政授权、行政指导等方式或者通过行业协会、商会，组织、引导经营者从事本法规定的垄断行为，或在行为的实施过程中进行监督、检查，以督促经营者实施垄断行为。这些措施和手段的强制程度与行政命令并不相同，但是，基于行政行为的公权力属性，即使行政主体采用的是“牵头组织”“召开会议”等强制力较弱的方式，仍然会妨碍经营者的经营自主权，影响经营者的经营自由。故此，2022 年修改《反垄断法》时新增“变相强制”的规定，一是与本法第 43 条的相关表述保持一致；二是将实践中行政机关和法律、法规授权的具有管理公共事务职能的组织通过强制程度较低的手段变相要求经营者从事垄断行为也纳入禁止范围，扩展了本条的适用范围。因此，本条中的“强制或者变相强制”应作广义理解。

本法规定的垄断行为，是指本法第 3 条规定的经营者达成垄断协议，经营者滥用市场支配地位，具有或者可能具有排除、限制竞争效果的经营者集中等行为。具体而言，包括：强制具有竞争关系的经营者达成本法第 17 条规定的垄断协议，强制经营者与交易相对人达成本法第 18 条规定的垄断协议，强制具有市场支配地位的经营者滥用市场支配地位，强制经营者实施具有或者可能具有排除、限制竞争效果的经营者集中。

典型案例

云南省通信管理局行政性垄断案〔1〕

要旨：经调查，4家电信运营商是电信市场上的主要经营者，相互之间为直接竞争关系。各电信运营商在市场营销中对消费者给予话费、充值卡等礼品赠送，直接影响产品最终价格，是开展市场竞争的重要手段。云南省通信管理局牵头组织4家电信运营商达成协议，对赠送的范围、幅度、频次等进行约定，并通过下发整改通知书等手段强制执行，限制了电信运营商的竞争。同时，云南省通信管理局制定争议解决规则，要求处于竞争关系的电信运营商在赠送行为出现争议时，首先进行逐级协调，并争取达成一致。这一做法实质上是要求电信运营商就相关问题达成垄断协议，排除和限制了相关市场竞争。上述做法属于《反垄断法》禁止的"滥用行政权力，强制经营者从事本法规定的垄断行为"的行为。

实用小贴士

经营自主权是经营者的一项重要权利。自2020年1月1日起施行的《优化营商环境条例》第11条规定："市场主体依法享有经营自主权。对依法应当由市场主体自主决策的各类事项，任何单位和个人不得干预。"行政机关和法律、法规授权的具有管理公共事务职能的组织滥用行政权力强制或者变相强制经营者从事垄断行为，不仅破坏了市场竞争秩序，还侵犯了经营者的经营自主权。

〔1〕 参见《发展改革委：云南省通信管理局违反〈反垄断法〉滥用行政权力排除限制竞争被依法纠正》，载中国政府网2015年6月3日，http://www.gov.cn/xinwen/2015-06/03/content_2872715.htm。

第四十五条　【禁止制定含有排除、限制竞争内容的规定】行政机关和法律、法规授权的具有管理公共事务职能的组织不得滥用行政权力，制定含有排除、限制竞争内容的规定。

条文对照

2007年《反垄断法》	2022年《反垄断法》
第三十七条　行政机关不得滥用行政权力，制定含有排除、限制竞争内容的规定。	**第四十五条**　行政机关**和法律、法规授权的具有管理公共事务职能的组织**不得滥用行政权力，制定含有排除、限制竞争内容的规定。

适用要点

本条禁止行政机关和法律、法规授权的具有管理公共事务职能的组织滥用行政权力制定含有排除、限制竞争内容的规定。

行政行为可以分为具体行政行为和抽象行政行为。具体行政行为，是指行政机关和法律、法规授权的具有管理公共事务职能的组织针对特定事项作出的行为；抽象行政行为，是指以不特定的人或事为对象制定的具有普遍约束力的规范性文件的行为。行政机关和法律、法规授权的具有管理公共事务职能的组织不仅可能通过具体行政行为滥用行政权力，排除、限制竞争，还可能通过抽象行政行为滥用行政权力，排除、限制竞争。与以具体行政行为排除、限制竞争相比，以抽象行政行为排除、限制竞争有以下特点：(1)针对的对象是不特定的人或者事；(2)其效力具有普遍性；(3)该规定可以反复适用；(4)该行为通常会创立一种新的行为模式。[1] 因此,采用抽象行政行为的方式排除、限制竞争往往影响面更广,对市场秩序的破坏更严重。实践中,本法禁止的指定交易,妨碍商品在地区间自由流通,排斥或限制经营者参加招标投标及其他经营活动,排斥、限制、强制或者变相强制经营者在本地投资或设立分支机构,强制经营者从事垄断行为等行为都可能是以抽象行政行为的形式实施的。

2007年《反垄断法》第37条的行为主体较为特殊,仅限行政机关,不包括法律、法规授权的具有管理公共事务职能的组织。但是,除了行政机关,法律、法规授权的具有管理公共事务职能的组织也可以制定大量市场准入、产业发展、招商引资、招标投标、政府采购、经营行为规范、资质标准等方面的规定。这些规定通常以具有普遍约束力的决定命令、政策措施等形式出现,是行政主体作出具体行政行为的依据。因此,2007年《反垄断法》中将滥用行政权力,制定含有排除、限制竞争内容的规定的主体限于行政机关,局限了适用范围。2022年《反垄断法》将法律、法规授权的具有管理公共事务职能的组织也作为规制对象,使2007年《反垄断法》的规定更加完善。

我国的社会主义法律体系主要包括:全国人民代表大会及其常务委员会制定的法律,国务院制定的行政法规,各省、自治区、直辖市以及设区的市的人民代表大会及其常务委员会制定的地方性法规,国务院各部、委制定的部门规章,各省、自治区、直辖市政府和省会市、设区的市的政府制定的地方政府规章。除了法律、行政法规、地方性法规、部门规章、地方规章,我国还有数量庞大的其他规范性文件。从制定主体来看,地方人大并不属于行政机关和法律、法规授权的具有管理公共事务职能的组织,故本条中的“规定”并不包括地方人民代表大会及其常务委员会制定的地方性法规。对于地方性法规中涉及排除、限

〔1〕 参见王先林:《竞争法学》(第3版),中国人民大学出版社2018年版,第296页。

制竞争的规定，只能依照《立法法》《地方各级人民代表大会和地方各级人民政府组织法》的相关规定来处理。从效力层级来看，行政法规是我国法律体系中的正式法律渊源，具有较高的效力位阶，故不属于本条规制的范围。本条中的“规定”主要是指以规定、办法、决定、公告、通知、意见、会议纪要等形式，制定、发布的含有排除、限制竞争内容的市场准入、产业发展、招商引资、招标投标、政府采购、经营行为规范、资质标准等涉及市场主体经济活动的规章、规范性文件和其他政策措施。

行政机关和法律、法规授权的具有管理公共事务职能的组织滥用行政权力，制定含有排除、限制竞争内容的规定，不论其是否以排除、限制竞争为目的，也不论该规定是否已造成排除、限制竞争的实际效果，只要规定中有可能造成排除、限制竞争效果的内容，就构成对本条的违反。

典型案例

亳州市应急管理局等部门行政性垄断案[1]

要旨：2019 年 11 月，安徽省市场监督管理局对亳州市应急管理局（原亳州市安全生产监督管理局）等 7 部门涉嫌滥用行政权力排除、限制竞争行为进行调查。经查，2018 年 5 月，原亳州市安全生产监督管理局会同原市住房和城乡建设委员会、原市经济和信息化委员会、市交通运输局、原市农业委员会、原市人民政府金融工作办公室、市保险行业协会印发《亳州市高危行业领域强制实施安全生产责任保险工作

〔1〕 参见《安徽省市场监管局纠正亳州市应急管理局等部门滥用行政权力排除、限制竞争行为》，载国家市场监督管理总局反垄断执法一司网 2020 年 7 月 28 日，https://www.samr.gov.cn/fldys/tzgg/xzjj/202204/t20220424_342179.html。

方案》,明确市内2家保险机构为全市安全生产责任保险承保人,并实行统一保险条款和固定费率,保费由各生产经营单位缴纳。上述行为违反了《反垄断法》"行政机关和法律、法规授权的具有管理公共事务职能的组织不得滥用行政权力,限定或者变相限定单位或者个人经营、购买、使用其指定的经营者提供的商品",以及"行政机关不得滥用行政权力,制定含有排除、限制竞争内容的规定"的规定,构成滥用行政权力排除、限制竞争行为。

实用小贴士

对政策措施的公平竞争审查

根据《国务院关于在市场体系建设中建立公平竞争审查制度的意见》及《公平竞争审查制度细则》,行政机关以及法律、法规授权的具有管理公共事务职能的组织,在制定市场准入和退出、产业发展、招商引资、招标投标、政府采购、经营行为规范、资质标准等涉及市场主体经济活动的规章、规范性文件、其他政策性文件以及"一事一议"形式的具体政策措施时,应当进行公平竞争审查,评估对市场竞争的影响,防止排除、限制竞争。《反垄断法》第45条与公平竞争审查制度都针对的是具有排斥、限制竞争内容的政策措施,二者分别从事后监督和救济以及事前预防和控制的角度规制抽象行政行为性质的行政性垄断行为。

第六章　对涉嫌垄断行为的调查

第四十六条　【涉嫌垄断行为的举报和调查】反垄断执法机构依法对涉嫌垄断行为进行调查。

对涉嫌垄断行为，任何单位和个人有权向反垄断执法机构举报。反垄断执法机构应当为举报人保密。

举报采用书面形式并提供相关事实和证据的，反垄断执法机构应当进行必要的调查。

条文对照

2007年《反垄断法》	2022年《反垄断法》
第三十八条　反垄断执法机构依法对涉嫌垄断行为进行调查。 对涉嫌垄断行为，任何单位和个人有权向反垄断执法机构举报。反垄断执法机构应当为举报人保密。 举报采用书面形式并提供相关事实和证据的，反垄断执法机构应当进行必要的调查。	**第四十六条**　反垄断执法机构依法对涉嫌垄断行为进行调查。 对涉嫌垄断行为，任何单位和个人有权向反垄断执法机构举报。反垄断执法机构应当为举报人保密。 举报采用书面形式并提供相关事实和证据的，反垄断执法机构应当进行必要的调查。

适用要点

本条是关于对涉嫌垄断行为的举报和调查的规定。2022 年修改《反垄断法》时,本条内容无变动。

反垄断调查程序的启动是反垄断执法程序的开端,是反垄断执法机构在程序上行使权力的行为。依据本条的规定,我国反垄断执法机构启动调查程序可分为依职权启动和依举报启动。

一、反垄断执法机构依职权启动调查程序

本条第 1 款规定,反垄断执法机构可以依法对涉嫌垄断行为进行调查。其中"反垄断执法机构"是指国务院反垄断执法机构,目前是国家市场监督管理总局(国家反垄断局)及其授权的省级监管部门。

"涉嫌垄断行为",是指有证据显示其可能属于反垄断法所规定的"垄断行为",这里仅指在反垄断执法机构启动调查程序阶段,依据证据对某种行为是否违反法律的预先判断,是否构成垄断行为还需要根据调查分析的结果来依法认定。[1] 同时,按照传统的理解,对"涉嫌垄断行为"的调查,仅包括对涉嫌违反本法第 2 章到第 4 章的经济性垄断行为的调查,不包括对涉嫌违反本法第 5 章的行政性垄断行为的调查。行政性垄断行为的规制仍适用处理行政机关之间关系的法律程序。[2] 但依据本法新增的第 54 条的规定,对后者进行调查时,有关单位和个人应当履行配合调查义务,将对涉嫌行政性垄断的行为纳入反垄断执法机构的调查程序中,使反垄断执法机构的执法权更加完善。对于滥用行政权力排除、限制竞争的行为的处理权而言,依据本法第 61 条的规定,该处理权原则上属于涉嫌违法的行政机关和法律、

〔1〕 参见时建中主编:《反垄断法——法典释评与学理探源》,中国人民大学出版社 2008 年版,第 383 页。

〔2〕 参见王先林:《竞争法学》(第 3 版),中国人民大学出版社 2018 年版,第 308 页。

法规授权的具有公共管理职能的组织的上级机关，不属于反垄断执法机构。因此，反垄断执法机构对于滥用行政权力排除、限制竞争行为的调查更多的是积极履行建议权和监督权。

二、反垄断执法机构依举报启动调查程序

根据本条第 2 款的规定，反垄断执法机构可以依任何单位或个人的举报，对举报所涉及的垄断行为及时核实，并为举报人保密。

垄断是复杂的经济活动和社会现象。对垄断行为的监督，除了发挥反垄断执法机构的作用外，还需要动员社会力量。“任何单位和个人”强调举报者并不需要与涉嫌垄断行为有任何利益关系。垄断行为的影响渗透于市场和社会的各个方面，市场活动和社会活动的各个主体是最直观的感受者、发现者，对涉嫌垄断行为有敏感性。因此，社会力量是反垄断执法机构有效的辅助监督力量。[1] 在互联网信息时代，网络信息和舆情能更好地被单位或个人收集，举报机制能够发挥积极的作用。同时，反垄断执法机构应当为举报人保密。保密的内容应涵盖尽可能多的方面，包括举报的涉嫌垄断行为的信息和举报人自己的个人情况，以保证举报人的安全，消除举报人因实施举报行为而受到打击报复的担忧。

根据本条第 3 款的规定，举报采取书面形式且提供相关事实、证据的，表明举报情况可信度较高，实施垄断行为的可能性大，反垄断执法机构应当进行必要的调查。这是义务性规定，反垄断执法机构必须遵守。

参考《市场监管总局关于反垄断执法授权的通知》，要建立科学高效的反垄断执法机制，明确各级反垄断执法机关案件管辖的范围以及案件移交和委托的程序。积极开展反垄断执法工作，做好举报受理、

---

〔1〕 参见全国人大常委会法制工作委员会经济法室编：《〈中华人民共和国反垄断法〉条文说明、立法理由及相关规定》，北京大学出版社 2007 年版，第 229-230 页。

线索核查、立案调查和案件处理等工作;统一执法尺度和标准,按照事实清楚、证据确凿、定性准确、处理恰当、手续完备、程序合法的原则,开展反垄断调查和执法工作。

典型案例

孙某武与北京市市场监督管理局行政答复纠纷案[1]

要旨:一审法院认为,北京市市场监督管理局作出的《答复书》未对孙某武个人设定权利义务,孙某武与北京市市场监督管理局作出的《答复书》之间没有行政法上的利害关系;孙某武并非本案的利害关系人,其不具有作为原告的诉讼主体资格,故对其起诉应予以驳回。

二审法院认为,根据《最高人民法院关于适用〈中华人民共和国行政诉讼法〉的解释》第12条第5项的规定,诉讼参加人为维护自身合法权益向行政机关投诉,具有处理投诉职责的行政机关作出或者未作出处理的,属于《行政诉讼法》第25条第1款规定的"与行政行为有利害关系"。本案中,上诉人基于维护自身合法权益的需要,向被上诉人投诉华远市场涉嫌垄断及不正当竞争的违法行为并要求查处。被上诉人针对上诉人的举报事项进行调查。经过调查,被上诉人以华远市场对市场内的猪肉购销活动采取的管理措施不构成垄断行为和不正当竞争行为为由,作出不予立案的答复。该不予立案的答复对作为华远市场内猪肉经营商户的上诉人的合法权益能够产生实际影响,上诉人与《答复书》具有行政法上的利害关系,因此其有权针对《答复书》提起诉讼。一审法院裁定驳回孙某武的起诉有误,应予纠正。

---

〔1〕 参见北京市第一中级人民法院(2019)京01行终741号行政裁定书。

实用小贴士

1. 对涉嫌垄断行为的书面举报的具体内容

根据《反垄断法》第46条第3款的规定，任何单位和个人采取书面形式举报，并提供相关事实和证据的，反垄断执法机构应当进行必要的调查。这里“采取书面形式举报”，应当包含以下内容：(1)举报人的基本情况。举报人为个人的，应当提供姓名、住址、联系方式等；举报人为经营者的，应当提供名称、地址、联系方式、主要从事的行业、生产的产品或提供的服务等。(2)被举报人的基本情况。包括经营者名称、地址、联系方式、主要从事的行业、生产的产品或者提供的服务等。(3)涉嫌垄断的相关事实。包括被举报人违反法律、法规和规章实施垄断行为的事实以及有关行为的时间、地点等。(4)相关证据。包括书证、物证、证人证言、视听资料、计算机数据、鉴定意见等，有关证据应当有证据提供者的签名并标注获得证据的来源。(5)是否已就同一事实向其他行政机关举报或者向人民法院提起诉讼。反垄断执法机构根据工作需要，可以要求举报人补充举报材料。[1]

2. 对涉嫌垄断行为的举报和民事诉讼时效的衔接

2022年修改《反垄断法》时，第46条内容无变动。因此，相关司法解释仍然值得参考。《最高人民法院关于审理因垄断行为引发的民事纠纷案件应用法律若干问题的规定》第16条第2款规定：“原告向反垄断执法机构举报被诉垄断行为的，诉讼时效从其举报之日起中断。反垄断执法机构决定不立案、撤销案件或者决定终止调查的，诉讼时效期间从原告知道或者应当知道不立案、撤销案件或者终止调查之日起重新计算。反垄断执法机构调查后认定构成垄断行为的，诉讼时效期间从原告知道或者应当知道反垄断执法机构认定构成垄断行为的处理决定发生法律效力之日起重新计算。”

---

〔1〕 参见国务院反垄断委员会编：《〈中华人民共和国反垄断法〉知识读本》，人民出版社2012年版，第311页。

第四十七条　【调查措施】反垄断执法机构调查涉嫌垄断行为，可以采取下列措施：

（一）进入被调查的经营者的营业场所或者其他有关场所进行检查；

（二）询问被调查的经营者、利害关系人或者其他有关单位或者个人，要求其说明有关情况；

（三）查阅、复制被调查的经营者、利害关系人或者其他有关单位或者个人的有关单证、协议、会计账簿、业务函电、电子数据等文件、资料；

（四）查封、扣押相关证据；

（五）查询经营者的银行账户。

采取前款规定的措施，应当向反垄断执法机构主要负责人书面报告，并经批准。

条文对照

2007年《反垄断法》	2022年《反垄断法》
第三十九条　反垄断执法机构调查涉嫌垄断行为，可以采取下列措施： （一）进入被调查的经营者的营业场所或者其他有关场所进行检查； （二）询问被调查的经营者、利害关系人或者其他有关单位或者个人，要求其说明有关情况； （三）查阅、复制被调查的经营者、利害关系人或者其他有关单位或者个人的有关单证、协议、会计账簿、业务函电、电子数据等文件、资料；	**第四十七条**　反垄断执法机构调查涉嫌垄断行为，可以采取下列措施： （一）进入被调查的经营者的营业场所或者其他有关场所进行检查； （二）询问被调查的经营者、利害关系人或者其他有关单位或者个人，要求其说明有关情况； （三）查阅、复制被调查的经营者、利害关系人或者其他有关单位或者个人的有关单证、协议、会计账簿、业务函电、电子数据等文件、资料；

续表

2007 年《反垄断法》	2022 年《反垄断法》
(四)查封、扣押相关证据; (五)查询经营者的银行账户。 采取前款规定的措施,应当向反垄断执法机构主要负责人书面报告,并经批准。	(四)查封、扣押相关证据; (五)查询经营者的银行账户。 采取前款规定的措施,应当向反垄断执法机构主要负责人书面报告,并经批准。

适用要点

本条是关于反垄断执法机构的调查措施的规定。2022 年修改《反垄断法》时,本条内容无变动。

本条第 1 款规定了反垄断执法机构有权采取的 5 项调查措施;第 2 款规定了反垄断执法人员在采取调查措施前,有向反垄断执法机构主要负责人书面报告和申请批准的义务。

本条在第 1 款规定了反垄断执法机构实施调查措施时的 5 项权力,分别是场所进入权,询问权,查阅、复制或要求提供文件资料权,查封、扣押证据权和查询银行账户权。

1. 场所进入权。场所进入权,是指反垄断执法机构有进入被检查人所在的经营场所或其他场所,对其履行法定义务和遵守法律情况进行一般性或专项性监督检查的权力。场所进入权是一种具有常规性和强制性的了解有关情况的行政权力。

2. 询问权。询问权,是指反垄断执法机构向知情人了解与涉嫌垄断案件有关情况的权力。被要求说明情况的知情人可以是与涉嫌垄断案件直接相关的经营者和利害关系人,也可以是仅了解案件相关情况的单位或个人。反垄断执法机构在执法过程中需要通过收集的信息和事实,去伪存真,真正做到处理决定以事实为依据。

3. 查阅、复制文件、资料权。涉嫌垄断行为对市场经济活动、市场秩序有极强的危害性,法律赋予反垄断执法机构强制查阅、复制文件、资料的行政权力,有助于反垄断执法机构收集并掌握第一手信息,了解被调查经营者的经济活动情况,明确其业务活动和资金流向,获取原始证据。反垄断执法机构可以查阅、复制的对象包括被调查的经营者、利害关系人和其他有关单位或个人。文件资料包括单证、协议、会计账簿、业务函件和电子数据等,即可以反映被调查经营者的经济行为是否满足合法性需求的资料,都可以成为反垄断执法机构查阅、复制的客体。特别是在互联网信息时代,电子数据等文件、资料应当更加受到重视。当然,文件、资料涉及商业秘密、个人隐私和个人信息的,反垄断执法机构有保密义务。

4. 查封、扣押证据权。查封,是指执法机构依法将证据原地封存,任何人未经允许均不能动用。扣押,是指执法机构依法强行提取和扣留与案件有关的物品、文件。查封与扣押的区别在于证据是否由反垄断执法机构转移占有,查封不转移占有,而扣押则会转移占有。[1]

法律赋予反垄断执法机构查封、扣押证据的权力,是因为有关单位和个人可能隐瞒、藏匿、销毁证据,逃避执法机构的调查。为了查明事实、保存证据,保障调查工作的顺利开展和进行,反垄断执法机构应当及时查封和扣押证据。

5. 查询银行账户权。经营者的经济活动,如商品买卖、资金往来,通常需要通过其在银行开设的资金账户进行。赋予反垄断执法机构查询资金账户的权力,有助于其发现被调查经营者违反《反垄断法》规定的行为。

反垄断执法机构行使执法权力,必然会对经营者的经营活动产生影响。为了维护反垄断执法的正确性、严肃性,防止权力被滥用和误用,本条第 2 款规定,反垄断执法机构实施前款 5 项调查措施的权力

---

〔1〕 参见时建中主编:《反垄断法——法典释评与学理探源》,中国人民大学出版社 2008 年版,第 390 页。

前,应当向反垄断执法机构主要负责人书面报告。待权衡案件调查的需要和被调查人的利益之后,反垄断执法机构主要负责人作出是否批准采取前款调查措施的决定。反垄断执法机构主要负责人未作出批准前,反垄断执法机构工作人员不得擅自采取调查措施。

实用小贴士

反垄断执法机构调查措施与经营者承诺制度

反垄断执法机构实施法律所规定的具体调查措施,与垄断案件经营者承诺的提出也要衔接。根据 2019 年国务院反垄断委员会发布的《垄断案件经营者承诺指南》第 4 条第 1 款的规定,反垄断“执法机构对涉嫌垄断行为调查核实后,认为构成垄断行为的,应当依法作出处理决定,不再接受经营者提出承诺”。同时该指南第 4 条第 2 款规定:“鼓励经营者在执法机构采取《反垄断法》第三十九条[1]所规定的任何措施后、作出行政处罚事先告知前提出承诺;经营者在行政处罚事先告知后提出承诺的,执法机构一般不再接受。”

即在反垄断执法机构实施调查措施后,只要在执法机构作出行政处罚事前告知前,垄断案件中被调查的经营者仍有权提出承诺,但是否接受承诺的决定权在反垄断执法机构本身。若反垄断执法机构接受被调查经营者作出的承诺,经营者应当在反垄断执法机构认可的期限内采取措施消除该行为的后果。

同时,《市场监督管理行政执法责任制规定》的出台,落实了行政执法责任制,能够有效监督和保障反垄断执法机构执法人员依法履行职责。反垄断执法机构执法人员因故意或者重大过失,违法履行行政执法职责,造成危害后果或者不良影响的,构成行政执法过错行为,应当依法承担行政执法责任。执法人员应当承担行政执法责任的具体情形包括:违法扩大查封、扣押范围,使用或者损毁查封、扣押场所、设施或者财物,在查封、扣押法定期间不作出处理决定或者未依法及时解除查封、扣押等。

---

[1] 对应 2022 年《反垄断法》第 47 条。

第四十八条　【调查程序】反垄断执法机构调查涉嫌垄断行为,执法人员不得少于二人,并应当出示执法证件。

执法人员进行询问和调查,应当制作笔录,并由被询问人或者被调查人签字。

条文对照

2007年《反垄断法》	2022年《反垄断法》
第四十条　反垄断执法机构调查涉嫌垄断行为,执法人员不得少于二人,并应当出示执法证件。 执法人员进行询问和调查,应当制作笔录,并由被询问人或者被调查人签字。	**第四十八条**　反垄断执法机构调查涉嫌垄断行为,执法人员不得少于二人,并应当出示执法证件。 执法人员进行询问和调查,应当制作笔录,并由被询问人或者被调查人签字。

适用要点

本条是关于反垄断执法机构具体调查程序的规定。2022年修改《反垄断法》时,本条内容无变动。

为了提高监管效能,本法赋予了反垄断执法机构较大的权力。因此,为了使权力被约束,防止权力滥用,需要反垄断执法机构在案件调查中遵循严格的法定程序,并确保行政相对人的合法权益不受侵犯。

一、关于反垄断执法人员的规定

1. 反垄断执法人员不得少于2人。反垄断执法机构对涉嫌垄断行为进行调查时,为了避免反垄断执法人员在执法过程中的主观性和随意性,实际到场调查的执法人员应当至少为2人。同时,反垄断执法人员不得少于2人的规定可以使反垄断执法人员之间互相监督制约，切实履行法定职责，防止反垄断执法人员在没有监督的情况下，滥用执法权力，甚至做出违法犯罪的行为。

2. 反垄断执法人员在执法过程中应当依法出示执法证件。执法证件，是指证明反垄断执法机构执法人员身份的证件，如工作证等。通过表明身份，从外在形式意义上说明反垄断执法机构执行公务的正当性与合法性，使被调查人产生协助调查的义务。[1]

反垄断执法机构的执法人员在依法进行调查时，向被调查者出示执法证件既表明其是反垄断执法机构的执法人员，又使有关单位和个人明确知悉调查人员的身份，表明这不是个人的随意行为，而是反垄断机构的执法行为。依据本法的相关规定，反垄断执法机构的执法人员有权对与案件有关的单位和个人、相关的场所以及有关的行为进行调查。同时，依据本法第50条的规定，被调查的经营者、利害关系人或者其他有关单位或个人，应当配合反垄断执法机构依法的调查行为，不得拒绝和阻碍。

二、关于对调查和询问笔录的规定

本法的基本价值原则是“正义、公平和效率”，调查和询问程序也应当实现效率与公平的平衡。调查和询问笔录是在调查过程中制作的，用来记载在询问过程中反垄断执法机构执法人员所提出的问题和被询问人员的回答，以及用来记载在询问调查过程中所发生事项的重要文书。询问和调查笔录是记录和证明案件调查情况的重要证据，必须客观、真实、完整、准确和具体，这样才有助于反垄断执法机构查明案件事实，正确处理案件，以及保护被调查者公开陈述和申辩的权利。

为了保障询问笔录能够客观且准确地记载询问的内容，在询问笔

[1] 参见余凌云：《行政法讲义》，清华大学出版社2019年版，第247页。

录制作完毕后，经核对无误，应当由被调查人或者被询问人签字，表明执法人员和被询问人或者被调查人对笔录无异议，同时对所询问和调查的记录事项负责。这一规定既可以防止反垄断执法机构篡改、伪造询问笔录，保护行政相对人的合法利益；又可以防止事后被调查人或者被询问人否认事前的调查结果，给反垄断执法机构工作造成困难，降低执法效率。

第四十九条　【保密义务】反垄断执法机构及其工作人员对执法过程中知悉的商业秘密、个人隐私和个人信息依法负有保密义务。

条文对照

2007年《反垄断法》	2022年《反垄断法》
第四十一条　反垄断执法机构及其工作人员对执法过程中知悉的商业秘密负有保密义务。	**第四十九条**　反垄断执法机构及其工作人员对执法过程中知悉的商业秘密、**个人隐私和个人信息依法**负有保密义务。

适用要点

本条是关于反垄断执法机构及其工作人员的保密义务的规定。2022年修改《反垄断法》时，本条内容有变动，即除商业秘密受到保护外，个人隐私和个人信息依法也受到保护。

反垄断案件涉及复杂的经济活动和社会活动。反垄断执法机构及其工作人员在执法过程中，必定会涉及被调查经营单位与个人和其他单位与个人的经济活动情况，包括经营业务情况、资金流向、商业技术信息等。为了保护与被调查案件有关的市场经营主体的市场利益，减少因反垄断执法干预而产生的负面效应，维护市场经营主体的积极性，反垄断执法机构及其工作人员在执法过程中，有必要对所涉及的商业秘密、个人隐私和个人信息依法进行保密，维护行政相对人的利益。

一、关于对商业秘密的保护

依据《反不正当竞争法》第9条第4款的规定，商业秘密，是指不为公众所知悉、具有商业价值并经权利人采取相应保密措施的技术信息、经营信息等商业信息。商业秘密具有秘密性、商业价值性和保密性（管理性）等特点。其中技术信息、经营信息包括设计、程序、产品配方、制作工艺、制作方法、管理诀窍、客户名单、货源情报、产销策略、招投标中的标底及标书内容等信息。

在知识经济和信息化时代，商业秘密作为一种重要的信息，日益凸显出重要的价值，成为企业获取竞争优势的重要资源。企业拥有商业秘密，就拥有了现实或潜在的市场竞争优势。而商业秘密一旦被泄露，会破坏商业秘密的秘密性和商业价值性，对经营者和个人的生产经营活动产生负面影响，造成经济损失。反垄断执法机构及其工作人员在执法过程中，也应该保护经营者的商业秘密，减少执法干预对市场正常竞争秩序的影响，维护反垄断执法机构行使行政权力的正当性和合法性。反垄断执法机构及其执法人员泄露或者许可他人使用相对人的商业秘密，给相对人造成损失的，受害人依法有权请求国家赔偿；构成犯罪的，还将承担相应的刑事责任。

二、关于对个人隐私和个人信息的保护

数字经济时代，数字化的知识和信息成为关键的生产要素。平台通过收集和分析个人数据和信息来预测消费者的行为，成为企业在竞争中获胜的关键因素。[1] 在此背景下，反垄断执法机构及其工作人员在执法过程中，也应当保护个人隐私和个人信息。根据《民法典》和

〔1〕 参见张占江：《个人信息保护的反垄断法视角》，载《中外法学》2022年第3期。

《个人信息保护法》的相关规定，个人隐私，是指自然人的私人生活安宁和不愿为他人知晓的私密空间、私密活动、私密信息；个人信息，是指以电子或者其他方式记录的能够单独或者与其他信息结合识别特定自然人的各种信息，包括自然人的姓名、出生日期、身份证件号码、生物识别信息、住址、电话号码、电子邮箱、健康信息、行踪信息等。个人信息中的私密信息，适用有关隐私权的规定。反垄断执法机构及其工作人员在执法过程中，应当遵循合法、必要、正当的原则，对于因涉嫌垄断调查而搜集到的信息，应当予以保密，不得泄露。这既与《民法典》第 1039 条“国家机关、承担行政职能的法定机构及其工作人员对于履行职责过程中知悉的自然人的隐私和个人信息，应当予以保密，不得泄露或者向他人非法提供”相呼应，也凸显了在数字经济时代，信息的生产要素资源作用足以对市场竞争产生重要影响。反垄断执法机构应当认识到在调查执法过程中要尽可能减少对市场秩序产生的影响，以免造成非必要的经济损失，损害相对人的合法利益。

第五十条 【被调查者的配合调查义务】被调查的经营者、利害关系人或者其他有关单位或者个人应当配合反垄断执法机构依法履行职责，不得拒绝、阻碍反垄断执法机构的调查。

条文对照

2007 年《反垄断法》	2022 年《反垄断法》
第四十二条 被调查的经营者、利害关系人或者其他有关单位或者个人应当配合反垄断执法机构依法履行职责，不得拒绝、阻碍反垄断执法机构的调查。	**第五十条** 被调查的经营者、利害关系人或者其他有关单位或者个人应当配合反垄断执法机构依法履行职责，不得拒绝、阻碍反垄断执法机构的调查。

适用要点

本条是关于在反垄断执法机构依法履行职责时，被调查的经营者、利害关系人或者其他有关单位或个人承担配合调查义务的规定。2022 年修改《反垄断法》时，本条内容无变动。

依照本法第 47 条的规定，反垄断执法机构在依法履行职责，对涉嫌垄断行为进行调查的过程中，可以采取相应的措施，以知晓和获取有关涉嫌垄断行为的相关情况与证据，及时掌握和了解市场主体在竞争中的表现。相对应地，为了保障反垄断执法机构依法履行职责，本条也要求被调查者负担相应的义务，如配合反垄断执法机构的调查检查、如实说明情况和提供有关资料等。在本条的适用中，应着重把握以下几点。

第一，在配合调查义务的主体方面，被调查的经营者、利害关系人或者其他有关单位或个人均负有配合调查的义务。

第二，在配合调查义务的履行方面，被调查者必须履行配合调查义务，不得拒绝、阻碍反垄断执法机构的调查。具体包含 3 种情形：积极配合调查、拒绝调查和阻碍调查。首先，被调查者应积极配合反垄断执法机构的调查，如实陈述相关的事实情节，提供真实的有关文件和资料，并为反垄断执法机构在依据本法第 47 条采取如行使查阅、复制、扣押权或者查询银行账户等相关措施时，提供相应的便利。其次，在反垄断执法机构进行调查时，被调查者不应以明示、暗示或者其他任何方式拒绝向反垄断执法机构提供相关材料、信息。最后，被调查者不得以提供虚假材料、信息或者隐匿、销毁、转移证据等积极行为阻碍反垄断执法机构依法履行职责。

第三，在配合调查义务的法律责任方面，拒绝、阻碍反垄断执法机构调查行为的被调查者，应当依法承担相应的法律责任。本法第 62 条规定："对反垄断执法机构依法实施的审查和调查，拒绝提供有关材料、信息，或者提供虚假材料、信息，或者隐匿、销毁、转移证据，或者有其他拒绝、阻碍调查行为的，由反垄断执法机构责令改正，对单位处上一年度销售额百分之一以下的罚款，上一年度没有销售额或者销售额难以计算的，处五百万元以下的罚款；对个人处五十万元以下的罚款。"规定该法律责任的目的在于提高被调查者拒绝、阻碍反垄断执法机构调查的违法成本，对拒不履行配合调查义务的潜在违法行为人起到震慑作用，从而保障反垄断执法机构调查检查的顺利进行。

第四，要正确认识被调查者的配合调查义务与反垄断执法机构保护商业秘密、个人隐私和个人信息义务之间的关系问题。被调查者在履行配合调查义务时，提供的信息、材料可能涉及被调查者所掌握的商业秘密、个人隐私和个人信息。根据本法第 49 条的规定，"反垄断执法机构及其工作人员对执法过程中知悉的商业秘密、个人隐私和个人信息依法负有保密义务"。因此，在我国，反垄断执法机构保守商业秘密、个人隐私和个人信息有法律保障，被调查者不得以商业秘密、个人隐私和个人信息可能遭到泄露为由拒绝履行配合调查义务。

典型案例

潍坊普云惠医药有限公司及相关人员拒绝、阻碍反垄断调查行政处罚决定〔1〕

要旨：在本案中，潍坊普云惠医药有限公司（以下简称普云惠公司）的法定代表人强硬拒绝提供采购、销售葡萄糖酸钙等原料药的票证、单据、记录、会计账簿等资料，阻挠执法人员查阅公司资料，拒绝在《调查通知书》送达回证上签字。调查过程中，普云惠公司的法定代表人将打印出的证据材料当众撕毁，并谎称公司采购合同以及与原料药生产企业签订的合作协议等材料均因发生交通事故丢失。后经核实，

〔1〕 参见国家市场监督管理总局国市监处〔2019〕20 号、23 号行政处罚决定书。

上述资料被转移而未丢失。

市场监督管理总局认为，普云惠公司对依法开展的调查不予配合，严重影响了执法工作，违反了《反垄断法》的规定，构成了拒绝提供有关材料、信息，隐匿、转移证据，拒绝、阻碍反垄断执法机构调查的违法行为，最终对普云惠公司处以100万元人民币的罚款，同时对普云惠公司的法定代表人处以10万元人民币的罚款。

第五十一条　【被调查者陈述意见的权利】被调查的经营者、利害关系人有权陈述意见。反垄断执法机构应当对被调查的经营者、利害关系人提出的事实、理由和证据进行核实。

条文对照

2007年《反垄断法》	2022年《反垄断法》
第四十三条　被调查的经营者、利害关系人有权陈述意见。反垄断执法机构应当对被调查的经营者、利害关系人提出的事实、理由和证据进行核实。	**第五十一条**　被调查的经营者、利害关系人有权陈述意见。反垄断执法机构应当对被调查的经营者、利害关系人提出的事实、理由和证据进行核实。

适用要点

本条是关于被调查的经营者、利害关系人陈述意见的权利与反垄断执法机构的核实义务的规定。2022年修改《反垄断法》时，本条内容无变动。

一、被调查的经营者、利害关系人陈述意见的权利

在涉嫌垄断行为的调查中，被调查的经营者、利害关系人在承担相应义务的同时，法律也赋予了其相应的权利，其中就包括陈述意见的权利。

赋予被调查的经营者、利害关系人陈述意见的权利具有很强的必要性。首先，我国的反垄断执法机构的基本性质属于行政机关，因此其对反垄断案件进行调查应按照行政程序进行。在本法没有特别规定的情况下，应适用《行政处罚法》《行政复议法》等行政程序法的一般规定。而行政调查是行政主体行使职权的程序性行为，调查方法必须合法、合理。此外，根据我国《行政处罚法》第 73 条的规定，行政处罚的决定一旦作出，被处罚的当事人提起行政复议或行政诉讼寻求救济的过程中，行政处罚并不停止执行。如果行政处罚的决定确有不当，经营者和利害关系人的损失也很难挽回，这对经营者和利害关系人而言并不公平。而被调查的经营者、利害关系人陈述意见的权利为其提供了表达意见的机会，这一方面有利于其维护自身正当权益，另一方面也有利于当事人更加认同行政处罚决定，从而减小反垄断执法机构的执法阻力。所以，为了确保查明案件事实、尽可能作出正确的行政决定和使当事人理解并接受行政处罚的决定，反垄断执法机构在作出行政决定之前，尤其是在作出不利于被调查的经营者和利害关系人的决定之前，应当听取他们的意见。

值得注意的是，陈述意见是行政相对人的程序性权利，这具有双重含义。第一，陈述意见是被调查者的权利，而非义务，因此被调查者可以自行决定是否陈述意见，即使不陈述意见，也并不违法。第二，反垄断执法机构应当充分保障被调查者陈述意见权利的实现，不仅不能拒绝被调查的经营者、利害关系人陈述意见的要求，还应当听取他们提出的意见。如果在调查过程中，被调查者未能获得陈述意见的机

会,则属于程序违法。

在被调查者陈述意见权利实现的时间、内容和形式方面,一般认为,被调查者在反垄断执法机构作出行政决定之前,均有权陈述意见。陈述意见的内容并无严格限制,无论是法律问题还是事实问题,只要与正在被调查的涉嫌垄断案件相关即满足要求。为保障被调查的经营者、利害关系人陈述意见权利的充分实现,陈述意见包括但不限于书面陈述、口头陈述等形式。

最后,作为陈述意见的权利的一部分,被调查者有权要求听证,这就要求本条中被调查者陈述意见的权利与《行政处罚法》《市场监督管理行政处罚程序规定》《市场监督管理行政处罚听证办法》等法律、法规中当事人要求听证的权利、听证程序等内容相衔接与协调。如《行政处罚法》第 63 条规定,行政机关拟作出较大数额罚款、没收较大数额违法所得、没收较大价值非法财物等行政处罚决定时,应当告知当事人有要求听证的权利,当事人要求听证的,行政机关应当组织听证。当事人不承担行政机关组织听证的费用。因此,司法实践中要注意相关法律、法规中有关听证的规定,保障被调查者陈述意见的权利得到充分实现。

二、反垄断执法机构对被调查者提出的事实、理由和证据的核实义务

反垄断执法机构负有对被调查者提出的事实、理由和证据进行核实的义务。该义务是确保被调查的经营者、利害关系人陈述意见的权利得到充分实现的必然要求。在被调查者陈述意见,提出相关的事实、理由和证据之后,反垄断执法机构必然不能对其所提出的所有意见、理由和证据都不加甄别地予以采纳,而应当对这些事实、理由和证据进行核实。事实和理由符合真实性和关联性要求的,证据符合真实性、关联性和合法性要求的,才能作为处理案件的依据。如果反垄断执法机构核实后认为被调查者提供的事实、理由和证据是虚假的,且构成了拒绝、阻碍反垄断调查的情形,则应按照本法第 62 条的规定对

被调查者给予相应的处罚。

由此可见，规定反垄断执法机构核实义务的目的在于反垄断执法机构对被调查的经营者、利害关系人权益作出有影响的决定时，能够正确认定事实，依法作出决定。另外，由于反垄断执法机构对被调查者提出的事实、理由和证据进行核实是一项义务，而非权利。因此，反垄断执法机构若出于过错未履行核实义务，则需要按照《市场监督管理行政执法责任制规定》第9条等规定承担相应的法律责任。

实用小贴士

市场监督管理行政处罚的听证办法

国家市场监督管理总局为规范市场监督管理行政处罚听证程序，保障市场监督管理部门依法实施行政处罚，保护自然人、法人和其他组织的合法权益，根据《行政处罚法》的有关规定，制定了《市场监督管理行政处罚听证办法》。该办法集中规定了市场监督管理部门组织行政处罚听证的宗旨、条件、参与人员和流程要求，保障和便利了当事人依法行使陈述意见的权利和申辩的权利。

第五十二条　【对垄断行为的处理和公布】反垄断执法机构对涉嫌垄断行为调查核实后，认为构成垄断行为的，应当依法作出处理决定，并可以向社会公布。

条文对照

2007年《反垄断法》	2022年《反垄断法》
第四十四条　反垄断执法机构对涉嫌垄断行为调查核实后，认为构成垄断行为的，应当依法作出处理决定，并可以向社会公布。	**第五十二条**　反垄断执法机构对涉嫌垄断行为调查核实后，认为构成垄断行为的，应当依法作出处理决定，并可以向社会公布。

适用要点

本条是关于反垄断执法机构对垄断行为作出和公布处理决定的规定。2022 年修改《反垄断法》时,本条内容无变动。

本条规定主要包含两点内容:第一,反垄断执法机构对涉嫌垄断行为调查核实之后,对构成垄断行为的,依法作出处理决定;第二,反垄断执法机构在作出处理决定之后,可以向社会公布案件处理决定和相关结果。

一、反垄断执法机构依法作出处理决定

反垄断执法机构应当依照本法第 6 章的程序性规定展开对经营者涉嫌垄断行为的调查核实,并依据本法第 2 章到第 4 章的规定判断该行为是否构成垄断行为。若认为构成垄断行为,反垄断执法机构应当依照本法第 7 章的规定追究法律责任。反垄断执法机构依法作出的决定包括予以处罚、不予以处罚、从重或从轻处罚等。

本条规定反垄断执法机构应当依法作出处理决定的目的在于,通过法律的强制性规定,确保反垄断执法机构承担相应的职责和义务,避免出现包庇经营者的现象,也为当事人在不服反垄断执法机构的决定时依法申请行政复议或者提起行政诉讼提供法律依据。

二、反垄断执法机构可以向社会公布案件处理决定

本条还规定,反垄断执法机构在依法作出处理决定后,可以向社会公布。反垄断执法机构公布反垄断案件的处理决定,是我国当代行政法所遵循的程序正当原则中行政行为公开原则的内在要求,能够起到以下几点作用。

第一,有利于保障社会公众的知情权。社会公众能够通过反垄断执法结果的公布,了解政府决策的背景、相关法律法规和政策的实施效果,在起到宣传《反垄断法》的作用的同时,使社会公众树立反垄断

意识,使其更加容易接受反垄断执法案件的处理决定。

第二,有利于充分发挥舆论对反垄断执法机构依法行政的监督作用,提高反垄断执法机构的执法水平。虽然我国反垄断执法机构中的执法人员经历过专业培训,素质较高且执法经验丰富,但是这也导致了反垄断执法机构的案件处理决定所具有的权威性、专业性使司法机关不愿干预其处理决定的问题。因此,在司法监督以外,社会舆论也为反垄断执法机构进一步规范自身行为、提升执法水平和效能、作出客观公正的处理决定起到一定的促进作用。

第三,对相关经营者起到指引和震慑作用,有利于其进一步规范自身经营行为,完善经营模式,预防和降低反垄断合规风险,避免因违反本法规定而产生法律责任、造成经济或者声誉损失以及产生其他负面影响。

第四,有利于消费者和其他经营者维护自身的合法权益,并与人民检察院提起民事公益诉讼制度相衔接。本法第60条规定:"经营者实施垄断行为,给他人造成损失的,依法承担民事责任。经营者实施垄断行为,侵害社会公共利益的,人民检察院可以依法向人民法院提起民事公益诉讼。"因此,在我国,垄断行为的受损者和人民检察院均可向实施非法垄断行为的经营者提起民事诉讼。但是,在反垄断案件中,由于反垄断案件专业复杂,相关证据也往往掌握在被告手中,原告举证十分困难,因此反垄断执法机构的处理决定可以为原告追究违法经营者的民事责任提供重要依据。

在适用本条的过程中,还需要关注反垄断执法机构"可以"向社会公布的问题。本条采取的表述为"可以"向社会公布,而非"应当"向社会公布,所以反垄断执法机构在向社会公布案件处理决定的问题上,具有较大的自由裁量权。换句话说,法律并没有要求每一起反垄断处罚决定书都必须向社会公布。但是,为了起到上述向社会公布处罚决定所具有的作用,应当支持和鼓励反垄断执法机构及时公布每一起处罚决定书。目前,国家市场监督管理总局正在积极推进网络平台建设,并将一些构成垄断行为的案件处理决定借助相关平台予以公布,进一步体现了我国反垄断执法机构对公布案件处理决定的重视。

第五十三条　【经营者承诺制度】对反垄断执法机构调查的涉嫌垄断行为,被调查的经营者承诺在反垄断执法机构认可的期限内采取具体措施消除该行为后果的,反垄断执法机构可以决定中止调查。中止调查的决定应当载明被调查的经营者承诺的具体内容。

反垄断执法机构决定中止调查的,应当对经营者履行承诺的情况进行监督。经营者履行承诺的,反垄断执法机构可以决定终止调查。

有下列情形之一的,反垄断执法机构应当恢复调查:

(一)经营者未履行承诺的;

(二)作出中止调查决定所依据的事实发生重大变化的;

(三)中止调查的决定是基于经营者提供的不完整或者不真实的信息作出的。

条文对照

2007 年《反垄断法》	2022 年《反垄断法》
第四十五条　对反垄断执法机构调查的涉嫌垄断行为,被调查的经营者承诺在反垄断执法机构认可的期限内采取具体措施消除该行为后果的,反垄断执法机构可以决定中止调查。中止调查的决定应当载明被调查的经	**第五十三条**　对反垄断执法机构调查的涉嫌垄断行为,被调查的经营者承诺在反垄断执法机构认可的期限内采取具体措施消除该行为后果的,反垄断执法机构可以决定中止调查。中止调查的决定应当载明被调查的经

续表

2007 年《反垄断法》	2022 年《反垄断法》
营者承诺的具体内容。 反垄断执法机构决定中止调查的，应当对经营者履行承诺的情况进行监督。经营者履行承诺的，反垄断执法机构可以决定终止调查。 有下列情形之一的，反垄断执法机构应当恢复调查： （一）经营者未履行承诺的； （二）作出中止调查决定所依据的事实发生重大变化的； （三）中止调查的决定是基于经营者提供的不完整或者不真实的信息作出的。	营者承诺的具体内容。 反垄断执法机构决定中止调查的，应当对经营者履行承诺的情况进行监督。经营者履行承诺的，反垄断执法机构可以决定终止调查。 有下列情形之一的，反垄断执法机构应当恢复调查： （一）经营者未履行承诺的； （二）作出中止调查决定所依据的事实发生重大变化的； （三）中止调查的决定是基于经营者提供的不完整或者不真实的信息作出的。

适用要点

本条是关于经营者承诺制度的规定。2022 年修改《反垄断法》时，本条内容无变动。

一、经营者承诺制度的主要含义和意义

经营者承诺制度，也称和解制度，是指针对反垄断执法机构调查的涉嫌垄断行为，被调查的经营者承诺在反垄断执法机构认可的期限内采取具体措施消除该行为后果的，反垄断执法机构可以决定中止调查，并对其进行监督，经营者履行承诺的，反垄断执法机构可以决定终止调查的制度。

垄断行为排除、限制市场竞争，扭曲了市场竞争机制，损害了市场自由竞争秩序，因此反垄断执法机构应当对所发现的涉嫌垄断行为有

案必查、有责必究,以符合法治的精神和原则,维护自由公平竞争和经济活力。但是,因为垄断行为涉及的内容广泛复杂,又因经济形势、市场情况的变化而不断变化,所以在实践中,垄断行为的调查取证过程十分困难,还会消耗大量的时间、人力、物力、财力。而且即使已经收集了相关证据,判断一些涉嫌垄断行为是否违法还要经历一个复杂、专业的过程,成本高昂且具有较大的不确定性。另外,本法的目的不是处罚违法经营者,而是预防和制止垄断行为,保护市场竞争和消费者利益,促进经济健康发展。

经营者承诺制度的规定可以在让被调查者停止违法垄断行为的同时,尽快了结该案件,以便尽快恢复公平竞争的市场秩序,节约行政资源,使反垄断执法机构集中精力处理重要的、复杂的、对方又不愿让步的案件。对于被调查的经营者来说,反垄断调查有损其声誉,被认定为反垄断违法还需承担严重的法律责任,所以经营者借助承诺制度,可以在反垄断执法机构认可的期限内采取具体措施消除后果,换取反垄断执法机构的中止调查决定,从而避免漫长的调查和诉讼程序对经营造成不利影响。

总的来说,经营者承诺制度的意义在于,相较于正式处理制度,经营者承诺制度具有结案效率高、处理结果容易被执行等优点,同时也可以节约反垄断执法机构的执法资源,尽早消除涉嫌垄断行为对竞争秩序造成的不利影响,更好地实现保护市场公平竞争、维护消费者利益和社会公共利益的目的。

二、经营者承诺制度的具体适用

在该制度的具体适用中,需要着重把握以下方面。

第一,经营者承诺适用的时间条件。经营者承诺应在涉嫌垄断行为还处于调查阶段时作出,若反垄断执法机构已经经过调查核实认为涉案行为构成垄断行为,则应当依法作出处理决定,不再接受经营者提出的承诺。

第二,经营者承诺适用的范围。虽然经营者承诺制度能够产生节约执法资源、尽早消除对竞争秩序的不利影响等积极效果,本法第 53 条也没有限缩承诺制度的适用范围,因此理论上允许承诺制度适用于所有类型的垄断案件。但是,经营者承诺制度具有免除经营者责任的效果,所以经营者承诺的适用范围也应受到一定的限制,以维护公共利益,防止道德风险。在我国,国务院反垄断委员会发布的《垄断案件经营者承诺指南》第 2 条指出,对于具有竞争关系的经营者之间固定或者变更商品价格、限制商品生产或者销售数量、分割销售市场或者原材料采购市场的横向垄断协议案件,反垄断执法机构不应接受经营者提出的承诺;对于其他垄断案件,反垄断执法机构可以接受经营者主动提出的承诺。

第三,经营者承诺的措施。按照本条的要求,经营者承诺的具体措施应能达到在反垄断执法机构认可的期限内消除行为后果的效果,这其中包含两个要求。首先,经营者承诺采取的具体措施必须明确、可行,能够消除行为的后果。经营者所承诺的具体措施可以是剥离有形财产、知识产权等无形资产或者相关权益等结构性措施,可以是调整定价策略、开放网络或者平台等基础设施、许可知识产权等行为性措施,也可以是结构性措施和行为性措施相结合的综合性措施。但无论采取哪一种措施,都需要满足切实可行的要求,能够起到消除行为后果的作用。其次,该措施应当能够在反垄断执法机构认可的期限内采取。反垄断执法机构接受承诺的重要原因之一是通过承诺制度能够尽快消除涉嫌垄断行为对市场竞争的限制和排斥。若经营者承诺的措施起效时间过长,则会贬损承诺制度的时间价值。因此,措施采取的期限应尽可能短,并需要得到反垄断执法机构的认可。

第四,经营者承诺措施的审查与调查的中止。反垄断执法机构可以与经营者就承诺内容进行沟通,并可以综合考虑经营者实施涉嫌垄断行为的主观态度、性质、持续时间、后果、社会影响以及承诺的措施和预期效果等因素进行分析审查。反垄断执法机构在分析审查时，可以自由裁量，判断是否接受经营者的承诺，并着重在接受承诺所具有的节约执法资源、尽早终止违法行为的好处与作出行为违法决定而具有的谴责违法行为、体现《反垄断法》威慑力、推进民事损害赔偿的好处之间做利益权衡。如果反垄断执法机构接受了经营者的承诺，就应当作出中止调查的决定，并制作中止调查决定书，载明涉嫌垄断行为的事实及对竞争产生或者可能产生的影响、经营者承诺的消除行为后果的措施、经营者履行承诺的期限及方式、经营者在规定的期限内向执法机构报告承诺履行情况的义务、对经营者履行承诺的监督措施、不履行或者不完全履行承诺的法律后果等具体内容。在中止调查的决定作出以后，经营者应按照中止调查决定书的要求，向反垄断执法机构书面报告承诺的履行进展情况。

第五，经营者承诺的监督。为了落实经营者的承诺，反垄断执法机构在中止调查以后，应当对经营者履行承诺的情况进行监督。若确定经营者通过履行承诺，消除了垄断行为的不良影响，改善了市场竞争状况，反垄断执法机构可以决定终止调查，并制作终止调查决定书。中止调查决定书中应当载明执法机构调查的经营者涉嫌的垄断行为、经营者承诺的消除行为后果的措施、经营者履行承诺的情况、对经营者履行承诺的监督情况、终止涉嫌垄断行为的调查决定等内容。反垄断执法机构如果发现存在本条第 3 款所规定的恢复调查的情形，应当恢复对涉嫌垄断行为的调查。恢复调查的情形主要有以下 3 种：(1)经营者未履行承诺的。“未履行”包括完全未采取措施履行和未充分履行，后者在判断时应考虑承诺规定的内容和执行承诺的实际效果。(2)作出中止调查决定所依据的事实发生重大变化的。行政决定的事实基础发生重大变化时，该行政决定的正确性可能受到影响，反垄断执法机构应当恢复对经营者的调查，并根据已经变化了的实际情况重新考量。(3)中止调查的决定是基于经营者提供的不完整或者不真实的信息作出的。“不完整或者不真实的信息”主要是指经营者为了使反垄断执法机构接受其承诺而提供的、对反垄断执法机构作出中止调查决定产生实质影响的信息,并非任何微小的不完整或者不真实的信息都会导致恢复调查。如果经营者通过欺诈的手段获得了中止调查决定,则有悖于反垄断执法机构决定中止调查的意愿,反垄断执法机构应当恢复调查。

实用小贴士

国务院反垄断委员会《垄断案件经营者承诺指南》

为了指导经营者在垄断案件调查中适用经营者承诺制度,提高反垄断执法透明度,提升反垄断监管效能,根据《反垄断法》的规定,在总结我国执法经验并借鉴其他国家和地区成熟做法的基础上,国务院反垄断委员会制定出台了《垄断案件经营者承诺指南》。

该指南共18条,包括承诺制度适用范围,承诺的提出与撤回,承诺的措施,经营者与执法机构沟通,执法机构对承诺措施的审查措施,执法机构依法作出终止调查、中止调查、恢复调查决定等内容。总体来看,该指南具有注重实效性、增强规范性、体现严肃性和提高透明性的特点,有助于在执法实践中更加准确、规范地适用承诺制度,发挥制度功能。

第五十四条　【行政性垄断被调查者的配合调查义务】反垄断执法机构依法对涉嫌滥用行政权力排除、限制竞争的行为进行调查,有关单位或者个人应当配合。

适用要点

本条是关于反垄断执法机构对涉嫌行政性垄断的行为进行调查

时,有关单位或者个人的配合调查义务的规定,是2022年修改《反垄断法》时新增加的内容。

本条对《制止滥用行政权力排除、限制竞争行为暂行规定》的相关规则有所吸纳,并以法律形式予以确定。本条对行政性垄断行为的调查程序进行了原则上的规定,赋予了反垄断执法机构对行政性垄断行为的调查权。反垄断执法机构可以从经济性垄断和行政性垄断两个方面,对本法第2章到第5章的4类行为行使完整的调查权。

反垄断执法机构作为专门的反垄断领域执法部门,对涉嫌垄断行为的调查有专业性和规范性,能够高效且准确地对涉嫌违反本法的行为作出判断和决定。被调查的单位和个人有权陈述意见。反垄断执法机构应当对被调查单位和个人提出的事实、理由和证据进行核实。

针对行政性垄断,反垄断执法的机构在依法行使处理的建议权时遵循相应的程序规则。[1] 根据本法第61条的规定,对于涉嫌滥用行政权力排除、限制竞争的行政机关和法律、法规授权的具有管理公共事务职能的组织,反垄断执法机构可以向其上级机关提出依法处理的建议。因此,反垄断执法机构依法行使调查权,对涉嫌滥用行政权力排除、限制竞争的行为进行全面的调查,相关单位和个人应当予以配合,尽可能积极、全面地说明涉嫌垄断行为的真实情况,不得以其他理由拒绝反垄断执法机构依法对涉嫌垄断行为的调查。只有全面、专业、准确、真实地反映涉嫌行政性垄断行为的案件情况,反垄断执法机构才能向有关涉嫌违反本法的相关行政组织的上级机关提出改进建议,上级机关才能全面且准确地对下级机关作出责令改正的决定。通过行政机关之间的相互配合,能够有效地规制滥用行政权力排除、限制竞争的行为,维护市场公平竞争秩序。

---

〔1〕 参见王先林:《我国反垄断法修订完善的三个维度》,载《华东政法大学学报》2020年第2期。

同时,行政机关和法律、法规授权的具有管理公共事务职能的组织应当将有关改正的书面情况报告上级机关和反垄断执法机构。只有对涉嫌滥用行政权力排除、限制竞争的行为进行全面、准确的调查,反垄断执法机构才能有效评估相关机关和组织的改正情况和改正效果。反垄断执法机构对涉嫌滥用行政权力排除、限制竞争的行为进行全面、准确的调查,离不开有关单位和个人的配合。在接受调查时,有关单位和个人应当尽可能提供真实的文件、资料,为反垄断执法机构查明事实提供便利条件,减少执法成本,提高执法效率。

第五十五条 【对涉嫌违法主体的约谈】经营者、行政机关和法律、法规授权的具有管理公共事务职能的组织,涉嫌违反本法规定的,反垄断执法机构可以对其法定代表人或者负责人进行约谈,要求其提出改进措施。

适用要点

本条是关于反垄断执法机构对涉嫌违反本法规定的主体约谈的规定,是2022年修改《反垄断法》时新增加的内容。

反垄断执法机构对涉嫌违反本法规定的主体的约谈属于行政约谈的一种,主要是指反垄断执法机构针对涉嫌违反本法规定的经营者、行政机关和法律、法规授权的具有管理公共事务职能的组织,通过信息交流、沟通协商、警示谈话、批评教育等方法,对其涉嫌违反本法规定的行为加以预防或纠正的行为。一般而言,约谈机制是一种在传统的命令、处罚等具有对抗性、威慑性的执法方式之外,面对风险社会应运而生的一种灵活的软性执法方式和监管方式,其属于不具有处分性、惩罚性、强制性的行政指导活动,因此不属于行政行为。

规定反垄断执法机构的约谈权利的意义在于,第一,相较于行政命令、行政处罚等威胁惩戒机制,通过约谈机制劝导说服涉嫌违反本法规定的主体纠正违法行为的执法成本更低,更能够节约行政资源、组织资源和社会资源。第二,约谈机制可以实现反垄断执法机构与被约谈方的磋商和沟通,帮助反垄断执法机构获取充足的监管信息,并将行为可能涉及的法律责任等规制信息传递给市场主体和有关单位或组织,从而通过柔性的方式形成监管威慑,一定程度上使被约谈对象采取改进措施,主动合规。这种柔性的监管和磋商过程,还有助于减弱反垄断执法机构和被监管者之间的对抗和不信任,提高被监管者的服从度。第三,违反本法的行为可能处于萌芽状态或随着社会、科技的发展而呈现出各种新样态,此时传统行政监管手段可能力有不逮。而约谈机制可以通过程序性的商谈磋商,对相应的涉嫌违法行为进行动态监管,起到对处于萌芽状态和新样态的违法行为及时纠正的作用。

按照本条的要求,反垄断执法机构在进行约谈时,需要着重把握以下要点。

1. 约谈的主体。本条所规定的约谈共涉及两方主体,即约谈方和被约谈方。其中,约谈方指本法第 13 条所规定的反垄断执法机构,包括国务院反垄断执法机构和得到反垄断执法机构授权的省、自治区、直辖市人民政府相应的机构。被约谈方,即反垄断执法机构约谈所指向的另一方,包括经营者的法定代表人,也包括行政机关和法律、法规授权的具有管理公共事务职能的组织的主要负责人。

2. 约谈启动的前提条件。反垄断执法机构只能在经营者、行政机关和法律、法规授权的具有管理公共事务职能的组织涉嫌违反本法规定的情况下启动约谈程序,这主要涉及两个方面的判断要点。第一,违反本法规定虽然是指违反本法的任意一条法律规定,但在实践中,约谈主要在以下情形中得到适用:(1)被约谈人违反本法第 2 章至第 5 章所规定的禁止垄断协议制度、禁止滥用市场支配地位制度、控制经营者集中制度、禁止行政性垄断制度等反垄断实体制度；(2)违反本法第6章所规定的涉嫌垄断行为调查的反垄断程序制度。第二，经营者、行政机关和法律、法规授权的具有管理公共事务职能的组织的法定代表人和负责人只有在涉嫌违反本法规定时，才能被约谈，这就要求反垄断执法机构在启动约谈程序之前需要掌握一定的证据。

3. 反垄断执法机构在约谈之后，可以要求被约谈方提出改进措施。被约谈方应当在反垄断执法机构规定的期限内，根据约谈中批评教育、沟通协商的内容和整改要求拟定改进方案，并对落实改进措施予以承诺，对涉嫌违反本法的行为予以自我纠正。反垄断执法机构若发现被约谈方在制定改进方案时敷衍应对，措施可能达不到预期效果，可以要求被约谈方限期修改完善或者重新制作改进方案。反垄断执法机构应当监督被约谈方改进措施的实施，并应当注意与一般执法程序的衔接，对未按照要求落实改进措施的被约谈方及时启动调查程序。

第七章　法律责任

第五十六条　【垄断协议的法律责任】经营者违反本法规定，达成并实施垄断协议的，由反垄断执法机构责令停止违法行为，没收违法所得，并处上一年度销售额百分之一以上百分之十以下的罚款，上一年度没有销售额的，处五百万元以下的罚款；尚未实施所达成的垄断协议的，可以处三百万元以下的罚款。经营者的法定代表人、主要负责人和直接责任人员对达成垄断协议负有个人责任的，可以处一百万元以下的罚款。

经营者组织其他经营者达成垄断协议或者为其他经营者达成垄断协议提供实质性帮助的，适用前款规定。

经营者主动向反垄断执法机构报告达成垄断协议的有关情况并提供重要证据的，反垄断执法机构可以酌情减轻或者免除对该经营者的处罚。

行业协会违反本法规定，组织本行业的经营者达成垄断协议的，由反垄断执法机构责令改正，可以处三百万元以下的罚款；情节严重的，社会团体登记管理机关可以依法撤销登记。

条文对照

2007 年《反垄断法》	2022 年《反垄断法》
第四十六条 经营者违反本法规定,达成并实施垄断协议的,由反垄断执法机构责令停止违法行为,没收违法所得,并处上一年度销售额百分之一以上百分之十以下的罚款;尚未实施所达成的垄断协议的,可以处**五十万元**以下的罚款。 经营者主动向反垄断执法机构报告达成垄断协议的有关情况并提供重要证据的,反垄断执法机构可以酌情减轻或者免除对该经营者的处罚。 行业协会违反本法规定,组织本行业的经营者达成垄断协议的,反垄断执法机构可以处**五十万元**以下的罚款;情节严重的,社会团体登记管理机关可以依法撤销登记。	**第五十六条** 经营者违反本法规定,达成并实施垄断协议的,由反垄断执法机构责令停止违法行为,没收违法所得,并处上一年度销售额百分之一以上百分之十以下的罚款,**上一年度没有销售额的,处五百万元以下的罚款**;尚未实施所达成的垄断协议的,可以处**三百万元**以下的罚款。**经营者的法定代表人、主要负责人和直接责任人员对达成垄断协议负有个人责任的,可以处一百万元以下的罚款。** **经营者组织其他经营者达成垄断协议或者为其他经营者达成垄断协议提供实质性帮助的,适用前款规定。** 经营者主动向反垄断执法机构报告达成垄断协议的有关情况并提供重要证据的,反垄断执法机构可以酌情减轻或者免除对该经营者的处罚。 行业协会违反本法规定,组织本行业的经营者达成垄断协议的,**由**反垄断执法机构**责令改正**,可以处**三百万元**以下的罚款;情节严重的,社会团体登记管理机关可以依法撤销登记。

适用要点

本条是关于垄断协议的法律责任的规定。

2022 年修改《反垄断法》时,进一步提高了经营者尚未实施所达成的垄断协议和行业协会组织从事垄断协议的罚款金额，并针对上一年度没有销售额、对垄断协议负有个人责任的相关人员、经营者组织帮助达成垄断协议（轴辐协议中的轴心经营者）的情形新增加了反垄断罚款责任。

一、经营者从事垄断协议的法律责任

第一，经营者达成并实施垄断协议的法律责任。根据本条的规定，针对经营者违反《反垄断法》的规定达成并实施垄断协议的情形，反垄断执法机构有权责令停止违法行为，没收违法所得，并处上一年度销售额1%以上10%以下的罚款。依文义解释，立法原意是确立没收违法所得与罚款的并科模式，并且从立法逻辑看，该规定实际上还确定了没收违法所得优先于罚款而适用的适用规则。这实际上与我国历来重视没收违法所得这一行政处罚措施并依据违法所得来计算罚款数额的传统思维是一脉相承的。但从我国反垄断执法实践看，相当数量的案件并没有适用没收违法所得的行政处罚，这主要与违法所得本身难以计算有关。2022年修改《反垄断法》时仍然保留了没收违法所得这一处罚方式，那么如何界定和计算违法所得，成为未来反垄断执法的重点和难点。对此，首先，必须确保违法所得与违法行为具有"因果关系"，即所获经济利益只有与违法行为具有直接的因果关系，才能认定为违法所得。这里的经济利益不仅限于直接获取的利益，还包括因违法行为节省支出所取得的间接利益。其次，对违法所得的计算需采取"净额利益原则"，即在违法收入中扣除当事人适当的合理支出，以此作为违法所得。

第二，经营者尚未实施所达成垄断协议的法律责任。由于垄断协议对市场竞争和消费者利益的损害是相当严重的，所以即使尚未实施，也可能承担法律责任，反垄断执法机构可以依法对其处以罚款。由于经营者尚未实施所达成的垄断协议，其限制竞争的效果尚未发生,故本法规定的处罚相比于已经实施的情形会更轻。从科处责任的轻重程度可以判断出我国反垄断罚款以垄断协议的实施行为为主要威慑对象,但实际上,本法不仅要制止已发生的垄断行为,更要防患于未然,在垄断行为发生损害市场竞争的后果之前就将其制止,这也符合本法第 1 条"预防和制止垄断行为"的立法目的。就垄断协议而言,如果要实现《反垄断法》的预防性功效,那么反垄断执法机构就不能坐等垄断协议实施并产生实际的排除、限制的效果后才采取制止措施。事后制止涉及垄断协议查处和竞争秩序恢复,成本高昂,而对"尚未实施"垄断协议的经营者作出处罚的目的是威慑潜在的违法行为,预防垄断的发生。因此,2022 年修改《反垄断法》时,进一步提高了对尚未实施所达成垄断协议的经营者的罚款责任,罚款的上限金额由原来的 50 万元调整为 300 万元。

第三,经营者的法定代表人、主要负责人和直接责任人员的法律责任。一直以来,我国《反垄断法》的法律责任部分缺少对直接责任人个人主体的处罚规定。在外观上,经营者是从事垄断行为的主体,但垄断行为的决策和实施最终是通过自然人来实现的。作为真正决策者和实施者的企业高管或其他直接责任人员,如果没有被科以责任,那么《反垄断法》的立法目的难以实现。即使他们所控制的单位主体因垄断行为而受到惩罚,事后他们还可能再次实施垄断行为。很多国家都意识到了对直接责任人个人主体处罚所能产生的独特威慑效果,甚至在一些国家还会对经营者的负责人判处监禁刑。2022 年修改《反垄断法》时也引入了个人主体的法律责任,即经营者的法定代表人、主要负责人和直接责任人员对达成垄断协议负有个人责任的,反垄断执法机构可对其处 100 万元以下的罚款。

二、宽大制度的适用与反垄断罚款减免

本条第 3 款是关于本法宽大制度的规定,即对于主动向国务院反

垄断执法机构报告达成垄断协议的有关情况并提供重要证据的经营者,执法机构可以酌情减轻或者免除处罚。由于横向垄断协议通常具有严重排除、限制竞争的效果,同时具有高度隐秘性,且经营者之间相对稳定,如果相关经营者能够主动配合,将极大降低执法机构发现横向垄断协议并展开调查的难度。因此,执法机构认为,对于愿意主动报告横向垄断协议并提供重要证据,同时停止涉嫌违法行为并配合执法机构调查的经营者,执法机构相应地对其减轻或者免除处罚,有助于提高执法机构发现并查处垄断协议行为的效率,节约行政执法成本,维护消费者的利益。同时,执法机构也认为,给予经营者宽大的额度应当与经营者协助执法机构查处横向垄断协议案件的贡献程度相匹配。

国务院反垄断委员会发布的《横向垄断协议案件宽大制度适用指南》对宽大制度适用的具体规则作了详细规定。

首先,关于经营者申请宽大的时间和方式。参与垄断协议的经营者可以在执法机构立案前或者依据《反垄断法》启动调查程序前,也可以在执法机构立案后或者依据《反垄断法》启动调查程序后、作出行政处罚事先告知前,向执法机构申请宽大。执法机构鼓励经营者尽可能早地报告垄断协议的有关情况。经营者申请宽大前,可以匿名或者实名通过口头或者书面方式与执法机构进行沟通。

其次,关于经营者申请免除处罚应提交的材料。第一个向执法机构提交垄断协议有关情况的报告及重要证据的经营者,可以申请免除处罚。报告应当明确承认经营者从事了涉嫌违反《反垄断法》的垄断协议行为,详细说明达成和实施垄断协议的具体情况。报告需要包括以下信息:(1)垄断协议的参与者基本信息(包括但不限于名称、地址、联系方式及参与代表等);(2)垄断协议的情况(包括但不限于联络的时间、地点、内容以及具体参与人员);(3)垄断协议主要内容(包括但不限于涉及的商品或者服务、价格、数量等)及经营者达成和实施垄断协议的情况;(4)影响的地域范围和市场规模;(5)实施垄断协议的持续时间;(6)证据材料的说明;(7)是否向其他境外执法机构申请宽大;(8)其他有关文件、材料。此外,这里所称的“重要证据”是指:(1)执法机构尚未掌握案件线索或者证据的,足以使执法机构立案或者依据《反垄断法》启动调查程序的证据;(2)执法机构立案后或者依据《反垄断法》启动调查程序后,经营者提供的证据是执法机构尚未掌握的,并且能够认定构成《反垄断法》第13条[1]规定的垄断协议的。

再次,关于经营者获得宽大需要满足的基本条件。经营者申请宽大应按照国务院反垄断委员会发布的《横向垄断协议案件宽大制度适用指南》的要求提交报告、证据,并且全部满足下列条件时,才可以获得宽大:(1)申请宽大后立即停止涉嫌违法行为,但执法机构为保证调查工作顺利进行而要求经营者继续实施上述行为的情况除外。经营者已经向境外执法机构申请宽大,并被要求继续实施上述行为的,应当向执法机构报告。(2)迅速、持续、全面、真诚地配合执法机构的调查工作。(3)妥善保存并提供证据和信息,不得隐匿、销毁、转移证据或者提供虚假材料、信息。(4)未经执法机构同意不得对外披露向执法机构申请宽大的情况。(5)不得有其他影响反垄断执法调查的行为。经营者组织、胁迫其他经营者参与达成、实施垄断协议或者妨碍其他经营者停止该违法行为的,执法机构不对其免除处罚,但可以相应给予减轻处罚。

最后,关于适用宽大制度时的罚款减免政策。执法机构按照经营者申请宽大的时间先后为经营者排序,确定经营者申请宽大的顺位。对于第一顺位的经营者,执法机构可以对经营者免除全部罚款或者按照不低于80%的幅度减轻罚款。在执法机构立案前或者依据《反垄断法》启动调查程序前申请宽大并确定为第一顺位的经营者,执法机构将

[1] 对应2022年《反垄断法》第16条。

免除全部罚款。对于第二顺位的经营者,执法机构可以按照30%~50%的幅度减轻罚款。对于第三顺位的经营者,可以按照20%~30%的幅度减轻罚款。对于后序顺位的经营者,可以按照不高于20%的幅度减轻罚款。此外,为鼓励经营者主动报告垄断协议行为并提供重要证据,执法机构在减免罚款的同时可以考虑减免没收经营者的违法所得。

三、行业协会组织从事垄断协议的法律责任

行业协会一直以来是反垄断执法的“重灾区”,我国的行业协会在市场协调中所发挥的作用很大,涉及面很广,由其主导的垄断协议案件数量在我国反垄断执法机构查处的全部垄断协议案件中占有较大比重。由于行业协会是集体性组织,其组织和主导的垄断行为通常是整体性行为和集体行动,所造成的损害也会因为规模效应而成倍放大,譬如当其组织抵制行为时,对被抵制的企业可能会产生类似市场禁入的效果,危害程度远大于单个企业的抵制行为。[1] 其次,行业协会自身拥有一定的组织能力和社会资本,使垄断行为的执行效率和实施的成功率增高,这也在客观上加剧了社会危害性。[2] 实践中,行业协会更多的是在垄断行为实施过程中扮演组织者或召集者的角色,直接推动协会成员达成和实施垄断协议,违法行为的性质和情节都比较严重。2022年修改《反垄断法》时进一步加强了行业协会组织从事垄断协议的法律责任。根据本条第4款的规定,反垄断执法机构可以责令行业协会改正违法行为,罚款金额的上限由原来的50万元调整为300万元。同时,对于违法情节严重的行业协会,社会团体登记管理机关可以依法撤销登记。

---

〔1〕 参见鲁篱:《行业协会限制竞争法律规制研究》,北京大学出版社2009年版,第21页。
〔2〕 参见高重迎:《行业协会的反垄断法规制》,中国政法大学出版社2016年版,第25页。

典型案例

嘉兴二手车交易市场企业垄断协议案[1]

要旨：嘉兴市二手车行业协会组织9家二手车交易市场企业达成并实施了固定二手车交易服务价格的垄断协议。当事人海盐县永达旧机动车交易有限公司第一个主动向执法人员报告了协会组织会员单位协商上涨二手车交易服务费的事实，向执法人员提供了“嘉兴市二手车行业协会工作群”相关企业负责人协商二手车交易服务费涨价情况及二手车交易市场企业上涨交易服务费的过程、涨价后市场内经营户反映等聊天记录，并于2020年5月25日第一个向浙江省市场监督管理局提交了申请免除处罚的报告。执法机关认为，当事人在协会组织下，与其他二手车交易市场企业通过召开会议讨论、微信群商量等方式，统一固定二手车交易服务价格的行为，属于具有竞争关系的经营者达成并实施垄断协议的行为。鉴于当事人在案件调查过程中第一个主动向浙江省市场监督管理局报告达成并实施垄断协议的有关情况，同时提供了重要证据，为调查认定该垄断协议起到了关键性作用，浙江省市场监督管理局根据《反垄断法》第46条第2款[2]的规定，决定免除没收违法所得和罚款的行政处罚。

第五十七条　【经营者滥用市场支配地位的法律责任】经营者违反本法规定，滥用市场支配地位的，由反垄断执法机构责令停止违法行为，没收违法所得，并处上一年度销售额百分之一以上百分之十以下的罚款。

---

〔1〕参见浙江省市场监督管理局浙市监案〔2020〕24号行政处罚决定书。

〔2〕对应2022年《反垄断法》第56条第3款。

条文对照

2007年《反垄断法》	2022年《反垄断法》
第四十七条　经营者违反本法规定，滥用市场支配地位的，由反垄断执法机构责令停止违法行为，没收违法所得，并处上一年度销售额百分之一以上百分之十以下的罚款。	**第五十七条**　经营者违反本法规定，滥用市场支配地位的，由反垄断执法机构责令停止违法行为，没收违法所得，并处上一年度销售额百分之一以上百分之十以下的罚款。

适用要点

本条是关于经营者滥用市场支配地位的法律责任的规定。2022年修改《反垄断法》时，本条内容无变动。

如果经营者被认定滥用了其市场支配地位，则其应当受到相应的法律制裁。本条对经营者滥用市场支配地位的行政法律责任作了规定，即经营者滥用市场支配地位的，由反垄断执法机构责令停止违法行为，没收违法所得，并处上一年度销售额1%以上10%以下的罚款。

首先，对于滥用市场支配地位的经营者，应由反垄断执法机构责令其停止违法行为。责令停止违法行为作为具有较强的科处义务特征的行政命令，对于行政主体及时、有效地行使其在社会经济生活中的管理职能具有重要意义。特别是在反垄断执法过程中，对于那些正在损害或者可能损害市场竞争秩序和其他经营者、消费者利益的垄断行为，执法机关均可以依法责令垄断经营者停止违法行为，这也是最直接的行政干预手段和方式，能够及时消除垄断可能造成的负面影响。很多国家（地区）的反垄断立法、执法都非常重视运用停止垄断行为的行政命令，以阻却和遏制垄断行为。例如，根据德国《反限制竞争法》第32条的规定，卡特尔当局可以制止企业或者企业联合组织实施违反《反限制竞争法》或者《欧盟运行条约》第101条、第102条的行为。

其次，如果行为人在实施滥用行为的过程中有违法所得，反垄断执法机构应没收其违法所得，从而剥夺其违法获利。

最后，反垄断执法机构还可以根据行为人实施滥用行为的情节，对其处以一定数额的罚款。根据本条的规定，罚款按照上一年度销售额的一定比例计算。这一规定借鉴了欧盟竞争法中的相关规定，但比欧盟的规定更严厉，因为欧盟只规定了10%的上限，没有规定1%的下限，而我国的规定中既有上限也有下限。这有利于对那些性质严重的违法行为施以有效的制裁，但在适用的时候需要特别慎重。

典型案例

阿里巴巴集团控股有限公司在中国境内网络零售平台服务市场垄断案〔1〕

要旨：当事人阿里巴巴集团控股有限公司自2015年以来，滥用其在中国境内网络零售平台服务市场的支配地位，禁止平台内经营者在其他竞争性平台开店或者参加促销活动，排除、限制了相关市场竞争，侵害了平台内经营者的合法权益，损害了消费者利益，阻碍了平台经济创新发展，且不具有正当理由，构成《反垄断法》禁止"没有正当理由，限定交易相对人只能与其进行交易"的滥用市场支配地位行为。根据《反垄断法》第47条、第49条〔2〕的规定，综合考虑当事人违法行为的性质、程度和持续的时间，同时考虑当事人能够按照要求深入自查，停止违法行为并积极整改等因素，国家市场监督管理总局对当事人作出如下处理决定：(1)责令停止违法行为。①不得限制平台内经营者在其他竞争性平台开展经营；不得限制平台内经营者在其他竞争性平台的促销活

〔1〕 参见国家市场监督管理总局国市监处〔2021〕28号行政处罚决定书。
〔2〕 对应2022年《反垄断法》第57条、第59条。

动。②当事人应当自收到行政处罚决定书之日起 15 日内,向国家市场监督管理总局提交改正违法行为情况的报告。③根据《行政处罚法》坚持处罚与教育相结合的原则,国家市场监督管理总局结合调查过程中发现的问题,制作《行政指导书》,要求当事人从严格落实平台企业主体责任、加强内控合规管理、保护消费者权益等方面进行全面整改,依法合规经营。(2)对当事人处以其 2019 年度中国境内销售额 4557.12 亿元 4% 的罚款,约计 182.28 亿元。

第五十八条　【经营者违法实施经营者集中的法律责任】经营者违反本法规定实施集中,且具有或者可能具有排除、限制竞争效果的,由国务院反垄断执法机构责令停止实施集中、限期处分股份或者资产、限期转让营业以及采取其他必要措施恢复到集中前的状态,处上一年度销售额百分之十以下的罚款;不具有排除、限制竞争效果的,处五百万元以下的罚款。

条文对照

2007 年《反垄断法》	2022 年《反垄断法》
第四十八条　经营者违反本法规定实施集中的,由国务院反垄断执法机构责令停止实施集中、限期处分股份或者资产、限期转让营业以及采取其他必要措施恢复到集中前的状态,**可以**处**五十万元**以下的罚款。	**第五十八条**　经营者违反本法规定实施集中,**且具有或者可能具有排除、限制竞争效果的**,由国务院反垄断执法机构责令停止实施集中、限期处分股份或者资产、限期转让营业以及采取其他必要措施恢复到集中前的状态,**处上一年度销售额百分之十以下的罚款;不具有排除、限制竞争效果的,处五百万元以下的罚款。**

适用要点

本条是关于经营者违法实施经营者集中的法律责任的规定。

一、违法实施集中的具体情形

经营者违法实施集中行为,主要指经营者违反了《反垄断法》第 4 章的相关规定实施了集中行为,具体包括以下 5 种情形:第一,符合法定申报标准的经营者未经申报即实施集中,或者虽未符合申报标准,但经国务院反垄断执法机构要求申报拒不申报的;第二,经营者申报集中提交的文件、资料不完备,又未按审查机构要求在规定的期限内补充资料,视为未申报,并构成违法实施集中的;第三,在初步审查的 30 日期限内,审查机构作出决定之前即实施集中的(若超过期限未收到行政决定,不构成违法集中);第四,在 90 日进一步审查期间以及经书面通知后延长 60 日的审查期间内实施集中的(但反垄断执法机构逾期未作出决定的,不构成违法实施集中);第五,反垄断执法机构决定中止计算经营者集中的审查期限,并书面通知经营者后,经营者实施集中行为的,且此期间执法机构并未通知中止计算审查期限的情形消除,或虽通知但实施集中的时间仍处于恢复计算的审查期限之内。

二、结构性制裁

对于违法实施经营者集中具有或可能具有排除、限制竞争效果的情形,反垄断执法机构将根据具体情况采取结构性制裁,主要有 4 种措施可供选择:一是责令停止实施集中。对违法实施的集中,并且这个集中行为未实施完毕,反垄断执法机构一般要首先发布停止实施的禁令,然后根据具体情况采取下一步的措施。二是限期处分股份或资产。这是为恢复到集中前的状态所采取的措施之一,特别针对经营者通过取得股权或者资产的方式取得对其他经营者的控制权的集中方式,也包括协议收购等其他获取控制权的情形。反垄断执法机构对已经实施完毕或未实施完毕的集中，如果认定其违法，并认为有必要恢复原有的市场竞争水平，可以责令经营者在一定期限内把取得的股份和资产归还给先前所有者；如果不能归还，就转让或分配给第三方。三是限期转让营业。该措施与上一类并列，是恢复到集中前状态的措施之一。转让营业，是指对所经营的事业的转让，通常包括营业财产的转让和营业组织的转让。该措施不同于前类之处在于营业是经营者部分功能实体的全部转让，可削弱集中后实体在特定相关市场的竞争力；而限期处分股份或资产则是经营者整体控制权的部分转让，削弱集中后实体的整体竞争力或排除特定控制主体的干预。四是其他必要措施。在现实中，集中的方式多种多样，除了常见的合并、取得股权和资产、合同等方式，还可以通过控制其他经营者的人事任免、合营等方式实施集中。采取其他措施要针对每一种集中方式的不同特点，并考虑成本和效果，如直接或间接控制其他经营者人事任免者，可以采用责令其解除职务的方式来实现。

三、罚款制裁

不同于结构性制裁只可用于具有或可能具有排除、限制竞争效果的违法集中情形，罚款制裁还适用于不具有排除限制可能的违法实施集中情形，且无论是否具有排除限制竞争的可能，违法实施集中的行为均要被处以罚款。相较于2007年《反垄断法》，2022年修改时做了两点改变：一是增加了营业额比例计罚方式。2022年修改后的《反垄断法》对具有或可能具有排除、限制竞争效果的集中“处上一年度销售额百分之十以下的罚款”，体现了过罚相当原则。可能具有排除、限制竞争的集中对市场的危害更大，即使是500万元上限的总额计罚方式，也难以与其危害性相称。采取营业额比例计罚方式更能对此类危害集中且违法实施的集中行为予以震慑。二是提高了总额罚款的上限。原来的罚款上限为50万元，且无论是否具有排除、限制竞争可能均一体适用,显然不具有威慑性,这也导致了一段时间以来经营者集中频繁出现“抢跑”现象。2022 年修改后的《反垄断法》将罚款总额上限提高到原来的 10 倍,既能有效激励经营者主动申报,又与国内目前的经济水平相称,具有合理性。需要注意的是,“处上一年度销售额百分之十以下的罚款”仅可适用于具有或可能具有排除、限制竞争效果的违法集中情形,而“处五百万元以下的罚款”仅适用于不具有排除、限制竞争效果的违法集中情形。两类计罚方式分别与两种集中后果相对应,处罚力度也与危害后果相称。

典型案例

腾讯控股有限公司收购中国音乐集团股权违法实施经营者集中案[1]

要旨:2016 年 7 月 12 日,腾讯以估值(略)的业务(主要是 QQ 音乐业务)投入中国音乐集团,获得中国音乐集团 61.64%股权,取得对中国音乐集团的单独控制权。2016 年 12 月,整合后的中国音乐集团更名为腾讯音乐娱乐集团。2017 年 12 月 6 日,腾讯完成股权变更登记手续。国家市场监督管理总局认为,首先,腾讯 2015 年全球营业额为 1028.63 亿元,中国境内营业额为 962.51 亿元,中国音乐集团 2015 年全球及中国境内营业额均达到《国务院关于经营者集中申报标准的规定》第 3 条规定的申报标准,属于应当申报的情形。腾讯完成股权变更登记前未向执法机关申报,构成违法实施经营者集中。其次,腾讯通过本项集中在中国境内网络音乐播放平台市场具有较高市场份额,可能使其有能力促使上游版权方对其进行独家版权授权,或者向其提供优于竞争对手的条件,也可能使腾讯有能力通过支付高额预付金等方式提高

[1] 参见国家市场监督管理总局国市监处〔2021〕67 号行政处罚决定书。

市场进入壁垒,对相关市场具有或者可能具有排除、限制竞争的效果。

根据《反垄断法》第48条[1]的规定,市场监督管理总局对腾讯作出如下处理决定:(1)责令腾讯及其关联公司采取以下措施恢复相关市场竞争状态:①不得与上游版权方达成或变相达成独家版权协议(版权范围包括所有音乐作品及录音制品的信息网络传播权)或其他排他性协议,已经达成的,须在处罚决定发布之日起30日内解除,与独立音乐人或新歌首发的独家合作除外。与独立音乐人的独家合作期限不得超过3年,与新歌首发的独家合作期限不得超过30日。②没有正当理由,不得要求或变相要求上游版权方给予当事人优于其他竞争对手的条件,包括但不限于授权范围、授权金额、授权期限等,或与之相关的任何协议或协议条款。已经达成的,须在处罚决定发布之日起30日内解除。③依据版权实际使用情况、用户付费情况、歌曲单价、应用场景、签约期限等因素向上游版权方报价,不得通过支付高额预付金等方式变相提高竞争对手成本,排除、限制竞争。(2)处以50万元罚款。(3)依法申报经营者集中。(4)依法合规经营,建立健全公平参与市场竞争的长效机制。以上措施期限自《行政处罚决定书》下发之日起算,腾讯及其关联公司须在10日内对照上述措施制定整改方案,并报市场监督管理总局审核。市场监督管理总局3年内有权通过监督受托人或自行监督检查腾讯及其关联公司履行上述义务的情况,腾讯3年内每年向市场监督管理总局报告履行义务情况,3年到期后不再报告。

第五十九条 【反垄断罚款的裁量因素】对本法第五十六条、第五十七条、第五十八条规定的罚款,反垄断执法机构确定具体罚款数额时,应当考虑违法行为的性质、程度、持续时间和消除违法行为后果的情况等因素。

---

〔1〕 对应2022年《反垄断法》第58条。

条文对照

2007 年《反垄断法》	2022 年《反垄断法》
第四十九条 对本法**第四十六条、第四十七条、第四十八条**规定的罚款,反垄断执法机构确定具体罚款数额时,应当考虑违法行为的性质、程度**和持续的**时间等因素。	**第五十九条** 对本法**第五十六条、第五十七条、第五十八条**规定的罚款,反垄断执法机构确定具体罚款数额时,应当考虑违法行为的性质、程度、持续时间和**消除违法行为后果的情况**等因素。

适用要点

本条是关于反垄断罚款的裁量因素的规定。

为了规范反垄断执法机构的罚款行为,有必要对反垄断执法机构在确定违法经营者的罚款数额时应考虑的因素作出规定。经营者实施的垄断行为的性质、程度、持续时间不同,对竞争秩序造成的损害也不同,反垄断执法机构应根据具体案件中违法行为的不同情况,确定具体的罚款数额。

第一,违法行为的性质。反垄断执法机构主要考虑垄断协议、滥用市场支配地位和违法实施经营者集中的具体行为类型,这是因为不同类型的垄断行为对社会竞争秩序和消费者利益的损害程度存在差异。一般而言,非常严重的违法行为包括固定价格、市场分割和限制生产数量的横向垄断协议,这些行为通常是秘密的,在本质上属于对竞争极其有害的协议;较为严重的违法行为包括其他横向垄断协议、维持转售价格的纵向垄断协议、具有严重限制或剥削效果的滥用市场支配地位的行为等。

第二,违法行为的程度。这主要指违法行为对竞争和消费者造成实际或潜在损害的程度。反垄断执法机构在具体裁量时,可通过以下因素来判断违法行为的程度：一是商品或服务的性质，如果垄断行为涉及的商品是关涉民生的药品、医疗器械等，其应被视为严重的违法行为。二是市场结构状况，包括市场集中度、进入壁垒、违法企业的市场份额等。这是因为在一个高度集中的市场，违法企业的市场份额越高，其对价格控制的能力越强，相应消费者寻求替代供应者的可能性越小，其对竞争的损害越大。三是相关消费者和经营者的损失程度以及违法企业的获利情况。这在客观上反映了违法行为造成的损害程度。四是违法行为的影响范围，例如是区域市场还是全国市场抑或是某一行业等。五是垄断行为发生的背景，例如在全社会遭遇重大疫情危机的情况下，违法企业针对防疫物资的生产、销售市场实施的垄断行为。

第三，违法行为的持续时间。违法行为的持续时间通常指垄断行为从实施到结束所持续的时间，它客观地反映了垄断行为在时间维度的严重程度。垄断行为的持续时间越长，对竞争秩序与利益相关人的损害越大，对其处以罚款的数额也应当越高。

第四，消除违法行为后果的情况。该裁量因素是 2022 年修改《反垄断法》时新增加的，但实际上在反垄断执法实践中已经得到广泛运用。反垄断罚款不是目的，如果经营者能在执法调查的过程中主动整改，及时消除违法行为所产生的后果，执法机构本着过罚相当的原则，会依据该项因素适当调整罚款金额。

典型案例

扑尔敏原料药垄断案〔1〕

要旨：当事人湖南尔康医药经营有限公司滥用市场支配地位，性

〔1〕 参见国家市场监督管理总局国市监处〔2018〕21 号行政处罚决定书。

质严重、危害程度较深。一是助推扑尔敏原料药价格上涨。作为最主要的扑尔敏原料药供应企业，当事人实施囤货、拒绝交易等行为，导致扑尔敏原料药供应紧张，价格上涨。二是严重破坏市场公平竞争。当事人的行为损害下游经营者利益，使相关竞争者不能有效参与市场竞争，具有明显的排除、限制竞争效果。三是社会影响恶劣。扑尔敏原料药是生产2000余种常用药的重要原料，当事人的行为导致扑尔敏原料药供应短缺、价格大幅上涨，部分下游厂商减产停产，损害了广大患者的利益，产生了恶劣的社会影响。考虑到当事人违法行为性质严重、危害程度较深，在实施违法行为中起主要作用，同时，违法行为持续时间较短，且当事人能够配合调查、积极整改，国家市场监督管理总局依据《反垄断法》的规定，对当事人作出以下决定：(1)责令当事人立即停止违法行为；(2)没收违法所得239.47万元；(3)处以当事人2017年度销售额约1.06亿元8%的罚款，约计847.94万元。

实用小贴士

反垄断执法机构作出罚款决定时所考虑的其他因素

(1)根据《禁止垄断协议暂行规定》第32条和《禁止滥用市场支配地位行为暂行规定》第37条的规定，经营者能够证明其达成垄断协议或滥用市场支配地位的行为是被动遵守行政命令所导致的，可以依法从轻或者减轻处罚。

(2)反垄断执法机构在作出罚款决定时，同时会适用《行政处罚法》的相关规定。例如，《行政处罚法》第32条规定："当事人有下列情形之一，应当从轻或者减轻行政处罚：(一)主动消除或者减轻违法行为危害后果的；(二)受他人胁迫或者诱骗实施违法行为的；(三)主动供述行政机关尚未掌握的违法行为的；(四)配合行政机关查处违法行为有立功表现的；(五)法律、法规、规章规定其他应当从轻或者减轻行政处罚的。"

第六十条 【反垄断民事责任和检察公益诉讼】经营者实施垄断行为,给他人造成损失的,依法承担民事责任。

经营者实施垄断行为,损害社会公共利益的,设区的市级以上人民检察院可以依法向人民法院提起民事公益诉讼。

条文对照

2007年《反垄断法》	2022年《反垄断法》
第五十条 经营者实施垄断行为,给他人造成损失的,依法承担民事责任。	**第六十条** 经营者实施垄断行为,给他人造成损失的,依法承担民事责任。 **经营者实施垄断行为,损害社会公共利益的,设区的市级以上人民检察院可以依法向人民法院提起民事公益诉讼。**

适用要点

本条是关于反垄断民事责任和检察公益诉讼的规定。

一、反垄断民事责任

民事责任是由受害一方以私人名义向加害一方追究,以财产补偿为主要目的,既可由加害人自动履行,也可由国家强制追究的法律责任形式。虽然民事责任在本法中所占的比重没有行政责任所占的比重大,但是本法同样需要民事责任形式,这是由本法的利益保护结构以及民事责任的特有功能所决定的。就总体而言,本法以维护自由、公平的市场竞争秩序,实现社会公平、正义为目的,其所保护的利益是多重的,除了国家利益和社会公共利益,还有经营者(竞争者)利益和消费者利益,而且在许多情况下,国家利益和社会公共利益就是在经营者和消费者的合法权益中得到体现的,因为,如果经营者和消费者的利益受到垄断行为的损害而得不到有效的救济、补偿,那么社会经济秩序就会遭到破坏,这方面的国家利益和社会公共利益也就无从谈起。而在切实保护作为受害人的经营者和消费者的合法权益方面,民事责任措施具有不可替代的功能。它通过以损害赔偿为主的一系列制裁措施,在惩罚违法者、维护国家利益和社会公共利益的同时,也使受害经营者和消费者的损失得到补偿,甚至是超额赔偿。因此,在本法中追究民事责任是不可缺少的。

根据《最高人民法院关于审理因垄断行为引发的民事纠纷案件应用法律若干问题的规定》,垄断民事纠纷案件,是指因垄断行为受到损失以及因合同内容、行业协会的章程等违反《反垄断法》而发生争议的自然人、法人或者非法人组织,向人民法院提起的民事诉讼案件。原告直接向人民法院提起民事诉讼,或者在反垄断执法机构认定构成垄断行为的处理决定发生法律效力后向人民法院提起民事诉讼,并符合法律规定的其他受理条件的,人民法院应当受理。关于垄断案件民事纠纷的级别管辖,第一审案件由知识产权法院,省、自治区、直辖市人民政府所在地的市、计划单列市的中级人民法院以及最高人民法院指定的中级人民法院管辖。关于垄断案件民事纠纷的地域管辖,则根据案件具体情况,依照《民事诉讼法》及相关司法解释有关侵权纠纷、合同纠纷等的管辖规定确定。

二、反垄断检察公益诉讼

民事检察公益诉讼是具有中国特色的法律制度。党的十八届四中全会审议通过的《中共中央关于全面推进依法治国若干重大问题的决定》明确要求“探索建立检察机关提起公益诉讼制度”。全国人民代表大会常务委员会在 2015 年发布了《关于授权最高人民检察院在部分地区开展公益诉讼试点工作的决定》,对检察机关开展公益诉讼进行为期2年的试点。2017年6月,全国人民代表大会常务委员会通过了《关于修改〈中华人民共和国民事诉讼法〉和〈中华人民共和国行政诉讼法〉的决定》,正式从法律层面确立了民事检察公益诉讼制度。2019年10月,中国共产党第十九届中央委员会第四次会议通过的《中共中央关于坚持和完善中国特色社会主义制度、推进国家治理体系和治理能力现代化若干重大问题的决定》要求"拓展公益诉讼案件范围"。作为具有鲜明中国特色的法律制度,民事检察公益诉讼的价值导向在于维护社会公共利益,助力国家治理。由于垄断行为造成的损害一般是不特定的,其损害范围往往具有广泛性特征,特别是在数字经济快速发展的当下,大型数字平台企业实施的垄断行为经过平台的规模效应和网络外部性等,造成的损害范围和影响愈发扩大,并可能危及社会公众。因此,2022年修改《反垄断法》时,在传统反垄断公共实施和私人实施之外,新增检察机关提起反垄断公益诉讼,可以更好地应对垄断行为造成的社会公共利益损害。需要注意的是,根据本条第2款的规定,仅有设区的市级以上的人民检察院才能提起民事公益诉讼。关于具体提起民事检察公益诉讼的程序,可以直接适用《民事诉讼法》和《最高人民法院、最高人民检察院关于检察公益诉讼案件适用法律若干问题的解释》等法律和司法解释的规定。

典型案例

北京锐邦涌和科贸有限公司诉强生公司纵向垄断协议纠纷案[1]

要旨:原告北京锐邦涌和科贸有限公司(以下简称锐邦公司)作为

〔1〕 参见上海市第一中级人民法院(2010)沪一中民五(知)初字第169号民事判决书;上海市高级人民法院(2012)沪高民三(知)终字第63号民事判决书。

被告强生(上海)医疗器材有限公司和强生(中国)医疗器材有限公司(以下合称强生公司)医用缝线、吻合器等医疗器械产品的经销商,与强生公司已有15年的经销合作关系。2008年1月,强生公司与锐邦公司签订《经销合同》及附件,约定锐邦公司不得以低于强生公司规定的价格销售产品。2008年3月,锐邦公司在北京大学人民医院举行的强生医用缝线销售招标中以最低报价中标。2008年7月,强生公司以锐邦公司私自降价为由取消锐邦公司在阜外医院、整形医院的经销权。2008年8月15日后,强生公司不再接受锐邦公司医用缝线产品订单,2008年9月完全停止了缝线产品、吻合器产品的供货。2009年,强生公司不再与锐邦公司续签经销合同。原告遂诉至法院,主张被告约定限制最低转售价格条款的《经销合同》,构成《反垄断法》所禁止的纵向垄断协议,请求判令被告赔偿因执行该垄断协议对原告低价竞标行为进行"处罚"而给原告造成的经济损失,约计人民币1439.93万元。上海市第一中级人民法院一审认为,原告尚不能证明被告行为构成垄断行为,判决驳回原告诉请。原告不服,提起上诉。上海市高级人民法院二审认为,本案相关市场是中国大陆地区的医用缝线产品市场,该市场竞争不充分,强生公司在此市场具有很强的市场势力,本案所涉限制最低转售价格协议在本案相关市场产生了排除、限制竞争的效果,同时并不存在明显、足够的促进竞争效果,应认定为垄断协议。强生公司对锐邦公司所采取的取消部分医院经销资格、停止缝线产品供货行为属于《反垄断法》禁止的垄断行为,强生公司应赔偿上述垄断行为给锐邦公司造成的2008年缝线产品正常利润损失。据此判决强生公司赔偿锐邦公司经济损失人民币53万元。

第六十一条 【行政性垄断的法律责任】行政机关和法律、法规授权的具有管理公共事务职能的组织滥用行政权力，实施排除、限制竞争行为的，由上级机关责令改正；对直接负责的主管人员和其他直接责任人员依法给予处分。反垄断执法机构可以向有关上级机关提出依法处理的建议。行政机关和法律、法规授权的具有管理公共事务职能的组织应当将有关改正情况书面报告上级机关和反垄断执法机构。

法律、行政法规对行政机关和法律、法规授权的具有管理公共事务职能的组织滥用行政权力实施排除、限制竞争行为的处理另有规定的，依照其规定。

条文对照

2007年《反垄断法》	2022年《反垄断法》
第五十一条 行政机关和法律、法规授权的具有管理公共事务职能的组织滥用行政权力，实施排除、限制竞争行为的，由上级机关责令改正；对直接负责的主管人员和其他直接责任人员依法给予处分。反垄断执法机构可以向有关上级机关提出依法处理的建议。 法律、行政法规对行政机关和法律、法规授权的具有管理公共事务职能的组织滥用行政权力实施排除、限制竞争行为的处理另有规定的，依照其规定。	**第六十一条** 行政机关和法律、法规授权的具有管理公共事务职能的组织滥用行政权力，实施排除、限制竞争行为的，由上级机关责令改正；对直接负责的主管人员和其他直接责任人员依法给予处分。反垄断执法机构可以向有关上级机关提出依法处理的建议。**行政机关和法律、法规授权的具有管理公共事务职能的组织应当将有关改正情况书面报告上级机关和反垄断执法机构。** 法律、行政法规对行政机关和法律、法规授权的具有管理公共事务职

续表

2007 年《反垄断法》	2022 年《反垄断法》
	能的组织滥用行政权力实施排除、限制竞争行为的处理另有规定的，依照其规定。

适用要点

本条是关于行政性垄断的法律责任的规定。

既然行政性垄断行为受到《反垄断法》的禁止，那么就应该有相应的法律责任制度为实体规则提供保障，否则，有关禁止行政性垄断行为的规定就会流于一般的政策性宣示。考虑到行政主体的性质具有特殊性，对行政性垄断行为和经济性垄断行为作完全同样的处理（尤其是在罚款方面）是难以做到的。因此，如何在《反垄断法》中合理规定行政性垄断行为的法律责任就是一个非常重要的问题。在我国反垄断立法的过程中，对于如何规定行政性垄断行为的法律责任也是经过反复讨论的。部分观点曾主张，《反垄断法》应当改变由“上级机关”负责处理的做法，而应由反垄断执法机构统一处理行政性垄断行为，并且更具体、严格地规定其法律责任。我国 2007 年通过的《反垄断法》并没有采纳这样的意见，而是规定“反垄断执法机构可以向有关上级机关提出依法处理的建议”，这意味着专门的执法机构虽然没有直接处理行政性垄断行为的权力，但仍有建议上级机关进行处理的权力。2022 年修改的《反垄断法》又在此基础上新增“行政机关和法律、法规授权的具有管理公共事务职能的组织应当将有关改正情况书面报告上级机关和反垄断执法机构”的规定，这将进一步加强对行政性垄断行为整改情况的监督。就此看来，这种建议权以及强制要求提交整改报告的责任规定，可以更好地起到发挥上级机关和反垄断执法机构依法处理行政性垄断行为的作用。

此外,根据《制止滥用行政权力排除、限制竞争行为暂行规定》第19条的规定,在反垄断执法机构对行政性垄断行为调查期间,如果当事人主动采取措施停止相关行为,消除相关后果的,反垄断执法机构可以结束调查。那么,相应的法律责任也会随之消除。

典型案例

内蒙古自治区公安厅行政垄断案[1]

要旨:根据举报,国家市场监督管理总局对内蒙古自治区公安厅在推进全区印章治安管理信息系统整合联网及推广使用新型防伪印章工作中,涉嫌滥用行政权力排除、限制竞争的案件进行了调查。经查明,内蒙古自治区公安厅印发的《全区印章治安管理信息系统整合联网及推广使用新型防伪印章实施方案》(内公办〔2013〕60号,以下简称"60号文"),直接指定内蒙古恭安金丰网络印章科技有限责任公司(以下简称金丰公司)统一负责全区新型防伪印章系统软件的开发建设。在执行"60号文"的过程中,内蒙古自治区公安厅采取各种措施强制各盟市公安机关和刻章企业卸载正在使用的、经公安部检测通过的系统软件,统一安装金丰公司开发的系统软件,并要求刻章企业向金丰公司购买刻章设备和装有加密电子芯片的硬质章材。国家市场监督管理总局认为,内蒙古自治区公安厅的上述做法排除和限制了印章治安管理信息系统软件市场以及刻章设备、章材市场的竞争,侵犯了各盟市公安机关和刻章企业的自主选择权,人为增加了企业刻章

〔1〕 参见《市场监管总局办公厅关于建议纠正内蒙古自治区公安厅滥用行政权力排除限制竞争有关行为的函》,载国家市场监督管理总局网2018年6月22日,https://gkml.samr.gov.cn/nsjg/bgt/201901/t20190102_279573.html#。

生产成本，不合理地推高了印章价格。相关行为违反了《反垄断法》“行政机关和法律、法规授权的具有管理公共事务职能的组织不得滥用行政权力，排除、限制竞争”的规定，属于“限定或者变相限定单位或者个人经营、购买、使用其指定的经营者提供的商品”的行为和“制定含有排除、限制竞争内容的规定”的行为。

在调查结束后，国家市场监督管理总局向内蒙古自治区公安厅反馈了案件定性依据和结论，以及相关整改建议，包括：(1)废止或者修改“60号文”排除限制竞争的相关规定；(2)撤销与金丰公司签订的《新型防伪印章治安管理信息系统建设合同》；(3)停止滥用行政权力强迫各盟市公安机关安装金丰公司系统软件、卸载已有系统软件，强迫刻章企业向金丰公司购买章材和刻章设备的行为等。内蒙古自治区公安厅表示完全接受并积极整改，但未及时报送具体的整改方案，也未开展实质性整改工作。依据《反垄断法》第51条[1]关于“反垄断执法机构可以向有关上级机关提出依法处理的建议”的规定，建议内蒙古自治区政府责令公安厅改正相关行为。

第六十二条　【妨碍反垄断调查的法律责任】对反垄断执法机构依法实施的审查和调查，拒绝提供有关材料、信息，或者提供虚假材料、信息，或者隐匿、销毁、转移证据，或者有其他拒绝、阻碍调查行为的，由反垄断执法机构责令改正，对单位处上一年度销售额百分之一以下的罚款，上一年度没有销售额或者销售额难以计算的，处五百万元以下的罚款；对个人处五十万元以下的罚款。

[1] 对应2022年《反垄断法》第61条。

条文对照

2007 年《反垄断法》	2022 年《反垄断法》
第五十二条 对反垄断执法机构依法实施的审查和调查,拒绝提供有关材料、信息,或者提供虚假材料、信息,或者隐匿、销毁、转移证据,或者有其他拒绝、阻碍调查行为的,由反垄断执法机构责令改正,**对个人可以处二万元以下的罚款,对单位可以处二十万元以下的罚款;情节严重的,对个人处二万元以上十万元以下的罚款,对单位处二十万元以上一百万元以下的罚款;构成犯罪的,依法追究刑事责任。**	**第六十二条** 对反垄断执法机构依法实施的审查和调查,拒绝提供有关材料、信息,或者提供虚假材料、信息,或者隐匿、销毁、转移证据,或者有其他拒绝、阻碍调查行为的,由反垄断执法机构责令改正,**对单位处上一年度销售额百分之一以下的罚款,上一年度没有销售额或者销售额难以计算的,处五百万元以下的罚款;对个人处五十万元以下的罚款。**

适用要点

本条是关于妨碍反垄断调查的法律责任的规定。

反垄断执法机构有权要求被调查的经营者、利害关系人或者其他有关单位或个人提供必要的材料和信息,这是反垄断执法机构履行监管职责所采取的必要措施。根据本法第 47 条的规定,反垄断执法机构调查涉嫌垄断行为,可以采取下列措施:(1)进入被调查的经营者的营业场所或者其他有关场所进行检查;(2)询问被调查的经营者、利害关系人或者其他有关单位或者个人,要求其说明有关情况;(3)查阅、复制被调查的经营者、利害关系人或者其他有关单位或者个人的有关单证、协议、会计账簿、业务函电、电子数据等文件、资料;(4)查封、扣押相关证据;(5)查询经营者的银行账户。被调查的经营者、利害关系人或者其他有关单位或个人应当配合反垄断执法机构依法履行职责,被调查的经营者、利害关系人或者其他有关单位或个人有义务回答反垄断执法机构提出的问题,提供反垄断执法机构所要求的材料和信息。被调查的经营者、利害关系人或者其他有关单位或个人不得拒绝、阻碍反垄断执法机构的调查,否则就应承担相应的责任。

根据本条规定,对于妨碍反垄断调查的单位,反垄断执法机构应责令改正,并处上一年度销售额1%以下的罚款,上一年度没有销售额或者销售额难以计算的,处500万元以下的罚款。该罚款金额相比于2007年《反垄断法》的规定大幅提高,其惩罚和威慑力度也得到了加强。对于妨碍反垄断调查的个人,则由反垄断执法机构处以50万元以下的罚款。

典型案例

宁夏长燃天然气有限公司滥用市场支配地位案[1]

要旨:在宁夏市场监督管理厅对宁夏长燃天然气有限公司滥用市场支配地位案的调查过程中,当事人张某某拒不配合案件调查工作,故意隐瞒事实,提供虚假价格,并指使相关人员出具虚假证据,直接影响、阻碍了案件调查工作。2021年8月27日,宁夏市场监督管理厅依据《反垄断法》对当事人拒绝、阻碍反垄断调查行为展开调查。经查明,当事人张某某是宁夏长燃天然气有限公司违法行为的直接组织管理和实施人员,在宁夏长燃天然气有限公司滥用市场支配地位案调查中,故意隐瞒事实,提供虚假的报警器和波纹管价格、随货清单及其他票据,并在调查过程中指使波纹管供货商宁夏某工贸有限公司法定代表人王某某出具虚假的销售价格、销售清单和授权委托书,阻挠执法人员调查取证。执法机关认定,当事人的行为构成拒绝、阻碍反垄断调查的违法行为,并属于情节严重的情形,决定对当事人处以5万元罚款。

---

〔1〕 参见宁夏回族自治区市场监督管理厅宁市监处〔2022〕3号行政处罚决定书。

第六十三条 【罚款的特别威慑】违反本法规定，情节特别严重、影响特别恶劣、造成特别严重后果的，国务院反垄断执法机构可以在本法第五十六条、第五十七条、第五十八条、第六十二条规定的罚款数额的二倍以上五倍以下确定具体罚款数额。

适用要点

本条是关于罚款的特别威慑的规定，是 2022 年修改《反垄断法》时新增加的内容。

本条规定了国务院反垄断执法机构可基于威慑目的，对情节特别严重、影响特别恶劣、造成特别严重后果的垄断行为经营者加重 2～5 倍的罚款。

世界各国反垄断执法机构在制定反垄断法制裁政策时，追求的目标主要有威慑垄断行为、为受害者追回损失、惩罚违法经营者和实现效率等。这些目标并非单一或相互排斥的，有可能是多重的价值追求，但国际社会普遍将“威慑”作为最重要的目标，目的是阻止违法者再次从事同样的违法行为（具体威慑），以及劝阻其他潜在的经营者从事违法行为（一般威慑）。根据法经济学的观点，此种“威慑”并非旨在达到完全威慑，而是在执法成本和执法收益比较分析的基础上形成“最优威慑”。事实上，最优威慑的理念早已被大多数国家的反垄断法采纳运用。美国 1987 年公布的《刑事处罚量刑指南》吸收了贝克尔的犯罪经济学理论，明确惩罚应遵循最优威慑的理念。欧盟委员会在其 1999 年和 2006 年的《卡特尔罚款指南》中也确立了最优威慑原则。20 世纪 90 年代末以来，世界主要反垄断执法机构均致力于将最优威慑作为其执法活动的首要目标，并以此指导包括反垄断罚款在内的相关制裁制度的设计。

实践中，判断反垄断罚款是否足以起到威慑作用取决于两点：一是理论上反垄断法所确定的罚款金额是否足够高，能否达到预期的最优制裁效果；二是反垄断执法机构实际作出的罚款金额是否足够高。对此，我们可以通过横向比较其他国家反垄断法的实施情况来衡量我国反垄断罚款的威慑水平。垄断经营者罚款的最高限额可以通过3种方式确定：第一种是数值封顶式罚款，例如，加拿大规定的最高罚款额为2500万加元，日本规定的最高罚款额为5亿日元。第二种是通过设定销售额百分比的倍率数距式罚款，本法规定的“处上一年度销售额百分之一以上百分之十以下的罚款”即是此种方式。设置10%的处罚上限在世界各国的反垄断法中较为常见，例如，欧盟及其大部分成员方，但同时规定1%的处罚下限的做法并不多见。第三种是将上述两种方式组合并，择其高者，例如在爱尔兰，可以罚款上一年销售额的10%或400万欧元中的较大者。各国立法对“销售额”的不同解释使罚款的最高额存在很大差异。为了增加罚款额度以实现威慑，欧盟将“销售额”定义为垄断经营者及其所属的全球集团公司在相关营业年度的总销售额。另一些国家则是将“销售额”定义为垄断所涉相关市场的销售额，包括“相关销售额”、“受影响销售价值”和/或“受影响商业价值”等对应概念，当然，罚款的量化不仅仅基于受影响的销售额，执法机构还会考虑包括违法的严重程度、违法行为持续时间等其他因素，通过必要的自由裁量权以确定罚款数额。我国《反垄断法》中的“上一年度销售额”既是罚款基数，也是罚款上限的确定依据，但立法未明确其具体内涵，导致在实践中对“销售额”的认识不一致，具体有“涉案销售额”“中国境内涉案产品(市场)销售额”“相关销售额”等多种解释，但总体上是作限定性的解释，这使罚款数额差距很大，存在不确定性，理论上的最高罚款也不具备足够的严厉性，很难对潜在的违法者实现有效威慑。从作出罚款的实践来看，尽管近年来我国反垄断执法机构加大执法力度，反垄断罚款额度也屡创新高，但罚款比例普遍偏低，罚款额度并不严厉，无论从单个案件的罚款数额来看还是从总体的罚款水平来看，与欧盟、美国等其他反垄断司法辖区都相去甚远。特别是在单处罚款，不并处没收违法所得的情况下，违法者的违法成本低，易产生威慑不足的问题。

因此，为了增强我国反垄断罚款的威慑力，2022 年修改《反垄断法》时新增本条规定，在原来设定的罚款限额的基础上，对情节特别严重、影响特别恶劣、造成特别严重后果的垄断行为，可以加重 2 倍以上 5 倍以下的罚款，这大幅提高了理论上反垄断法的最高罚款金额，增强了威慑力。但考虑到该项规定可能在实践中因过度适用造成较为严重的后果，本条规定，仅有国务院反垄断执法机构可以行使特别威慑罚款的权力。此外，为了实现法律的稳定性和可预期性，该条中的"情节特别严重、影响特别恶劣、造成特别严重后果"具体包括哪些情形，应当由国务院反垄断委员会通过制定反垄断罚款指南等方式予以明确，从而避免执法机构自由裁量权的恣意。

第六十四条 【违法经营者的信用记录】经营者因违反本法规定受到行政处罚的，按照国家有关规定记入信用记录，并向社会公示。

适用要点

本条是关于违法经营者的信用记录的规定，是 2022 年修改《反垄断法》时新增加的内容。

近年来，为了规范社会信用监督管理，推进社会信用体系建设，提高社会诚信意识和信用水平，将经营者的违法信息记入信用记录的做法在多部法律、法规中得到积极运用。2022 年修改《反垄断法》时新增本条规定，对于因违反本法规定受到行政处罚的经营者，将按照国家有关规定记入信用记录，并向社会公示。由于企业的信用状况深刻地影响着企业的方方面面，譬如用于商业贷款以及招标、审计等诸多经济活动，并可能对企业的声誉产生重要影响，因此，该条规定实际上进一步提高了经营者实施垄断行为的法律成本，并构成一项重要的法律责任。

第六十五条　【行政复议和行政诉讼】对反垄断执法机构依据本法第三十四条、第三十五条作出的决定不服的，可以先依法申请行政复议；对行政复议决定不服的，可以依法提起行政诉讼。

对反垄断执法机构作出的前款规定以外的决定不服的，可以依法申请行政复议或者提起行政诉讼。

条文对照

2007年《反垄断法》	2022年《反垄断法》
第五十三条　对反垄断执法机构依据本法**第二十八条、第二十九条**作出的决定不服的，可以先依法申请行政复议；对行政复议决定不服的，可以依法提起行政诉讼。 对反垄断执法机构作出的前款规定以外的决定不服的，可以依法申请行政复议或者提起行政诉讼。	**第六十五条**　对反垄断执法机构依据本法**第三十四条、第三十五条**作出的决定不服的，可以先依法申请行政复议；对行政复议决定不服的，可以依法提起行政诉讼。 对反垄断执法机构作出的前款规定以外的决定不服的，可以依法申请行政复议或者提起行政诉讼。

适用要点

本条是关于行政相对人对反垄断执法机构的行政决定不服的行政救济途径的规定，包括行政复议和行政诉讼。

反垄断执法机构对经营者的垄断行为作出处理决定后，经营者应当执行，但如果经营者认为该决定与事实不符或者适用法律不当，本法也为其提供多种的救济途径。根据《行政复议法》和《行政诉讼法》的规定，公民、法人或者其他组织认为具体行政行为侵犯其合法权益的，有权向行政机关提出行政复议申请，也有权向人民法院提起行政诉讼。反垄断执法机构依据本法作出的决定属于具体行政行为，行政相对人对反垄断执法机构的行政决定不服的，可寻求行政复议、行政诉讼的救济途径。本条第 1 款规定了当事人若对反垄断执法机构就经营者集中问题作出的决定不服，应先申请行政复议，对行政复议决定不服的再提起行政诉讼，这实际上是行政复议前置的规定。第 2 款规定了当事人若对反垄断执法机构就经营者集中以外的事项作出的决定不服，可以自由选择申请行政复议或提起行政诉讼，这实际上是行政复议和行政诉讼并行的规定。由于本条没有明确规定行政复议申请人以及行政诉讼原告的资格问题，因此可以视为申请行政复议的申请人和提起行政诉讼的原告的资格均适用我国《行政复议法》和《行政诉讼法》的有关规定。

典型案例

海南裕泰公司诉海南省物价局行政处罚案[1]

要旨：再审申请人海南裕泰公司因诉海南省物价局行政处罚案，不服海南省高级人民法院于 2017 年 12 月 11 日作出的(2017)琼行终 1180 号行政判决，向最高人民法院申请再审。根据一审、二审查明的事实，海南省物价局对裕泰公司的反垄断调查从开始调查至作出处罚决定的整个过程，符合《反垄断法》《反价格垄断行政执法程序规定》等相关法律、法规的规定，认定事实清楚，适用法律正确，程序合法，应

[1] 参见中华人民共和国最高人民法院(2018)最高法行申 4675 号行政裁定书。

予维持。二审撤销一审判决,驳回裕泰公司的诉讼请求,最高人民法院予以支持,裕泰公司对海南省物价局作出行政处罚的程序并无异议,其再审申请理由主要是海南省物价局作出的5号处罚决定是否有法律依据和事实根据,即裕泰公司与经销商签订的合同是否构成纵向垄断协议。最高人民法院审查认为,《反垄断法》中除了"其他垄断协议"需要由国务院反垄断执法机构认定,固定向第三人转售商品的价格及限定向第三人转售商品的最低价格这两种协议,一般情况下本身就属于垄断协议,反垄断执法机构无需对该协议是否符合"排除、限制竞争"这一构成要件承担举证责任,但这种认定是可以由经营者通过提交证据进行抗辩予以推翻的。

第六十六条 【执法人员的违法责任】反垄断执法机构工作人员滥用职权、玩忽职守、徇私舞弊或者泄露执法过程中知悉的商业秘密、个人隐私和个人信息的,依法给予处分。

条文对照

2007年《反垄断法》	2022年《反垄断法》
第五十四条 反垄断执法机构工作人员滥用职权、玩忽职守、徇私舞弊或者泄露执法过程中知悉的商业秘密,**构成犯罪的,依法追究刑事责任;尚不构成犯罪的,**依法给予处分。	**第六十六条** 反垄断执法机构工作人员滥用职权、玩忽职守、徇私舞弊或者泄露执法过程中知悉的商业秘密、**个人隐私和个人信息的,**依法给予处分。

适用要点

本条是关于反垄断执法人员的违法责任的规定。

根据本条规定，反垄断执法机构的工作人员在行政执法过程中应遵守相关法律规定，依法执法、文明执法，当存在以下违法行为时，应受到相应的处分。

第一，滥用职权行为。这是指反垄断执法机构的工作人员超出法律、法规赋予的职权，决定或者处理无权处理的事项，致使公共财产、国家利益或者个人利益遭受损失的行为。既包括反垄断执法机构的工作人员非法行使本人职务范围内的权力，也包括超越其职权范围而实施的有关行为。

第二，玩忽职守行为。这是指反垄断执法机构的工作人员怠于履行法定职责，或者不认真履行法定职责，致使公共财产、国家利益或者个人利益遭受损失的行为。

第三，徇私舞弊行为。这是指反垄断执法机构的工作人员在执法过程中，为私情、私利等，故意违背事实和法律，该为不为，不该为而为之，或者枉法作出处理，致使公共财产、国家利益或者个人利益遭受损失的行为。

第四，泄露执法过程中知悉的商业秘密、个人隐私和个人信息的行为。商业秘密，是指不为公众所知悉，能为权利人带来经济利益并经权利人采取保密措施的技术信息、经营信息等商业信息。个人隐私，是指公民个人生活中不愿为他人公开或知悉的秘密，且这一秘密与其他人及社会利益无关。个人信息，是指以电子或者其他方式记录的与已识别或者可识别的自然人有关的各种信息，不包括匿名化处理后的信息。反垄断执法机构的工作人员在执法过程中因工作需要可以知悉经营者的商业秘密、个人隐私和个人信息，但是不得对外泄露。

第六十七条　【刑事责任】违反本法规定，构成犯罪的，依法追究刑事责任。

适用要点

本条是关于垄断行为的刑事责任的规定，是2022年修改《反垄断法》时新增加的内容。

2007年《反垄断法》对包括垄断协议在内的垄断行为没有规定刑事责任，仅在《刑法》中对作为垄断协议的一种特殊形式的串通招标投标行为规定了刑事责任。根据《刑法》第223条和第231条关于扰乱市场秩序罪的规定，投标人相互串通投标报价，损害招标人或者其他投标人利益，情节严重的，处3年以下有期徒刑或者拘役，并处或者单处罚金；投标人与招标人串通投标，损害国家、集体、公民的合法利益的，依照前述规定处罚；单位犯本罪的，对单位判处罚金，并对其直接负责的主管人员和其他直接责任人员，依照前述规定处罚。实际上，在2007年《反垄断法》制定之前，关于是否要引入垄断行为的刑事责任问题，曾经历了激烈的讨论。2004年2月26日，在商务部向国务院报请审议《反垄断法(送审稿)》中，分别规定了垄断协议、滥用市场支配地位行为、具体行政垄断行为、抽象行政垄断行为的刑事责任，其在相关条文的表述分别是“实施垄断行为构成犯罪的，依法追究刑事责任”“实施垄断行为构成犯罪的，依法追究刑事责任”“实施限制竞争行为构成犯罪的，依法追究刑事责任”“实施垄断行为构成犯罪的，依法追究刑事责任”。2005年9月14日国务院出台的《反垄断法(修改稿)》对送审稿的刑事责任规定作出了较大调整，取消了原来的分散规定，专门集中一个条文对刑事责任问题作简化规定，该修改稿第54条规定，“违反本法规定的行为，构成犯罪的，依法追究刑事责任”。2006年6月24日至29日，第十届全国人民代表大会常务委员会第二十二次会议审议的《反垄断法草案(第一次审议稿)》有关刑事责任的规定对国务院修改稿的规定变动不大，其第49条规定，“经营者实施垄断行为，给他人造成损失的，依法承担民事责任；构成犯罪的，依法追究刑事责任”。2007年6月24日至29日，第十届全国人民代表大会常务委员会第二十八次会议第二次审议《反垄断法草案》时，有关反垄断刑事责任的条文被取消了。2007 年 8 月 30 日，全国人民代表大会常务委员会通过的《反垄断法》取消了原来送审稿、修改稿和全国人民代表大会常务委员会一审稿中的有关刑事责任的规定。

在此次启动《反垄断法》修改工作的过程中，关于是否要引入刑事责任规定再次成为争议焦点。在最终通过的 2022 年《反垄断法》中，第 67 条正式确定了垄断行为的刑事责任，即“违反本法规定，构成犯罪的，依法追究刑事责任”。这意味着我国《反垄断法》正式确立了行政、民事和刑事三位一体的法律责任体系。但根据《刑法》的罪刑法定原则，究竟何种垄断行为构成刑事违法，以及需要承担何种刑事责任，尚需《刑法》的进一步明确。从这个意义上说，2022 年修改《反垄断法》时引入刑事责任，为将来与《刑法》相关罪名的对接预留了“窗口”，但在此之前，除串通招标投标行为、构成妨害公务罪的妨碍反垄断调查行为等，经营者的其他垄断行为暂时还无法受到刑事制裁。需注意的是，即使我国《反垄断法》引入了刑事制裁制度，我们也不应“神化”反垄断的刑事规定。反垄断的刑事责任应有其限度，其措施、手段的运用应进行科学合理的安排，以期与行政责任和民事责任共同达到整体的最优威慑效果。

第八章　附　　则

第六十八条　【反垄断和知识产权保护】经营者依照有关知识产权的法律、行政法规规定行使知识产权的行为，不适用本法；但是，经营者滥用知识产权，排除、限制竞争的行为，适用本法。

条文对照

2007年《反垄断法》	2022年《反垄断法》
第五十五条　经营者依照有关知识产权的法律、行政法规规定行使知识产权的行为，不适用本法；但是，经营者滥用知识产权，排除、限制竞争的行为，适用本法。	**第六十八条**　经营者依照有关知识产权的法律、行政法规规定行使知识产权的行为，不适用本法；但是，经营者滥用知识产权，排除、限制竞争的行为，适用本法。

适用要点

本条是关于反垄断和知识产权保护的规定。2022年修改《反垄断法》时，本条内容无变动。

知识产权与市场竞争是一种既限制又促进的关系。知识产权与市场竞争之间的复杂关系决定了知识产权在《反垄断法》中的特殊地位。知识产权的基本特点之一是专有性。该专有性在本质上是一种合法的垄断权，即其正常合法的行使不应受到本法的限制。但应当注意，如果经营者超出法律允许的范围，滥用知识产权排除、限制竞争，则应当受到本法的规制。

一、合法行使知识产权行为的排除适用

知识产权作为特定主体对其创造的成果依法享有的专有权，目的在于以利益驱动机制刺激知识创造活动的持续进行，促进科学技术的进步与发展。一方面，知识产权是一种合法的垄断权；另一方面，知识产权对竞争又具有促进作用。反垄断与保护知识产权具有共同的价值目标，即保护竞争和激励创新，提高经济运行效率，维护消费者利益和社会公共利益。正当合法地行使知识产权的行为，受到《专利法》等知识产权法律的保护，是国家鼓励创新的必要代价。因此，知识产权的合法行使行为原则上不适用本法。

二、《反垄断法》对滥用知识产权行为的规制

《反垄断法》与知识产权的冲突不是由知识产权本身引起的，而是由知识产权的具体行使行为引起的。当知识产权的权利人在行使其权利时超出了法律允许的范围或正当的界限，则构成了知识产权的滥用。滥用知识产权并不当然是垄断行为引起的，只有排除、限制市场竞争的滥用知识产权行为才受到《反垄断法》的规制。本条是对《反垄断法》和知识产权之间关系的原则性规定，主要体现的是宣示性和说明性的意义。但反垄断执法实践中所遇到的竞争问题十分复杂，因此需要制定具有法律性质的规章或指导性质的指南，为执法机构的执法行为和经营者的市场行为提供指引。国家市场监督管理总局于 2020 年 10 月修订公布的《关于禁止滥用知识产权排除、限制竞争行为的规定》和国务院反垄断委员会于 2019 年印发的《关于知识产权领域的反垄断指南》是对我国既有知识产权领域反垄断执法经验的总结，是对

未来执法活动和市场行为的指引，有利于反垄断与保护知识产权的协调发展。

滥用知识产权排除、限制竞争不是一种单独的垄断行为类型，根据其行为的具体表现形式，可以分为垄断协议、滥用市场支配地位以及具有或者可能具有排除、限制竞争效果的经营者集中等垄断情形。《关于知识产权领域的反垄断指南》第2章对联合研发、交叉许可、排他性回授和独占性回授、不质疑条款、标准制定、其他限制以及安全港规则等可能影响竞争的知识产权协议行为进行了界定。该指南第3章澄清了知识产权与市场支配地位的关系，明确经营者拥有知识产权不意味着必然具有市场支配地位，并分别对以不公平的高价许可知识产权，拒绝许可知识产权，涉及知识产权的搭售、附加不合理交易条件、差别待遇等行为进行了分析。该指南第4章对涉及知识产权的经营者集中审查和涉及知识产权的限制性条件类型、结构性条件、行为性条件、综合性条件等问题进行了具体规定。此外，该指南第5章还对涉及知识产权的其他情形作出了规定，包括专利联营、标准必要专利涉及的特殊问题和著作权集体管理等。

总之，《关于知识产权领域的反垄断指南》既确立了知识产权领域的反垄断分析原则和思路，又明确了涉及知识产权的垄断行为的具体认定规则，具有较强的可操作性。保护知识产权以激励创新和实施反垄断法以维护竞争都是世界各国并行不悖的政策选择，二者需要良好的协调。在知识产权领域进行反垄断执法应当把握好尺度，通过对滥用知识产权排除、限制竞争的垄断行为依法予以规制，实现竞争与创新的平衡。

典型案例

华为技术有限公司与交互数字技术公司滥用市场支配地位纠纷案〔1〕

要旨：在知识产权与技术标准相结合的情况下，产品制造商要生产符合标准的产品，需使用必要专利，必要专利的专利权人因而具有市场支配地位。交互数字技术公司作为涉案的必要专利许可市场唯一的供给方，完全具有阻碍或者影响其他经营者进入相关市场的能力。交互数字技术公司在具有市场支配地位的同时，以不公平的高价销售专利技术产品，并且将其他专利与标准必要专利捆绑搭售给华为公司，属于滥用市场支配地位的行为。

实用小贴士

关于滥用知识产权排除、限制竞争行为的分析思路

根据国务院反垄断委员会发布的《关于知识产权领域的反垄断指南》第3条，分析经营者是否滥用知识产权排除、限制竞争，通常遵循以下思路：(1)分析行为的特征和表现形式。经营者滥用知识产权排除、限制竞争的行为，可能是行使知识产权的行为，也可能是与行使知识产权相关的行为。通常根据经营者行为的特征和表现形式，分析可能构成的垄断行为。(2)界定相关市场。界定相关市场，通常遵循相关市场界定的基本依据和一般方法，同时考虑知识产权的特殊性。(3)分析行为对市场竞争产生的排除、限制影响。分析行为对市场竞争产生的排除、限制影响，通常需要结合市场竞争状况，对具体行为进行分析。(4)分析行为对创新和效率的积极影响。经营者行为对创新和效率可能产生积极影响，包括促进技术的传播利用、提高资源的利用效率等。

〔1〕 参见广东省高级人民法院(2013)粤高法民三终字第306号民事判决书。

第六十九条　【农业生产经营活动的除外适用】农业生产者及农村经济组织在农产品生产、加工、销售、运输、储存等经营活动中实施的联合或者协同行为,不适用本法。

条文对照

2007 年《反垄断法》	2022 年《反垄断法》
第五十六条　农业生产者及农村经济组织在农产品生产、加工、销售、运输、储存等经营活动中实施的联合或者协同行为,不适用本法。	**第六十九条**　农业生产者及农村经济组织在农产品生产、加工、销售、运输、储存等经营活动中实施的联合或者协同行为,不适用本法。

适用要点

本条是关于农业生产经营活动的除外适用的规定。2022 年修改《反垄断法》时,本条内容无变动。

本法不仅禁止或者限制非法垄断,同时也允许和保护合法垄断。出于政策考虑,对特定行业、特定组织或者特定行为不适用本法的法律制度被称为本法的除外适用。除外适用的对象主要涉及对维护本国整体经济利益和社会公共利益具有重大意义的行业或领域,以及对市场竞争关系影响不大但对社会公共利益有益的限制竞争行为。

农业是国民经济的基础产业,也是国民经济的弱势产业。从整体来看,我国农业发展水平不均,农业生产经营活动具有规模小、地域分散、受土地和气候等自然因素影响大、供需弹性小、人民需求依赖性强等特点。农业的这些特点决定了农业生产始终存在风险,农业领域的竞争必须维持在一个适当的程度,过分竞争可能不利于农业经济的发展和农民利益的保护,并直接影响人民的基本生活需求。然而,和发达国家相比,我国的农业基础较为薄弱。随着经济贸易全球化的不断发展,我国农业面临着进口农产品的严重冲击,国家应当采取多种措施对农业生产经营活动加以扶持和保护。因此,借鉴国外立法经验,本法规定,农业生产经营活动可以排除适用本法。

根据本条规定,农业生产者及农村经济组织在农产品生产、加工、销售、运输、储存等经营活动中实施的联合或者协同行为,不适用本法。农业,是指种植业、林业、畜牧业和渔业等产业,包括与其直接相关的产前、产中、产后服务。农业生产者及农村经济组织,既包括农民,也包括农村集体经济组织、农民专业合作经济组织、农业企业和其他从事农业生产经营的组织。在适用本条时应当注意,除外适用的主体是农业生产者和农村经济组织,排除适用的行为范围限于农产品生产、加工、销售、运输、储存等经营活动中实施的联合和协同行为。除此之外,其他主体或者上述主体所实施的其他排除、限制竞争的垄断行为,例如滥用其市场支配地位排除、限制竞争的行为,仍应受到本法的规制。

第七十条 【施行日期】本法自2008年8月1日起施行。

条文对照

2007年《反垄断法》	2022年《反垄断法》
第五十七条 本法自2008年8月1日起施行。	**第七十条** 本法自2008年8月1日起施行。

适用要点

本条是关于本法施行日期的规定。2022 年修改《反垄断法》时，本条内容无变动。

法律的时间效力，是指法律的生效和失效时间，以及法律对其颁布实施以前的时间有无溯及力的问题。法律生效的时间，是指法律从何时开始产生约束力。《立法法》第 57 条规定："法律应当明确规定施行日期。"

法律的生效时间主要有以下 4 种情形：(1)法律明文规定该法的生效时间与其颁布时间相同。(2)法律文件中明文规定该法的生效时间，但所规定的生效时间晚于法律的颁布时间，其目的在于做好法律实施前的准备工作。(3)法律文件中没有明文规定生效时间，按惯例自颁布之日起生效。(4)法律颁布之后先试行一段时间，通过试行发现法律的缺陷或不足，以便立法机关进行补充修改，再通过法定程序制定为正式的法律文件公布实施。在试行期间，试行法律与正式法律具有同等的法律效力。

2007 年 8 月 30 日第十届全国人民代表大会常务委员会第二十九次会议通过《反垄断法》，自 2008 年 8 月 1 日起施行。《反垄断法》施行以来，我国行政执法和人民法院审结了大量案件，反垄断执法能力、执法水平与执法经验均有显著提升。但随着反垄断执法的常态化和深入发展，本法存在的问题日益凸显，需要对其进行与时俱进的必要修改与完善。2021 年 10 月 19 日，第十三届全国人民代表大会常务委员会第三十一次会议对《反垄断法(修正草案)》进行了审议，并于 2021 年 10 月 23 日向社会公开征求意见。2022 年 6 月 24 日，第十三届全国人民代表大会常务委员会第三十五次会议通过《关于修改〈中华人民共和国反垄断法〉的决定》，修正内容自 2022 年 8 月 1 日起施行。

本条规定了法律的生效日期，但未规定法律的溯及力。《立法法》

第 93 条规定："法律、行政法规、地方性法规、自治条例和单行条例、规章不溯及既往，但为了更好地保护公民、法人和其他组织的权利和利益而作的特别规定除外。"根据该规定，本法亦采用从旧兼从轻的原则，2022 年《反垄断法》对其颁布施行前的行为，原则上没有追溯的效力。

附　录

国务院关于经营者集中申报标准的规定

（2008 年 8 月 3 日国务院令第 529 号公布　根据 2018 年 9 月 18 日国务院令第 703 号《关于修改部分行政法规的决定》修订）

第一条　为了明确经营者集中的申报标准，根据《中华人民共和国反垄断法》，制定本规定。

第二条　经营者集中是指下列情形：

（一）经营者合并；

（二）经营者通过取得股权或者资产的方式取得对其他经营者的控制权；

（三）经营者通过合同等方式取得对其他经营者的控制权或者能够对其他经营者施加决定性影响。

第三条　经营者集中达到下列标准之一的，经营者应当事先向国务院反垄断执法机构申报，未申报的不得实施集中：

（一）参与集中的所有经营者上一会计年度在全球范围内的营业额合计超过 100 亿元人民币，并且其中至少两个经营者上一会计年度在中国境内的营业额均超过 4 亿元人民币；

（二）参与集中的所有经营者上一会计年度在中国境内的营业额合计超过 20 亿元人民币，并且其中至少两个经营者上一会计年度在中国境内的营业额均超过 4 亿元人民币。

营业额的计算，应当考虑银行、保险、证券、期货等特殊行业、领域的实际情况，具体办法由国务院反垄断执法机构会同国务院有关部门制定。

第四条　经营者集中未达到本规定第三条规定的申报标准，但按照规定程序收集的事实和证据表明该经营者集中具有或者可能具有排除、限制竞争效果的，国务院反垄断执法机构应当依法进行调查。

第五条　本规定自公布之日起施行。

制止滥用行政权力排除、限制竞争行为暂行规定

（2019 年 6 月 26 日国家市场监督管理总局令
第 12 号公布　自 2019 年 9 月 1 日起施行）

第一条　为了预防和制止滥用行政权力排除、限制竞争行为，根据《中华人民共和国反垄断法》（以下简称反垄断法），制定本规定。

第二条　国家市场监督管理总局（以下简称市场监管总局）负责滥用行政权力排除、限制竞争行为的反垄断执法工作。

市场监管总局根据反垄断法第十条第二款规定，授权各省、自治区、直辖市人民政府市场监督管理部门（以下统称省级市场监管部门）负责本行政区域内滥用行政权力排除、限制竞争行为的反垄断执法工作。

本规定所称反垄断执法机构包括市场监管总局和省级市场监管部门。

第三条　市场监管总局负责对下列滥用行政权力排除、限制竞争行为进行调查，提出依法处理的建议（以下简称查处）：

（一）在全国范围内有影响的；

（二）省级人民政府实施的；

（三）案情较为复杂或者市场监管总局认为有必要直接查处的。

前款所列的滥用行政权力排除、限制竞争行为,市场监管总局可以指定省级市场监管部门查处。

省级市场监管部门查处滥用行政权力排除、限制竞争行为时,发现不属于本部门查处范围,或者虽属于本部门查处范围,但有必要由市场监管总局查处的,应当及时向市场监管总局报告。

第四条 行政机关和法律、法规授权的具有管理公共事务职能的组织不得滥用行政权力,实施下列行为,限定或者变相限定单位或者个人经营、购买、使用其指定的经营者提供的商品和服务(以下统称商品):

(一)以明确要求、暗示、拒绝或者拖延行政审批、重复检查、不予接入平台或者网络等方式,限定或者变相限定经营、购买、使用特定经营者提供的商品;

(二)通过限制投标人所在地、所有制形式、组织形式等方式,限定或者变相限定经营、购买、使用特定投标人提供的商品;

(三)没有法律、法规依据,通过设置项目库、名录库等方式,限定或者变相限定经营、购买、使用特定经营者提供的商品;

(四)限定或者变相限定单位或者个人经营、购买、使用其指定的经营者提供的商品的其他行为。

第五条 行政机关和法律、法规授权的具有管理公共事务职能的组织不得滥用行政权力,实施下列行为,妨碍商品在地区之间的自由流通:

(一)对外地商品设定歧视性收费项目、实行歧视性收费标准,或者规定歧视性价格、实行歧视性补贴政策;

(二)对外地商品规定与本地同类商品不同的技术要求、检验标准,或者对外地商品采取重复检验、重复认证等措施,阻碍、限制外地商品进入本地市场;

(三)没有法律、法规依据,采取专门针对外地商品的行政许可、备案，或者对外地商品实施行政许可、备案时，设定不同的许可或者备案条件、程序、期限等，阻碍、限制外地商品进入本地市场；

（四）没有法律、法规依据，设置关卡、通过软件或者互联网设置屏蔽等手段，阻碍、限制外地商品进入本地市场或者本地商品运往外地市场；

（五）妨碍商品在地区之间自由流通的其他行为。

第六条 行政机关和法律、法规授权的具有管理公共事务职能的组织不得滥用行政权力，实施下列行为，排斥或者限制外地经营者参加本地的招标投标活动：

（一）不依法发布信息；

（二）明确外地经营者不能参与本地特定的招标投标活动；

（三）对外地经营者设定歧视性的资质要求或者评审标准；

（四）通过设定与招标项目的具体特点和实际需要不相适应或者与合同履行无关的资格、技术和商务条件，变相限制外地经营者参加本地招标投标活动；

（五）排斥或者限制外地经营者参加本地招标投标活动的其他行为。

第七条 行政机关和法律、法规授权的具有管理公共事务职能的组织不得滥用行政权力，实施下列行为，排斥或者限制外地经营者在本地投资或者设立分支机构：

（一）拒绝外地经营者在本地投资或者设立分支机构；

（二）没有法律、法规依据，对外地经营者在本地投资的规模、方式以及设立分支机构的地址、商业模式等进行限制；

（三）对外地经营者在本地的投资或者设立的分支机构在投资、经营规模、经营方式、税费缴纳等方面规定与本地经营者不同的要求，在安全生产、节能环保、质量标准等方面实行歧视性待遇；

（四）排斥或者限制外地经营者在本地投资或者设立分支机构的

其他行为。

第八条 行政机关和法律、法规授权的具有管理公共事务职能的组织不得滥用行政权力，强制或者变相强制经营者从事反垄断法规定的垄断行为。

第九条 行政机关不得滥用行政权力，以规定、办法、决定、公告、通知、意见、会议纪要等形式，制定、发布含有排除、限制竞争内容的市场准入、产业发展、招商引资、招标投标、政府采购、经营行为规范、资质标准等涉及市场主体经济活动的规章、规范性文件和其他政策措施。

第十条 反垄断执法机构依据职权，或者通过举报、上级机关交办、其他机关移送、下级机关报告等途径，发现涉嫌滥用行政权力排除、限制竞争行为。

第十一条 对涉嫌滥用行政权力排除、限制竞争行为，任何单位和个人有权向反垄断执法机构举报。反垄断执法机构应当为举报人保密。

第十二条 举报采用书面形式并提供相关事实和证据的，反垄断执法机构应当进行必要的调查。书面举报一般包括下列内容：

（一）举报人的基本情况；

（二）被举报人的基本情况；

（三）涉嫌滥用行政权力排除、限制竞争行为的相关事实和证据；

（四）是否就同一事实已向其他行政机关举报或者向人民法院提起诉讼。

第十三条 反垄断执法机构负责所管辖案件的受理。省级以下市场监管部门收到举报材料或者发现案件线索的，应当在 7 个工作日内将相关材料报送省级市场监管部门。

对于被举报人信息不完整、相关事实不清晰的举报，受理机关可以通知举报人及时补正。

第十四条　反垄断执法机构经过对涉嫌滥用行政权力排除、限制竞争行为的必要调查，决定是否立案。

当事人在上述调查期间已经采取措施停止相关行为，消除相关后果的，可以不予立案。

省级市场监管部门应当自立案之日起 7 个工作日内向市场监管总局备案。

第十五条　立案后，反垄断执法机构应当及时进行调查，依法向有关单位和个人了解情况，收集、调取证据。

第十六条　市场监管总局在查处涉嫌滥用行政权力排除、限制竞争行为时，可以委托省级市场监管部门进行调查。

省级市场监管部门在查处涉嫌滥用行政权力排除、限制竞争行为时，可以委托下级市场监管部门进行调查。

受委托的市场监管部门在委托范围内，以委托机关的名义进行调查，不得再委托其他行政机关、组织或者个人进行调查。

第十七条　省级市场监管部门查处涉嫌滥用行政权力排除、限制竞争行为时，可以根据需要商请相关省级市场监管部门协助调查，相关省级市场监管部门应当予以协助。

第十八条　被调查单位和个人有权陈述意见。

反垄断执法机构应当对被调查单位和个人提出的事实、理由和证据进行核实。

第十九条　经调查，反垄断执法机构认为构成滥用行政权力排除、限制竞争行为的，可以向有关上级机关提出依法处理的建议。

在调查期间，当事人主动采取措施停止相关行为，消除相关后果的，反垄断执法机构可以结束调查。

经调查，反垄断执法机构认为不构成滥用行政权力排除、限制竞争行为的，应当结束调查。

第二十条　反垄断执法机构向有关上级机关提出依法处理建议

的,应当制作行政建议书。行政建议书应当载明以下事项:

(一)主送单位名称;

(二)被调查单位名称;

(三)违法事实;

(四)被调查单位的陈述意见及采纳情况;

(五)处理建议及依据;

(六)反垄断执法机构名称、公章及日期。

前款第五项规定的处理建议应当具体、明确,可以包括停止实施有关行为、废止有关文件并向社会公开、修改文件的有关内容并向社会公开文件的修改情况等。

第二十一条 省级市场监管部门在提出依法处理的建议或者结束调查前,应当向市场监管总局报告。提出依法处理的建议后 7 个工作日内,向市场监管总局备案。

反垄断执法机构认为构成滥用行政权力排除、限制竞争行为的,依法向社会公布。

第二十二条 市场监管总局应当加强对省级市场监管部门查处滥用行政权力排除、限制竞争行为的指导和监督,统一执法标准。

省级市场监管部门应当严格按照市场监管总局相关规定查处滥用行政权力排除、限制竞争行为。

第二十三条 对反垄断执法机构依法实施的调查,当事人拒绝提供有关材料、信息,或者提供虚假材料、信息,或者隐匿、销毁、转移证据,或者有其他拒绝、阻碍调查行为的,反垄断执法机构可以向其上级机关、监察机关等反映情况。

第二十四条 反垄断执法机构工作人员滥用职权、玩忽职守、徇私舞弊或者泄露执法过程中知悉的国家秘密和商业秘密的,依照有关规定处理。

第二十五条 本规定自 2019 年 9 月 1 日起施行。2009 年 5 月 26

日原国家工商行政管理总局令第41号公布的《工商行政管理机关制止滥用行政权力排除、限制竞争行为程序规定》、2010年12月31日原国家工商行政管理总局令第55号公布的《工商行政管理机关制止滥用行政权力排除、限制竞争行为的规定》同时废止。

关于禁止滥用知识产权排除、限制竞争行为的规定

（2015年4月7日国家工商行政管理总局令第74号公布　根据2020年10月23日国家市场监督管理总局令第31号《关于修改部分规章的决定》修正）

第一条　为了保护市场公平竞争和激励创新，制止经营者滥用知识产权排除、限制竞争的行为，根据《中华人民共和国反垄断法》（以下简称《反垄断法》），制定本规定。

第二条　反垄断与保护知识产权具有共同的目标，即促进竞争和创新，提高经济运行效率，维护消费者利益和社会公共利益。

经营者依照有关知识产权的法律、行政法规规定行使知识产权的行为，不适用《反垄断法》；但是，经营者滥用知识产权，排除、限制竞争的行为，适用《反垄断法》。

第三条　本规定所称滥用知识产权排除、限制竞争行为，是指经营者违反《反垄断法》的规定行使知识产权，实施垄断协议、滥用市场支配地位等垄断行为。

本规定所称相关市场，包括相关商品市场和相关地域市场，依据《反垄断法》和《国务院反垄断委员会关于相关市场界定的指南》进行界定，并考虑知识产权、创新等因素的影响。在涉及知识产权许可等反垄断执法工作中，相关商品市场可以是技术市场，也可以是含有特

定知识产权的产品市场。相关技术市场是指由行使知识产权所涉及的技术和可以相互替代的同类技术之间相互竞争所构成的市场。

第四条 经营者之间不得利用行使知识产权的方式达成《反垄断法》第十三条、第十四条所禁止的垄断协议。但是,经营者能够证明所达成的协议符合《反垄断法》第十五条规定的除外。

第五条 经营者行使知识产权的行为有下列情形之一的,可以不被认定为《反垄断法》第十三条第一款第六项和第十四条第三项所禁止的垄断协议,但是有相反的证据证明该协议具有排除、限制竞争效果的除外:

(一)具有竞争关系的经营者在受其行为影响的相关市场上的市场份额合计不超过百分之二十,或者在相关市场上存在至少四个可以以合理成本得到的其他独立控制的替代性技术;

(二)经营者与交易相对人在相关市场上的市场份额均不超过百分之三十,或者在相关市场上存在至少两个可以以合理成本得到的其他独立控制的替代性技术。

第六条 具有市场支配地位的经营者不得在行使知识产权的过程中滥用市场支配地位,排除、限制竞争。

市场支配地位根据《反垄断法》第十八条和第十九条的规定进行认定和推定。经营者拥有知识产权可以构成认定其市场支配地位的因素之一,但不能仅根据经营者拥有知识产权推定其在相关市场上具有市场支配地位。

第七条 具有市场支配地位的经营者没有正当理由,不得在其知识产权构成生产经营活动必需设施的情况下,拒绝许可其他经营者以合理条件使用该知识产权,排除、限制竞争。

认定前款行为需要同时考虑下列因素:

(一)该项知识产权在相关市场上不能被合理替代,为其他经营者参与相关市场的竞争所必需;

（二）拒绝许可该知识产权将会导致相关市场上的竞争或者创新受到不利影响，损害消费者利益或者公共利益；

（三）许可该知识产权对该经营者不会造成不合理的损害。

第八条　具有市场支配地位的经营者没有正当理由，不得在行使知识产权的过程中，实施下列限定交易行为，排除、限制竞争：

（一）限定交易相对人只能与其进行交易；

（二）限定交易相对人只能与其指定的经营者进行交易。

第九条　具有市场支配地位的经营者没有正当理由，不得在行使知识产权的过程中，实施同时符合下列条件的搭售行为，排除、限制竞争：

（一）违背交易惯例、消费习惯等或者无视商品的功能，将不同商品强制捆绑销售或者组合销售；

（二）实施搭售行为使该经营者将其在搭售品市场的支配地位延伸到被搭售品市场，排除、限制了其他经营者在搭售品或者被搭售品市场上的竞争。

第十条　具有市场支配地位的经营者没有正当理由，不得在行使知识产权的过程中，实施下列附加不合理限制条件的行为，排除、限制竞争：

（一）要求交易相对人将其改进的技术进行独占性的回授；

（二）禁止交易相对人对其知识产权的有效性提出质疑；

（三）限制交易相对人在许可协议期限届满后，在不侵犯知识产权的情况下利用竞争性的商品或者技术；

（四）对保护期已经届满或者被认定无效的知识产权继续行使权利；

（五）禁止交易相对人与第三方进行交易；

（六）对交易相对人附加其他不合理的限制条件。

第十一条　具有市场支配地位的经营者没有正当理由，不得在行使知识产权的过程中，对条件相同的交易相对人实行差别待遇，排除、限制竞争。

第十二条 经营者不得在行使知识产权的过程中，利用专利联营从事排除、限制竞争的行为。

专利联营的成员不得利用专利联营交换产量、市场划分等有关竞争的敏感信息，达成《反垄断法》第十三条、第十四条所禁止的垄断协议。但是，经营者能够证明所达成的协议符合《反垄断法》第十五条规定的除外。

具有市场支配地位的专利联营管理组织没有正当理由，不得利用专利联营实施下列滥用市场支配地位的行为，排除、限制竞争：

（一）限制联营成员在联营之外作为独立许可人许可专利；

（二）限制联营成员或者被许可人独立或者与第三方联合研发与联营专利相竞争的技术；

（三）强迫被许可人将其改进或者研发的技术独占性地回授给专利联营管理组织或者联营成员；

（四）禁止被许可人质疑联营专利的有效性；

（五）对条件相同的联营成员或者同一相关市场的被许可人在交易条件上实行差别待遇；

（六）国家市场监督管理总局认定的其他滥用市场支配地位行为。

本规定所称专利联营，是指两个或者两个以上的专利权人通过某种形式将各自拥有的专利共同许可给第三方的协议安排。其形式可以是为此目的成立的专门合资公司，也可以是委托某一联营成员或者某独立的第三方进行管理。

第十三条 经营者不得在行使知识产权的过程中，利用标准（含国家技术规范的强制性要求，下同）的制定和实施从事排除、限制竞争的行为。

具有市场支配地位的经营者没有正当理由，不得在标准的制定和实施过程中实施下列排除、限制竞争行为：

（一）在参与标准制定的过程中，故意不向标准制定组织披露其权利信息，或者明确放弃其权利，但是在某项标准涉及该专利后却对该标准的实施者主张其专利权。

（二）在其专利成为标准必要专利后，违背公平、合理和无歧视原则，实施拒绝许可、搭售商品或者在交易时附加其他的不合理交易条件等排除、限制竞争的行为。

本规定所称标准必要专利，是指实施该项标准所必不可少的专利。

第十四条　经营者涉嫌滥用知识产权排除、限制竞争行为的，反垄断执法机构依据《反垄断法》和《禁止垄断协议暂行规定》、《禁止滥用市场支配地位行为暂行规定》进行调查。

本规定所称反垄断执法机构包括国家市场监督管理总局和各省、自治区、直辖市市场监督管理部门。

第十五条　分析认定经营者涉嫌滥用知识产权排除、限制竞争行为，可以采取以下步骤：

（一）确定经营者行使知识产权行为的性质和表现形式；

（二）确定行使知识产权的经营者之间相互关系的性质；

（三）界定行使知识产权所涉及的相关市场；

（四）认定行使知识产权的经营者的市场地位；

（五）分析经营者行使知识产权的行为对相关市场竞争的影响。

分析认定经营者之间关系的性质需要考虑行使知识产权行为本身的特点。在涉及知识产权许可的情况下，原本具有竞争关系的经营者之间在许可合同中是交易关系，而在许可人和被许可人都利用该知识产权生产产品的市场上则又是竞争关系。但是，如果当事人之间在订立许可协议时不是竞争关系，在协议订立之后才产生竞争关系的，则仍然不视为竞争者之间的协议，除非原协议发生实质性的变更。

第十六条 分析认定经营者行使知识产权的行为对竞争的影响，应当考虑下列因素：

（一）经营者与交易相对人的市场地位；

（二）相关市场的市场集中度；

（三）进入相关市场的难易程度；

（四）产业惯例与产业的发展阶段；

（五）在产量、区域、消费者等方面进行限制的时间和效力范围；

（六）对促进创新和技术推广的影响；

（七）经营者的创新能力和技术变化的速度；

（八）与认定行使知识产权的行为对竞争影响有关的其他因素。

第十七条 经营者滥用知识产权排除、限制竞争的行为构成垄断协议的，由反垄断执法机构责令停止违法行为，没收违法所得，并处上一年度销售额百分之一以上百分之十以下的罚款；尚未实施所达成的垄断协议的，可以处五十万元以下的罚款。

经营者滥用知识产权排除、限制竞争的行为构成滥用市场支配地位的，由反垄断执法机构责令停止违法行为，没收违法所得，并处上一年度销售额百分之一以上百分之十以下的罚款。

反垄断执法机构确定具体罚款数额时，应当考虑违法行为的性质、情节、程度、持续的时间等因素。

第十八条 本规定由国家市场监督管理总局负责解释。

第十九条 本规定自 2015 年 8 月 1 日起施行。

经营者集中审查暂行规定

（2020年10月23日国家市场监督管理总局令第30号公布　根据2022年3月24日《国家市场监督管理总局关于修改和废止部分规章的决定》修正）

第一章　总　则

第一条　为规范经营者集中反垄断审查工作，根据《中华人民共和国反垄断法》（以下简称反垄断法）和《国务院关于经营者集中申报标准的规定》，制定本规定。

第二条　国家市场监督管理总局（以下简称市场监管总局）负责经营者集中反垄断审查工作，并对违法实施的经营者集中进行调查处理。

市场监管总局根据工作需要，可以委托省、自治区、直辖市市场监管部门实施经营者集中审查。

第三条　本规定所称经营者集中，是指反垄断法第二十条所规定的下列情形：

（一）经营者合并；

（二）经营者通过取得股权或者资产的方式取得对其他经营者的控制权；

（三）经营者通过合同等方式取得对其他经营者的控制权或者能够对其他经营者施加决定性影响。

第四条　判断经营者是否通过交易取得对其他经营者的控制权或者能够对其他经营者施加决定性影响，应当考虑下列因素：

（一）交易的目的和未来的计划；

（二）交易前后其他经营者的股权结构及其变化；

（三）其他经营者股东大会的表决事项及其表决机制，以及其历史出席率和表决情况；

（四）其他经营者董事会或者监事会的组成及其表决机制；

（五）其他经营者高级管理人员的任免等；

（六）其他经营者股东、董事之间的关系，是否存在委托行使投票权、一致行动人等；

（七）该经营者与其他经营者是否存在重大商业关系、合作协议等；

（八）其他应当考虑的因素。

第五条 市场监管总局开展经营者集中反垄断审查工作时，应当平等对待所有经营者。

第二章 经营者集中申报

第六条 经营者集中达到国务院规定的申报标准（以下简称申报标准）的，经营者应当事先向市场监管总局申报，未申报的不得实施集中。

经营者集中未达到申报标准，但按照规定程序收集的事实和证据表明该经营者集中具有或者可能具有排除、限制竞争效果的，市场监管总局应当依法进行调查。

第七条 营业额包括相关经营者上一会计年度内销售产品和提供服务所获得的收入，扣除相关税金及附加。

第八条 参与集中的经营者的营业额，应当为该经营者以及申报时与该经营者存在直接或者间接控制关系的所有经营者的营业额总和，但是不包括上述经营者之间的营业额。

经营者取得其他经营者的组成部分时，出让方不再对该组成部分拥有控制权或者不能施加决定性影响的，目标经营者的营业额仅包括该组成部分的营业额。

参与集中的经营者之间或者参与集中的经营者和未参与集中的经营者之间有共同控制的其他经营者时，参与集中的经营者的营业额应当包括被共同控制的经营者与第三方经营者之间的营业额，且此营业额只计算一次。

金融业经营者营业额的计算，按照金融业经营者集中申报营业额计算相关规定执行。

第九条　相同经营者之间在两年内多次实施的未达到申报标准的经营者集中，应当视为一次集中，集中时间从最后一次交易算起，参与集中的经营者的营业额应当将多次交易合并计算。经营者通过与其有控制关系的其他经营者实施上述行为，依照本规定处理。

前款所称两年内是指从第一次交易完成之日起至最后一次交易签订协议之日止的期间。

第十条　市场监管总局加强对经营者集中申报的指导。在正式申报前，经营者可以以书面方式就集中申报事宜向市场监管总局提出商谈的具体问题。

第十一条　通过合并方式实施的经营者集中，合并各方均为申报义务人；其他情形的经营者集中，取得控制权或者能够施加决定性影响的经营者为申报义务人，其他经营者予以配合。

同一项经营者集中有多个申报义务人的，可以委托一个申报义务人申报。被委托的申报义务人未申报的，其他申报义务人不能免除申报义务。申报义务人未申报的，其他参与集中的经营者可以提出申报。

申报人可以自行申报，也可以依法委托他人代理申报。

第十二条　申报文件、资料应当包括如下内容：

（一）申报书。申报书应当载明参与集中的经营者的名称、住所、经营范围、预定实施集中的日期，并附申报人身份证件或者注册登记文件,境外申报人还须提交当地公证机关的公证文件和相关的认证文件。委托代理人申报的,应当提交授权委托书。

(二)集中对相关市场竞争状况影响的说明。包括集中交易概况;相关市场界定;参与集中的经营者在相关市场的市场份额及其对市场的控制力;主要竞争者及其市场份额;市场集中度;市场进入;行业发展现状;集中对市场竞争结构、行业发展、技术进步、国民经济发展、消费者以及其他经营者的影响;集中对相关市场竞争影响的效果评估及依据。

(三)集中协议。包括各种形式的集中协议文件,如协议书、合同以及相应的补充文件等。

(四)参与集中的经营者经会计师事务所审计的上一会计年度财务会计报告。

(五)市场监管总局要求提交的其他文件、资料。

申报人应当对申报文件、资料的真实性负责。

第十三条 申报人应当对申报文件、资料中的商业秘密、未披露信息或者保密商务信息进行标注,并且同时提交申报文件、资料的公开版本和保密版本。申报文件、资料应当使用中文。

第十四条 市场监管总局应当对申报人提交的文件、资料进行核查,发现申报文件、资料不完备的,可以要求申报人在规定期限内补交。申报人逾期未补交的,视为未申报。

第十五条 市场监管总局经核查认为申报文件、资料符合法定要求的,应当自收到完备的申报文件、资料之日予以立案并书面通知申报人。

第十六条 经营者集中未达到申报标准,参与集中的经营者自愿提出经营者集中申报,市场监管总局收到申报文件、资料后经审查认为有必要立案的,应当按照反垄断法予以立案审查并作出决定。

第十七条 符合下列情形之一的,经营者可以作为简易案件申报，市场监管总局按照简易案件程序进行审查：

（一）在同一相关市场，参与集中的经营者所占的市场份额之和小于百分之十五；在上下游市场，参与集中的经营者所占的市场份额均小于百分之二十五；不在同一相关市场也不存在上下游关系的参与集中的经营者，在与交易有关的每个市场所占的市场份额均小于百分之二十五；

（二）参与集中的经营者在中国境外设立合营企业，合营企业不在中国境内从事经济活动的；

（三）参与集中的经营者收购境外企业股权或者资产，该境外企业不在中国境内从事经济活动的；

（四）由两个以上经营者共同控制的合营企业，通过集中被其中一个或者一个以上经营者控制的。

第十八条　符合本规定第十七条但存在下列情形之一的经营者集中，不视为简易案件：

（一）由两个以上经营者共同控制的合营企业，通过集中被其中的一个经营者控制，该经营者与合营企业属于同一相关市场的竞争者，且市场份额之和大于百分之十五的；

（二）经营者集中涉及的相关市场难以界定的；

（三）经营者集中对市场进入、技术进步可能产生不利影响的；

（四）经营者集中对消费者和其他有关经营者可能产生不利影响的；

（五）经营者集中对国民经济发展可能产生不利影响的；

（六）市场监管总局认为可能对市场竞争产生不利影响的其他情形。

第三章　经营者集中审查

第十九条　市场监管总局应当自立案之日起三十日内，对申报的经营者集中进行初步审查,作出是否实施进一步审查的决定,并书面通知经营者。

市场监管总局决定实施进一步审查的,应当自决定之日起九十日内审查完毕,作出是否禁止经营者集中的决定,并书面通知经营者。符合反垄断法第二十六条第二款规定情形的,市场监管总局可以延长本款规定的审查期限,最长不得超过六十日。

第二十条 在市场监管总局作出审查决定之前,申报人要求撤回经营者集中申报的,应当提交书面申请并说明理由。经市场监管总局同意,申报人可以撤回申报。

集中交易情况或者相关市场竞争状况发生重大变化,需要重新申报的,申报人应当申请撤回。

撤回经营者集中申报的,审查程序终止。市场监管总局同意撤回申报不视为对集中的批准。

第二十一条 在审查过程中,市场监管总局可以根据审查需要,要求申报人在规定时限内补充提供相关文件、资料。

申报人可以主动提供有助于对经营者集中进行审查和作出决定的有关文件、资料。

第二十二条 在审查过程中,参与集中的经营者可以通过信函、传真、电子邮件等方式向市场监管总局就有关申报事项进行书面陈述,市场监管总局应当听取当事人的陈述。

第二十三条 在审查过程中,市场监管总局可以根据审查需要,征求有关政府部门、行业协会、经营者、消费者等单位或者个人的意见。

第二十四条 审查经营者集中,应当考虑下列因素:

(一)参与集中的经营者在相关市场的市场份额及其对市场的控制力;

(二)相关市场的市场集中度;

（三）经营者集中对市场进入、技术进步的影响；

（四）经营者集中对消费者和其他有关经营者的影响；

（五）经营者集中对国民经济发展的影响；

（六）应当考虑的影响市场竞争的其他因素。

第二十五条 评估经营者集中的竞争影响，可以考察相关经营者单独或者共同排除、限制竞争的能力、动机及可能性。

集中涉及上下游市场或者关联市场的，可以考察相关经营者利用在一个或者多个市场的控制力，排除、限制其他市场竞争的能力、动机及可能性。

第二十六条 评估参与集中的经营者对市场的控制力，可以考虑参与集中的经营者在相关市场的市场份额、产品或者服务的替代程度、控制销售市场或者原材料采购市场的能力、财力和技术条件，以及相关市场的市场结构、其他经营者的生产能力、下游客户购买能力和转换供应商的能力、潜在竞争者进入的抵消效果等因素。

评估相关市场的市场集中度，可以考虑相关市场的经营者数量及市场份额等因素。

第二十七条 评估经营者集中对市场进入的影响，可以考虑经营者通过控制生产要素、销售和采购渠道、关键技术、关键设施等方式影响市场进入的情况，并考虑进入的可能性、及时性和充分性。

评估经营者集中对技术进步的影响，可以考虑经营者集中对技术创新动力、技术研发投入和利用、技术资源整合等方面的影响。

第二十八条 评估经营者集中对消费者的影响，可以考虑经营者集中对产品或者服务的数量、价格、质量、多样化等方面的影响。

评估经营者集中对其他有关经营者的影响，可以考虑经营者集中对同一相关市场、上下游市场或者关联市场经营者的市场进入、交易机会等竞争条件的影响。

第二十九条 评估经营者集中对国民经济发展的影响，可以考虑经营者集中对经济效率、经营规模及其对相关行业发展等方面的影响。

第三十条 评估经营者集中的竞争影响，还可以综合考虑集中对公共利益的影响、参与集中的经营者是否为濒临破产的企业等因素。

第三十一条 市场监管总局认为经营者集中具有或者可能具有排除、限制竞争效果的，应当告知申报人，并设定一个允许参与集中的经营者提交书面意见的合理期限。

参与集中的经营者的书面意见应当包括相关事实和理由，并提供相应证据。参与集中的经营者逾期未提交书面意见的，视为无异议。

第三十二条 为减少集中具有或者可能具有的排除、限制竞争的效果，参与集中的经营者可以向市场监管总局提出附加限制性条件承诺方案。

市场监管总局应当对承诺方案的有效性、可行性和及时性进行评估，并及时将评估结果通知申报人。

市场监管总局认为承诺方案不足以减少集中对竞争的不利影响的，可以与参与集中的经营者就限制性条件进行磋商，要求其在合理期限内提出其他承诺方案。

第三十三条 根据经营者集中交易具体情况，限制性条件可以包括如下种类：

（一）剥离有形资产、知识产权等无形资产或者相关权益（以下简称剥离业务）等结构性条件；

（二）开放其网络或者平台等基础设施、许可关键技术（包括专利、专有技术或者其他知识产权）、终止排他性协议等行为性条件；

（三）结构性条件和行为性条件相结合的综合性条件。

剥离业务一般应当具有在相关市场开展有效竞争所需要的所有要素，包括有形资产、无形资产、股权、关键人员以及客户协议或者供应协议等权益。剥离对象可以是参与集中经营者的子公司、分支机构或者业务部门。

第三十四条　承诺方案存在不能实施的风险的,参与集中的经营者可以提出备选方案。备选方案应当在首选方案无法实施后生效,并且比首选方案的条件更为严格。

承诺方案为剥离,但存在下列情形之一的,参与集中的经营者可以在承诺方案中提出特定买方和剥离时间建议:

(一)剥离存在较大困难;

(二)剥离前维持剥离业务的竞争性和可销售性存在较大风险;

(三)买方身份对剥离业务能否恢复市场竞争具有重要影响;

(四)市场监管总局认为有必要的其他情形。

第三十五条　对于具有或者可能具有排除、限制竞争效果的经营者集中,参与集中的经营者提出的附加限制性条件承诺方案能够有效减少集中对竞争产生的不利影响的,市场监管总局可以作出附加限制性条件批准决定。参与集中的经营者未能在规定期限内提出附加限制性条件承诺方案,或者所提出的承诺方案不能有效减少集中对竞争产生的不利影响的,市场监管总局应当作出禁止经营者集中的决定。

第四章　限制性条件的监督和实施

第三十六条　对于附加限制性条件批准的经营者集中,义务人应当严格履行审查决定规定的义务,并按规定向市场监管总局报告限制性条件履行情况。

市场监管总局可以自行或者通过受托人对义务人履行限制性条件的行为进行监督检查。通过受托人监督检查的,市场监管总局应当在审查决定中予以明确。受托人包括监督受托人和剥离受托人。

义务人,是指附加限制性条件批准经营者集中的审查决定中要求履行相关义务的经营者。

监督受托人,是指受义务人委托并经市场监管总局评估确定,负责对义务人实施限制性条件进行监督并向市场监管总局报告的自然人、法人或者其他组织。

剥离受托人，是指受义务人委托并经市场监管总局评估确定，在受托剥离阶段负责出售剥离业务并向市场监管总局报告的自然人、法人或者其他组织。

第三十七条 通过受托人监督检查的，义务人应当在市场监管总局作出审查决定之日起十五日内向市场监管总局提交监督受托人人选。限制性条件为剥离的，义务人应当在进入受托剥离阶段三十日前向市场监管总局提交剥离受托人人选。受托人应当符合下列要求：

（一）独立于义务人和剥离业务的买方；

（二）具有履行受托人职责的专业团队，团队成员应当具有对限制性条件进行监督所需的专业知识、技能及相关经验；

（三）能够提出可行的工作方案；

（四）过去五年未在担任受托人过程中受到处罚；

（五）市场监管总局提出的其他要求。

市场监管总局评估确定受托人后，义务人应当与受托人签订书面协议，明确各自权利和义务，并报市场监管总局同意。受托人应当勤勉、尽职地履行职责。义务人支付受托人报酬，并为受托人提供必要的支持和便利。

第三十八条 附加限制性条件为剥离的，剥离义务人应当在审查决定规定的期限内，自行找到合适的剥离业务买方、签订出售协议，并报经市场监管总局批准后完成剥离。剥离义务人未能在规定期限内完成剥离的，市场监管总局可以要求义务人委托剥离受托人在规定的期限内寻找合适的剥离业务买方。剥离业务买方应当符合下列要求：

（一）独立于参与集中的经营者；

（二）拥有必要的资源、能力并有意愿使用剥离业务参与市场竞争；

（三）取得其他监管机构的批准；

（四）不得向参与集中的经营者融资购买剥离业务；

（五）市场监管总局根据具体案件情况提出的其他要求。

买方已有或者能够从其他途径获得剥离业务中的部分资产或者权益时，可以向市场监管总局申请对剥离业务的范围进行必要调整。

第三十九条　义务人提交市场监管总局审查的监督受托人、剥离受托人、剥离业务买方人选原则上各不少于三家。在特殊情况下，经市场监管总局同意，上述人选可少于三家。

市场监管总局应当对义务人提交的受托人及委托协议、剥离业务买方人选及出售协议进行审查，以确保其符合审查决定要求。

限制性条件为剥离的，市场监管总局上述审查所用时间不计入剥离期限。

第四十条　审查决定未规定自行剥离期限的，剥离义务人应当在审查决定作出之日起六个月内找到适当的买方并签订出售协议。经剥离义务人申请并说明理由，市场监管总局可以酌情延长自行剥离期限，但延期最长不得超过三个月。

审查决定未规定受托剥离期限的，剥离受托人应当在受托剥离开始之日起六个月内找到适当的买方并签订出售协议。

第四十一条　剥离义务人应当在市场监管总局审查批准买方和出售协议后，与买方签订出售协议，并自签订之日起三个月内将剥离业务转移给买方，完成所有权转移等相关法律程序。经剥离义务人申请并说明理由，市场监管总局可以酌情延长业务转移的期限。

第四十二条　经市场监管总局批准的买方购买剥离业务达到申报标准的，取得控制权的经营者应当将其作为一项新的经营者集中向市场监管总局申报。市场监管总局作出审查决定之前，剥离义务人不得将剥离业务出售给买方。

第四十三条　在剥离完成之前，为确保剥离业务的存续性、竞争性和可销售性，剥离义务人应当履行下列义务：

（一）保持剥离业务与其保留的业务之间相互独立，并采取一切必要措施以最符合剥离业务发展的方式进行管理；

（二）不得实施任何可能对剥离业务有不利影响的行为，包括聘用被剥离业务的关键员工，获得剥离业务的商业秘密或者其他保密信息等；

（三）指定专门的管理人，负责管理剥离业务。管理人在监督受托人的监督下履行职责，其任命和更换应当得到监督受托人的同意；

（四）确保潜在买方能够以公平合理的方式获得有关剥离业务的充分信息，评估剥离业务的商业价值和发展潜力；

（五）根据买方的要求向其提供必要的支持和便利，确保剥离业务的顺利交接和稳定经营；

（六）向买方及时移交剥离业务并履行相关法律程序。

第四十四条 监督受托人应当在市场监管总局的监督下履行下列职责：

（一）监督义务人履行本规定、审查决定及相关协议规定的义务；

（二）对剥离义务人推荐的买方人选、拟签订的出售协议进行评估，并向市场监管总局提交评估报告；

（三）监督剥离业务出售协议的执行，并定期向市场监管总局提交监督报告；

（四）协调剥离义务人与潜在买方就剥离事项产生的争议；

（五）按照市场监管总局的要求提交其他与义务人履行限制性条件有关的报告。

未经市场监管总局同意，监督受托人不得披露其在履行职责过程中向市场监管总局提交的各种报告及相关信息。

第四十五条 在受托剥离阶段，剥离受托人负责为剥离业务找到买方并达成出售协议。

剥离受托人有权以无底价方式出售剥离业务。

第四十六条　审查决定应当规定附加限制性条件的期限。

根据审查决定,限制性条件到期自动解除的,经市场监管总局核查,义务人未违反审查决定的,限制性条件自动解除。义务人存在违反审查决定情形的,市场监管总局可以适当延长附加限制性条件的期限,并及时向社会公布。

根据审查决定,限制性条件到期后义务人需要申请解除的,义务人应当提交书面申请并说明理由。市场监管总局评估后决定解除限制性条件的,应当及时向社会公布。

限制性条件为剥离,经市场监管总局核查,义务人履行完成所有义务的,限制性条件自动解除。

第四十七条　审查决定生效期间,市场监管总局可以主动或者应义务人申请对限制性条件进行重新审查,变更或者解除限制性条件。市场监管总局决定变更或者解除限制性条件的,应当及时向社会公布。

市场监管总局变更或者解除限制性条件时,应当考虑下列因素:

(一)集中交易方是否发生重大变化;

(二)相关市场竞争状况是否发生实质性变化;

(三)实施限制性条件是否无必要或者不可能;

(四)应当考虑的其他因素。

第五章　对违法实施经营者集中的调查

第四十八条　经营者集中达到申报标准,经营者未申报实施集中、申报后未经批准实施集中或者违反审查决定的,依照本章规定进行调查。

第四十九条　对涉嫌违法实施经营者集中,任何单位和个人有权向市场监管总局举报。市场监管总局应当为举报人保密。

举报采用书面形式，并提供举报人和被举报人基本情况、涉嫌违法实施经营者集中的相关事实和证据等内容的，市场监管总局应当进行必要的核查。

第五十条 对有初步事实和证据表明存在违法实施经营者集中嫌疑的，市场监管总局应当予以立案，并书面通知被调查的经营者。

第五十一条 被调查的经营者应当在立案通知送达之日起三十日内，向市场监管总局提交是否属于经营者集中、是否达到申报标准、是否申报、是否违法实施等有关的文件、资料。

第五十二条 市场监管总局应当自收到被调查的经营者依照本规定第五十一条提交的文件、资料之日起三十日内，对被调查的交易是否属于违法实施经营者集中完成初步调查。

属于违法实施经营者集中的，市场监管总局应当作出实施进一步调查的决定，并书面通知被调查的经营者。经营者应当停止违法行为。

不属于违法实施经营者集中的，市场监管总局应当作出不实施进一步调查的决定，并书面通知被调查的经营者。

第五十三条 市场监管总局决定实施进一步调查的，被调查的经营者应当自收到市场监管总局书面通知之日起三十日内，依照本规定关于经营者集中申报文件、资料的规定向市场监管总局提交相关文件、资料。

市场监管总局应当自收到被调查的经营者提交的符合前款规定的文件、资料之日起一百二十日内，完成进一步调查。

在进一步调查阶段，市场监管总局应当按照反垄断法及本规定，对被调查的交易是否具有或者可能具有排除、限制竞争效果进行评估。

第五十四条 在调查过程中，被调查的经营者、利害关系人有权陈述意见。市场监管总局应当对被调查的经营者、利害关系人提出的事实、理由和证据进行核实。

第五十五条　市场监管总局在作出行政处罚决定前，应当将作出行政处罚决定的事实、理由和依据告知被调查的经营者。

被调查的经营者应当在市场监管总局规定的期限内提交书面意见。书面意见应当包括相关事实和证据。

第五十六条　市场监管总局对违法实施经营者集中应当依法作出处理决定，并可以向社会公布。

第六章　法律责任

第五十七条　经营者违反反垄断法规定实施集中的，依照反垄断法第四十八条规定予以处罚。

第五十八条　申报人隐瞒有关情况或者提供虚假材料的，市场监管总局对经营者集中申报不予立案或者撤销立案，并可以依照反垄断法第五十二条规定予以处罚。

第五十九条　受托人未按要求履行职责的，由市场监管总局责令改正；情节严重的，可以要求义务人更换受托人，并对受托人处三万元以下的罚款。

第六十条　剥离业务的买方未按规定履行义务，影响限制性条件实施的，由市场监管总局责令改正，并可以处三万元以下的罚款。

第七章　附　　则

第六十一条　市场监管总局以及其他单位和个人对于知悉的商业秘密、未披露信息或者保密商务信息承担保密义务，但根据法律法规规定应当披露的或者事先取得权利人同意的除外。

第六十二条　对未达到申报标准但是具有或者可能具有排除、限制竞争效果的经营者集中，市场监管总局可以依照本规定收集事实和证据，并进行调查。

第六十三条 在审查或者调查过程中,市场监管总局可以组织听证。听证程序依照《市场监督管理行政许可程序暂行规定》《市场监督管理行政处罚听证办法》执行。

第六十四条 对于需要送达经营者的书面文件,送达方式参照《市场监督管理行政处罚程序规定》执行。

第六十五条 本规定自2020年12月1日起施行。

禁止垄断协议暂行规定

(2019年6月26日国家市场监督管理总局令第10号公布 根据2022年3月24日《国家市场监督管理总局关于修改和废止部分规章的决定》修正)

第一条 为了预防和制止垄断协议,根据《中华人民共和国反垄断法》(以下简称反垄断法),制定本规定。

第二条 国家市场监督管理总局(以下简称市场监管总局)负责垄断协议的反垄断执法工作。

市场监管总局根据反垄断法第十条第二款规定,授权各省、自治区、直辖市市场监督管理部门(以下简称省级市场监管部门)负责本行政区域内垄断协议的反垄断执法工作。

本规定所称反垄断执法机构包括市场监管总局和省级市场监管部门。

第三条 市场监管总局负责查处下列垄断协议:

(一)跨省、自治区、直辖市的;

(二)案情较为复杂或者在全国有重大影响的;

(三)市场监管总局认为有必要直接查处的。

前款所列垄断协议，市场监管总局可以指定省级市场监管部门查处。

省级市场监管部门根据授权查处垄断协议时，发现不属于本部门查处范围，或者虽属于本部门查处范围，但有必要由市场监管总局查处的，应当及时向市场监管总局报告。

第四条　反垄断执法机构查处垄断协议时，应当平等对待所有经营者。

第五条　垄断协议是指排除、限制竞争的协议、决定或者其他协同行为。

协议或者决定可以是书面、口头等形式。

其他协同行为是指经营者之间虽未明确订立协议或者决定，但实质上存在协调一致的行为。

第六条　认定其他协同行为，应当考虑下列因素：

（一）经营者的市场行为是否具有一致性；

（二）经营者之间是否进行过意思联络或者信息交流；

（三）经营者能否对行为的一致性作出合理解释；

（四）相关市场的市场结构、竞争状况、市场变化等情况。

第七条　禁止具有竞争关系的经营者就商品或者服务（以下统称商品）价格达成下列垄断协议：

（一）固定或者变更价格水平、价格变动幅度、利润水平或者折扣、手续费等其他费用；

（二）约定采用据以计算价格的标准公式；

（三）限制参与协议的经营者的自主定价权；

（四）通过其他方式固定或者变更价格。

第八条　禁止具有竞争关系的经营者就限制商品的生产数量或者销售数量达成下列垄断协议：

（一）以限制产量、固定产量、停止生产等方式限制商品的生产数量，或者限制特定品种、型号商品的生产数量；

（二）以限制商品投放量等方式限制商品的销售数量，或者限制特定品种、型号商品的销售数量；

（三）通过其他方式限制商品的生产数量或者销售数量。

第九条 禁止具有竞争关系的经营者就分割销售市场或者原材料采购市场达成下列垄断协议：

（一）划分商品销售地域、市场份额、销售对象、销售收入、销售利润或者销售商品的种类、数量、时间；

（二）划分原料、半成品、零部件、相关设备等原材料的采购区域、种类、数量、时间或者供应商；

（三）通过其他方式分割销售市场或者原材料采购市场。

前款规定中的原材料还包括经营者生产经营所必需的技术和服务。

第十条 禁止具有竞争关系的经营者就限制购买新技术、新设备或者限制开发新技术、新产品达成下列垄断协议：

（一）限制购买、使用新技术、新工艺；

（二）限制购买、租赁、使用新设备、新产品；

（三）限制投资、研发新技术、新工艺、新产品；

（四）拒绝使用新技术、新工艺、新设备、新产品；

（五）通过其他方式限制购买新技术、新设备或者限制开发新技术、新产品。

第十一条 禁止具有竞争关系的经营者就联合抵制交易达成下列垄断协议：

（一）联合拒绝向特定经营者供应或者销售商品；

（二）联合拒绝采购或者销售特定经营者的商品；

（三）联合限定特定经营者不得与其具有竞争关系的经营者进行交易；

（四）通过其他方式联合抵制交易。

第十二条　禁止经营者与交易相对人就商品价格达成下列垄断协议：

（一）固定向第三人转售商品的价格水平、价格变动幅度、利润水平或者折扣、手续费等其他费用；

（二）限定向第三人转售商品的最低价格，或者通过限定价格变动幅度、利润水平或者折扣、手续费等其他费用限定向第三人转售商品的最低价格；

（三）通过其他方式固定转售商品价格或者限定转售商品最低价格。

第十三条　不属于本规定第七条至第十二条所列情形的其他协议、决定或者协同行为，有证据证明排除、限制竞争的，应当认定为垄断协议并予以禁止。

前款规定的垄断协议由市场监管总局负责认定，认定时应当考虑下列因素：

（一）经营者达成、实施协议的事实；

（二）市场竞争状况；

（三）经营者在相关市场中的市场份额及其对市场的控制力；

（四）协议对商品价格、数量、质量等方面的影响；

（五）协议对市场进入、技术进步等方面的影响；

（六）协议对消费者、其他经营者的影响；

（七）与认定垄断协议有关的其他因素。

第十四条　禁止行业协会从事下列行为：

（一）制定、发布含有排除、限制竞争内容的行业协会章程、规则、决定、通知、标准等；

（二）召集、组织或者推动本行业的经营者达成含有排除、限制竞争内容的协议、决议、纪要、备忘录等；

（三）其他组织本行业经营者达成或者实施垄断协议的行为。

本规定所称行业协会是指由同行业经济组织和个人组成，行使行业服务和自律管理职能的各种协会、学会、商会、联合会、促进会等社会团体法人。

第十五条 反垄断执法机构依据职权，或者通过举报、上级机关交办、其他机关移送、下级机关报告、经营者主动报告等途径，发现涉嫌垄断协议。

第十六条 举报采用书面形式并提供相关事实和证据的，反垄断执法机构应当进行必要的调查。书面举报一般包括下列内容：

（一）举报人的基本情况；

（二）被举报人的基本情况；

（三）涉嫌垄断协议的相关事实和证据；

（四）是否就同一事实已向其他行政机关举报或者向人民法院提起诉讼。

反垄断执法机构根据工作需要，可以要求举报人补充举报材料。

第十七条 反垄断执法机构经过对涉嫌垄断协议的必要调查，决定是否立案。

省级市场监管部门应当自立案之日起 7 个工作日内向市场监管总局备案。

第十八条 市场监管总局在查处垄断协议时，可以委托省级市场监管部门进行调查。

省级市场监管部门在查处垄断协议时，可以委托下级市场监管部门进行调查。

受委托的市场监管部门在委托范围内，以委托机关的名义实施调查，不得再委托其他行政机关、组织或者个人进行调查。

第十九条 省级市场监管部门查处涉嫌垄断协议时，可以根据需要商请相关省级市场监管部门协助调查，相关省级市场监管部门应当予以协助。

第二十条 反垄断执法机构对垄断协议进行行政处罚的,应当依法制作行政处罚决定书。

行政处罚决定书的内容包括:

(一)经营者的姓名或者名称、地址等基本情况;

(二)案件来源及调查经过;

(三)违法事实和相关证据;

(四)经营者陈述、申辩的采纳情况及理由;

(五)行政处罚的内容和依据;

(六)行政处罚的履行方式、期限;

(七)不服行政处罚决定,申请行政复议或者提起行政诉讼的途径和期限;

(八)作出行政处罚决定的反垄断执法机构名称和作出决定的日期。

第二十一条 涉嫌垄断协议的经营者在被调查期间,可以提出中止调查申请,承诺在反垄断执法机构认可的期限内采取具体措施消除行为影响。

中止调查申请应当以书面形式提出,并由经营者负责人签字并盖章。申请书应当载明下列事项:

(一)涉嫌垄断协议的事实;

(二)承诺采取消除行为后果的具体措施;

(三)履行承诺的时限;

(四)需要承诺的其他内容。

反垄断执法机构对涉嫌垄断协议调查核实后,认为构成垄断协议的,应当依法作出处理决定,不再接受经营者提出的中止调查申请。

第二十二条 反垄断执法机构根据被调查经营者的中止调查申请,在考虑行为的性质、持续时间、后果、社会影响、经营者承诺的措施及其预期效果等具体情况后,决定是否中止调查。

对于符合本规定第七条至第九条规定的涉嫌垄断协议,反垄断执法机构不得接受中止调查申请。

第二十三条 反垄断执法机构决定中止调查的,应当制作中止调查决定书。

中止调查决定书应当载明被调查经营者涉嫌达成垄断协议的事实、承诺的具体内容、消除影响的具体措施、履行承诺的时限以及未履行或者未完全履行承诺的法律后果等内容。

第二十四条 决定中止调查的,反垄断执法机构应当对经营者履行承诺的情况进行监督。

经营者应当在规定的时限内向反垄断执法机构书面报告承诺履行情况。

第二十五条 反垄断执法机构确定经营者已经履行承诺的,可以决定终止调查,并制作终止调查决定书。

终止调查决定书应当载明被调查经营者涉嫌垄断协议的事实、承诺的具体内容、履行承诺的情况、监督情况等内容。

有下列情形之一的,反垄断执法机构应当恢复调查:

(一)经营者未履行或者未完全履行承诺的;

(二)作出中止调查决定所依据的事实发生重大变化的;

(三)中止调查决定是基于经营者提供的不完整或者不真实的信息作出的。

第二十六条 经营者能够证明被调查的垄断协议属于反垄断法第十五条规定情形的,不适用本规定第七条至第十三条的规定。

第二十七条 反垄断执法机构认定被调查的垄断协议是否属于反垄断法第十五条规定的情形,应当考虑下列因素:

(一)协议实现该情形的具体形式和效果;

(二)协议与实现该情形之间的因果关系;

(三)协议是否是实现该情形的必要条件;

(四)其他可以证明协议属于相关情形的因素。

反垄断执法机构认定消费者能否分享协议产生的利益,应当考虑消费者是否因协议的达成、实施在商品价格、质量、种类等方面获得利益。

第二十八条　反垄断执法机构认定被调查的垄断协议属于反垄断法第十五条规定情形的,应当终止调查并制作终止调查决定书。终止调查决定书应当载明协议的基本情况、适用反垄断法第十五条的依据和理由等内容。

反垄断执法机构作出终止调查决定后,因情况发生重大变化,导致被调查的协议不再符合反垄断法第十五条规定情形的,反垄断执法机构应当重新启动调查。

第二十九条　省级市场监管部门作出中止调查决定、终止调查决定或者行政处罚告知前,应当向市场监管总局报告。

省级市场监管部门向被调查经营者送达中止调查决定书、终止调查决定书或者行政处罚决定书后,应当在7个工作日内向市场监管总局备案。

第三十条　反垄断执法机构作出行政处理决定后,依法向社会公布。其中,行政处罚信息应当依法通过国家企业信用信息公示系统向社会公示。

第三十一条　市场监管总局应当加强对省级市场监管部门查处垄断协议的指导和监督,统一执法标准。

省级市场监管部门应当严格按照市场监管总局相关规定查处垄断协议案件。

第三十二条　经营者违反本规定,达成并实施垄断协议的,由反垄断执法机构责令停止违法行为,没收违法所得,并处上一年度销售额百分之一以上百分之十以下的罚款;尚未实施所达成的垄断协议的,可以处五十万元以下的罚款。

行业协会违反本规定,组织本行业的经营者达成垄断协议的,反垄断执法机构可以对其处五十万元以下的罚款;情节严重的,反垄断执法机构可以提请社会团体登记管理机关依法撤销登记。

反垄断执法机构确定具体罚款数额时,应当考虑违法行为的性质、情节、程度、持续时间等因素。

经营者因行政机关和法律、法规授权的具有管理公共事务职能的组织滥用行政权力而达成垄断协议的,按照前款规定处理。经营者能够证明其达成垄断协议是被动遵守行政命令所导致的,可以依法从轻或者减轻处罚。

第三十三条 参与垄断协议的经营者主动报告达成垄断协议有关情况并提供重要证据的,可以申请依法减轻或者免除处罚。

重要证据是指能够对反垄断执法机构启动调查或者对认定垄断协议起到关键性作用的证据,包括参与垄断协议的经营者、涉及的商品范围、达成协议的内容和方式、协议的具体实施等情况。

第三十四条 经营者根据本规定第三十三条提出申请的,反垄断执法机构应当根据经营者主动报告的时间顺序、提供证据的重要程度以及达成、实施垄断协议的有关情况,决定是否减轻或者免除处罚。

对于第一个申请者,反垄断执法机构可以免除处罚或者按照不低于百分之八十的幅度减轻罚款;对于第二个申请者,可以按照百分之三十至百分之五十的幅度减轻罚款;对于第三个申请者,可以按照百分之二十至百分之三十的幅度减轻罚款。

第三十五条 本规定对垄断协议调查、处罚程序未做规定的,依照《市场监督管理行政处罚程序规定》执行,有关时限、立案、案件管辖的规定除外。

反垄断执法机构组织行政处罚听证的,依照《市场监督管理行政处罚听证办法》执行。

第三十六条　本规定自2019年9月1日起施行。2009年5月26日原国家工商行政管理总局令第42号公布的《工商行政管理机关查处垄断协议、滥用市场支配地位案件程序规定》、2010年12月31日原国家工商行政管理总局令第53号公布的《工商行政管理机关禁止垄断协议行为的规定》同时废止。

禁止滥用市场支配地位行为暂行规定

（2019年6月26日国家市场监督管理总局令第11号公布　根据2022年3月24日《国家市场监督管理总局关于修改和废止部分规章的决定》修正）

第一条　为了预防和制止滥用市场支配地位行为，根据《中华人民共和国反垄断法》（以下简称反垄断法），制定本规定。

第二条　国家市场监督管理总局（以下简称市场监管总局）负责滥用市场支配地位行为的反垄断执法工作。

市场监管总局根据反垄断法第十条第二款规定，授权各省、自治区、直辖市市场监督管理部门（以下简称省级市场监管部门）负责本行政区域内滥用市场支配地位行为的反垄断执法工作。

本规定所称反垄断执法机构包括市场监管总局和省级市场监管部门。

第三条　市场监管总局负责查处下列滥用市场支配地位行为：

（一）跨省、自治区、直辖市的；

（二）案情较为复杂或者在全国有重大影响的；

（三）市场监管总局认为有必要直接查处的。

前款所列滥用市场支配地位行为，市场监管总局可以指定省级市场监管部门查处。

省级市场监管部门根据授权查处滥用市场支配地位行为时,发现不属于本部门查处范围,或者虽属于本部门查处范围,但有必要由市场监管总局查处的,应当及时向市场监管总局报告。

第四条 反垄断执法机构查处滥用市场支配地位行为时,应当平等对待所有经营者。

第五条 市场支配地位是指经营者在相关市场内具有能够控制商品或者服务(以下统称商品)价格、数量或者其他交易条件,或者能够阻碍、影响其他经营者进入相关市场能力的市场地位。

本条所称其他交易条件是指除商品价格、数量之外能够对市场交易产生实质影响的其他因素,包括商品品种、商品品质、付款条件、交付方式、售后服务、交易选择、技术约束等。

本条所称能够阻碍、影响其他经营者进入相关市场,包括排除其他经营者进入相关市场,或者延缓其他经营者在合理时间内进入相关市场,或者导致其他经营者虽能够进入该相关市场但进入成本大幅提高,无法与现有经营者开展有效竞争等情形。

第六条 根据反垄断法第十八条第一项,确定经营者在相关市场的市场份额,可以考虑一定时期内经营者的特定商品销售金额、销售数量或者其他指标在相关市场所占的比重。

分析相关市场竞争状况,可以考虑相关市场的发展状况、现有竞争者的数量和市场份额、商品差异程度、创新和技术变化、销售和采购模式、潜在竞争者情况等因素。

第七条 根据反垄断法第十八条第二项,确定经营者控制销售市场或者原材料采购市场的能力,可以考虑该经营者控制产业链上下游市场的能力,控制销售渠道或者采购渠道的能力,影响或者决定价格、数量、合同期限或者其他交易条件的能力,以及优先获得企业生产经营所必需的原料、半成品、零部件、相关设备以及需要投入的其他资源的能力等因素。

第八条　根据反垄断法第十八条第三项，确定经营者的财力和技术条件，可以考虑该经营者的资产规模、盈利能力、融资能力、研发能力、技术装备、技术创新和应用能力、拥有的知识产权等，以及该财力和技术条件能够以何种方式和程度促进该经营者业务扩张或者巩固、维持市场地位等因素。

第九条　根据反垄断法第十八条第四项，确定其他经营者对该经营者在交易上的依赖程度，可以考虑其他经营者与该经营者之间的交易关系、交易量、交易持续时间、在合理时间内转向其他交易相对人的难易程度等因素。

第十条　根据反垄断法第十八条第五项，确定其他经营者进入相关市场的难易程度，可以考虑市场准入、获取必要资源的难度、采购和销售渠道的控制情况、资金投入规模、技术壁垒、品牌依赖、用户转换成本、消费习惯等因素。

第十一条　根据反垄断法第十八条和本规定第六条至第十条规定认定互联网等新经济业态经营者具有市场支配地位，可以考虑相关行业竞争特点、经营模式、用户数量、网络效应、锁定效应、技术特性、市场创新、掌握和处理相关数据的能力及经营者在关联市场的市场力量等因素。

第十二条　根据反垄断法第十八条和本规定第六条至第十条认定知识产权领域经营者具有市场支配地位，可以考虑知识产权的替代性、下游市场对利用知识产权所提供商品的依赖程度、交易相对人对经营者的制衡能力等因素。

第十三条　认定两个以上的经营者具有市场支配地位，除考虑本规定第六条至第十二条规定的因素外，还应当考虑市场结构、相关市场透明度、相关商品同质化程度、经营者行为一致性等因素。

第十四条　禁止具有市场支配地位的经营者以不公平的高价销

售商品或者以不公平的低价购买商品。

认定“不公平的高价”或者“不公平的低价”，可以考虑下列因素：

（一）销售价格或者购买价格是否明显高于或者明显低于其他经营者在相同或者相似市场条件下销售或者购买同种商品或者可比较商品的价格；

（二）销售价格或者购买价格是否明显高于或者明显低于同一经营者在其他相同或者相似市场条件区域销售或者购买商品的价格；

（三）在成本基本稳定的情况下，是否超过正常幅度提高销售价格或者降低购买价格；

（四）销售商品的提价幅度是否明显高于成本增长幅度，或者购买商品的降价幅度是否明显高于交易相对人成本降低幅度；

（五）需要考虑的其他相关因素。

认定市场条件相同或者相似，应当考虑销售渠道、销售模式、供求状况、监管环境、交易环节、成本结构、交易情况等因素。

第十五条 禁止具有市场支配地位的经营者没有正当理由，以低于成本的价格销售商品。

认定低于成本的价格销售商品，应当重点考虑价格是否低于平均可变成本。平均可变成本是指随着生产的商品数量变化而变动的每单位成本。涉及互联网等新经济业态中的免费模式，应当综合考虑经营者提供的免费商品以及相关收费商品等情况。

本条所称“正当理由”包括：

（一）降价处理鲜活商品、季节性商品、有效期限即将到期的商品和积压商品的；

（二）因清偿债务、转产、歇业降价销售商品的；

（三）在合理期限内为推广新商品进行促销的；

（四）能够证明行为具有正当性的其他理由。

第十六条 禁止具有市场支配地位的经营者没有正当理由，通过下列方式拒绝与交易相对人进行交易：

（一）实质性削减与交易相对人的现有交易数量；

（二）拖延、中断与交易相对人的现有交易；

（三）拒绝与交易相对人进行新的交易；

（四）设置限制性条件，使交易相对人难以与其进行交易；

（五）拒绝交易相对人在生产经营活动中，以合理条件使用其必需设施。

在依据前款第五项认定经营者滥用市场支配地位时，应当综合考虑以合理的投入另行投资建设或者另行开发建造该设施的可行性、交易相对人有效开展生产经营活动对该设施的依赖程度、该经营者提供该设施的可能性以及对自身生产经营活动造成的影响等因素。

本条所称“正当理由”包括：

（一）因不可抗力等客观原因无法进行交易；

（二）交易相对人有不良信用记录或者出现经营状况恶化等情况，影响交易安全；

（三）与交易相对人进行交易将使经营者利益发生不当减损；

（四）能够证明行为具有正当性的其他理由。

第十七条　禁止具有市场支配地位的经营者没有正当理由，从事下列限定交易行为：

（一）限定交易相对人只能与其进行交易；

（二）限定交易相对人只能与其指定的经营者进行交易；

（三）限定交易相对人不得与特定经营者进行交易。

从事上述限定交易行为可以是直接限定，也可以是以设定交易条件等方式变相限定。

本条所称“正当理由”包括：

（一）为满足产品安全要求所必须；

（二）为保护知识产权所必须；

（三）为保护针对交易进行的特定投资所必须；

（四）能够证明行为具有正当性的其他理由。

第十八条　禁止具有市场支配地位的经营者没有正当理由搭售商品，或者在交易时附加其他不合理的交易条件：

（一）违背交易惯例、消费习惯或者无视商品的功能，将不同商品捆绑销售或者组合销售；

（二）对合同期限、支付方式、商品的运输及交付方式或者服务的提供方式等附加不合理的限制；

（三）对商品的销售地域、销售对象、售后服务等附加不合理的限制；

（四）交易时在价格之外附加不合理费用；

（五）附加与交易标的无关的交易条件。

本条所称"正当理由"包括：

（一）符合正当的行业惯例和交易习惯；

（二）为满足产品安全要求所必须；

（三）为实现特定技术所必须；

（四）能够证明行为具有正当性的其他理由。

第十九条　禁止具有市场支配地位的经营者没有正当理由，对条件相同的交易相对人在交易条件上实行下列差别待遇：

（一）实行不同的交易价格、数量、品种、品质等级；

（二）实行不同的数量折扣等优惠条件；

（三）实行不同的付款条件、交付方式；

（四）实行不同的保修内容和期限、维修内容和时间、零配件供应、技术指导等售后服务条件。

条件相同是指交易相对人之间在交易安全、交易成本、规模和能力、信用状况、所处交易环节、交易持续时间等方面不存在实质性影响交易的差别。

本条所称“正当理由”包括：

（一）根据交易相对人实际需求且符合正当的交易习惯和行业惯例，实行不同交易条件；

（二）针对新用户的首次交易在合理期限内开展的优惠活动；

（三）能够证明行为具有正当性的其他理由。

第二十条　反垄断执法机构认定本规定第十四条所称的“不公平”和第十五条至第十九条所称的“正当理由”，还应当考虑下列因素：

（一）有关行为是否为法律、法规所规定；

（二）有关行为对社会公共利益的影响；

（三）有关行为对经济运行效率、经济发展的影响；

（四）有关行为是否为经营者正常经营及实现正常效益所必须；

（五）有关行为对经营者业务发展、未来投资、创新方面的影响；

（六）有关行为是否能够使交易相对人或者消费者获益。

第二十一条　市场监管总局认定其他滥用市场支配地位行为，应当同时符合下列条件：

（一）经营者具有市场支配地位；

（二）经营者实施了排除、限制竞争行为；

（三）经营者实施相关行为不具有正当理由；

（四）经营者相关行为对市场竞争具有排除、限制影响。

第二十二条　供水、供电、供气、供热、电信、有线电视、邮政、交通运输等公用事业领域经营者应当依法经营，不得滥用其市场支配地位损害消费者利益。

第二十三条　反垄断执法机构依据职权，或者通过举报、上级机关交办、其他机关移送、下级机关报告、经营者主动报告等途径，发现涉嫌滥用市场支配地位行为。

第二十四条　举报采用书面形式并提供相关事实和证据的，反垄断执法机构应当进行必要的调查。书面举报一般包括下列内容：

（一）举报人的基本情况；

（二）被举报人的基本情况；

（三）涉嫌滥用市场支配地位行为的相关事实和证据；

（四）是否就同一事实已向其他行政机关举报或者向人民法院提起诉讼。

反垄断执法机构根据工作需要，可以要求举报人补充举报材料。

第二十五条 反垄断执法机构经过对涉嫌滥用市场支配地位行为必要的调查，决定是否立案。

省级市场监管部门应当自立案之日起 7 个工作日内向市场监管总局备案。

第二十六条 市场监管总局在查处滥用市场支配地位行为时，可以委托省级市场监管部门进行调查。

省级市场监管部门在查处滥用市场支配地位行为时，可以委托下级市场监管部门进行调查。

受委托的市场监管部门在委托范围内，以委托机关的名义实施调查，不得再委托其他行政机关、组织或者个人进行调查。

第二十七条 省级市场监管部门查处涉嫌滥用市场支配地位行为时，可以根据需要商请相关省级市场监管部门协助调查，相关省级市场监管部门应当予以协助。

第二十八条 反垄断执法机构对滥用市场支配地位行为进行行政处罚的，应当依法制作行政处罚决定书。

行政处罚决定书的内容包括：

（一）经营者的姓名或者名称、地址等基本情况；

（二）案件来源及调查经过；

（三）违法事实和相关证据；

（四）经营者陈述、申辩的采纳情况及理由；

（五）行政处罚的内容和依据；

（六）行政处罚的履行方式、期限；

（七）不服行政处罚决定，申请行政复议或者提起行政诉讼的途径和期限；

（八）作出行政处罚决定的反垄断执法机构名称和作出决定的日期。

第二十九条　涉嫌滥用市场支配地位的经营者在被调查期间，可以提出中止调查申请，承诺在反垄断执法机构认可的期限内采取具体措施消除行为影响。

中止调查申请应当以书面形式提出，并由经营者负责人签字并盖章。申请书应当载明下列事项：

（一）涉嫌滥用市场支配地位行为的事实；

（二）承诺采取消除行为后果的具体措施；

（三）履行承诺的时限；

（四）需要承诺的其他内容。

反垄断执法机构对涉嫌滥用市场支配地位行为调查核实后，认为构成涉嫌滥用市场支配地位行为的，应当依法作出处理决定，不再接受经营者提出的中止调查申请。

第三十条　反垄断执法机构根据被调查经营者的中止调查申请，在考虑行为的性质、持续时间、后果、社会影响、经营者承诺的措施及其预期效果等具体情况后，决定是否中止调查。

第三十一条　反垄断执法机构决定中止调查的，应当制作中止调查决定书。

中止调查决定书应当载明被调查经营者涉嫌滥用市场支配地位行为的事实、承诺的具体内容、消除影响的具体措施、履行承诺的时限以及未履行或者未完全履行承诺的法律后果等内容。

第三十二条　决定中止调查的，反垄断执法机构应当对经营者履行承诺的情况进行监督。

经营者应当在规定的时限内向反垄断执法机构书面报告承诺履行情况。

第三十三条 反垄断执法机构确定经营者已经履行承诺的，可以决定终止调查，并制作终止调查决定书。

终止调查决定书应当载明被调查经营者涉嫌滥用市场支配地位行为的事实、承诺的具体内容、履行承诺的情况、监督情况等内容。

有下列情形之一的，反垄断执法机构应当恢复调查：

（一）经营者未履行或者未完全履行承诺的；

（二）作出中止调查决定所依据的事实发生重大变化的；

（三）中止调查决定是基于经营者提供的不完整或者不真实的信息作出的。

第三十四条 省级市场监管部门作出中止调查决定、终止调查决定或者行政处罚告知前，应当向市场监管总局报告。

省级市场监管部门向被调查经营者送达中止调查决定书、终止调查决定书或者行政处罚决定书后，应当在7个工作日内向市场监管总局备案。

第三十五条 反垄断执法机构作出行政处理决定后，依法向社会公布。其中，行政处罚信息应当依法通过国家企业信用信息公示系统向社会公示。

第三十六条 市场监管总局应当加强对省级市场监管部门查处滥用市场支配地位行为的指导和监督，统一执法标准。

省级市场监管部门应当严格按照市场监管总局相关规定查处滥用市场支配地位行为。

第三十七条 经营者滥用市场支配地位的，由反垄断执法机构责令停止违法行为，没收违法所得，并处上一年度销售额百分之一以上百分之十以下的罚款。

反垄断执法机构确定具体罚款数额时，应当考虑违法行为的性质、情节、程度、持续时间等因素。

经营者因行政机关和法律、法规授权的具有管理公共事务职能的组织滥用行政权力而滥用市场支配地位的，按照前款规定处理。经营者能够证明其从事的滥用市场支配地位行为是被动遵守行政命令所导致的，可以依法从轻或者减轻处罚。

第三十八条　本规定对滥用市场支配地位行为调查、处罚程序未做规定的，依照《市场监督管理行政处罚程序规定》执行，有关时限、立案、案件管辖的规定除外。

反垄断执法机构组织行政处罚听证的，依照《市场监督管理行政处罚听证办法》执行。

第三十九条　本规定自 2019 年 9 月 1 日起施行。2010 年 12 月 31 日原国家工商行政管理总局令第 54 号公布的《工商行政管理机关禁止滥用市场支配地位行为规定》同时废止。

公平竞争审查制度实施细则

（2021 年 6 月 29 日国家市场监督管理总局、发展改革委、财政部、商务部、司法部发布　国市监反垄规〔2021〕2 号）

第一章　总　　则

第一条　为全面落实公平竞争审查制度，健全公平竞争审查机制，规范有效开展审查工作，根据《中华人民共和国反垄断法》、《国务院关于在市场体系建设中建立公平竞争审查制度的意见》（国发〔2016〕34 号，以下简称《意见》），制定本细则。

第二条　行政机关以及法律、法规授权的具有管理公共事务职能的组织（以下统称政策制定机关），在制定市场准入和退出、产业发展、招商引资、招标投标、政府采购、经营行为规范、资质标准等涉及市场主体经济活动的规章、规范性文件、其他政策性文件以及“一事一议”形式的具体政策措施（以下统称政策措施）时，应当进行公平竞争审查，评估对市场竞争的影响，防止排除、限制市场竞争。

经公平竞争审查认为不具有排除、限制竞争效果或者符合例外规定的，可以实施；具有排除、限制竞争效果且不符合例外规定的，应当不予出台或者调整至符合相关要求后出台；未经公平竞争审查的，不得出台。

第三条 涉及市场主体经济活动的行政法规、国务院制定的政策措施，以及政府部门负责起草的地方性法规、自治条例和单行条例，由起草部门在起草过程中按照本细则规定进行公平竞争审查。未经公平竞争审查的，不得提交审议。

以县级以上地方各级人民政府名义出台的政策措施，由起草部门或者本级人民政府指定的相关部门进行公平竞争审查。起草部门在审查过程中，可以会同本级市场监管部门进行公平竞争审查。未经审查的，不得提交审议。

以多个部门名义联合制定出台的政策措施，由牵头部门负责公平竞争审查，其他部门在各自职责范围内参与公平竞争审查。政策措施涉及其他部门职权的，政策制定机关在公平竞争审查中应当充分征求其意见。

第四条 市场监管总局、发展改革委、财政部、商务部会同有关部门，建立健全公平竞争审查工作部际联席会议制度，统筹协调和监督指导全国公平竞争审查工作。

县级以上地方各级人民政府负责建立健全本地区公平竞争审查工作联席会议制度（以下简称联席会议），统筹协调和监督指导本地区公平竞争审查工作，原则上由本级人民政府分管负责同志担任联席会议召集人。联席会议办公室设在市场监管部门,承担联席会议日常工作。

地方各级联席会议应当每年向本级人民政府和上一级联席会议报告本地区公平竞争审查制度实施情况,接受其指导和监督。

第二章 审查机制和程序

第五条 政策制定机关应当建立健全公平竞争内部审查机制,明确审查机构和程序,可以由政策制定机关的具体业务机构负责,也可以采取内部特定机构统一审查或者由具体业务机构初审后提交特定机构复核等方式。

第六条 政策制定机关开展公平竞争审查应当遵循审查基本流程(可参考附件1),识别相关政策措施是否属于审查对象、判断是否违反审查标准、分析是否适用例外规定。属于审查对象的,经审查后应当形成明确的书面审查结论。审查结论应当包括政策措施名称、涉及行业领域、性质类别、起草机构、审查机构、征求意见情况、审查结论、适用例外规定情况、审查机构主要负责人意见等内容(可参考附件2)。政策措施出台后,审查结论由政策制定机关存档备查。

未形成书面审查结论出台政策措施的,视为未进行公平竞争审查。

第七条 政策制定机关开展公平竞争审查,应当以适当方式征求利害关系人意见,或者通过政府部门网站、政务新媒体等便于社会公众知晓的方式公开征求意见,并在书面审查结论中说明征求意见情况。

在起草政策措施的其他环节已征求过利害关系人意见或者向社会公开征求意见的,可以不再专门就公平竞争审查问题征求意见。对出台前需要保密或者有正当理由需要限定知悉范围的政策措施,由政策制定机关按照相关法律法规处理。

利害关系人指参与相关市场竞争的经营者、上下游经营者、行业协会商会、消费者以及政策措施可能影响其公平参与市场竞争的其他市场主体。

第八条 政策制定机关进行公平竞争审查,可以咨询专家学者、法律顾问、专业机构的意见。征求上述方面意见的,应当在书面审查结论中说明有关情况。

各级联席会议办公室可以根据实际工作需要,建立公平竞争审查工作专家库,便于政策制定机关进行咨询。

第九条 政策制定机关可以就公平竞争审查中遇到的具体问题,向本级联席会议办公室提出咨询。提出咨询请求的政策制定机关,应当提供书面咨询函、政策措施文稿、起草说明、相关法律法规依据及其他相关材料。联席会议办公室应当在收到书面咨询函后及时研究回复。

对涉及重大公共利益,且在制定过程中被多个单位或者个人反映或者举报涉嫌排除、限制竞争的政策措施,本级联席会议办公室可以主动向政策制定机关提出公平竞争审查意见。

第十条 对多个部门联合制定或者涉及多个部门职责的政策措施,在公平竞争审查中出现较大争议或者部门意见难以协调一致时,政策制定机关可以提请本级联席会议协调。联席会议办公室认为确有必要的,可以根据相关工作规则召开会议进行协调。仍无法协调一致的,由政策制定机关提交上级机关决定。

第十一条 政策制定机关应当对本年度公平竞争审查工作进行总结,于次年 1 月 15 日前将书面总结报告报送本级联席会议办公室。

地方各级联席会议办公室汇总形成本级公平竞争审查工作总体情况,于次年 1 月 20 日前报送本级人民政府和上一级联席会议办公室,并以适当方式向社会公开。

第十二条 对经公平竞争审查后出台的政策措施,政策制定机关应当对其影响统一市场和公平竞争的情况进行定期评估。评估报告应当向社会公开征求意见,评估结果应当向社会公开。经评估认为妨碍统一市场和公平竞争的,应当及时废止或者修改完善。定期评估可以每三年进行一次,或者在定期清理规章、规范性文件时一并评估。

第三章　审查标准

第十三条　市场准入和退出标准。

(一)不得设置不合理或者歧视性的准入和退出条件,包括但不限于:

1. 设置明显不必要或者超出实际需要的准入和退出条件,排斥或者限制经营者参与市场竞争;

2. 没有法律、行政法规或者国务院规定依据,对不同所有制、地区、组织形式的经营者实施不合理的差别化待遇,设置不平等的市场准入和退出条件;

3. 没有法律、行政法规或者国务院规定依据,以备案、登记、注册、目录、年检、年报、监制、认定、认证、认可、检验、监测、审定、指定、配号、复检、复审、换证、要求设立分支机构以及其他任何形式,设定或者变相设定市场准入障碍;

4. 没有法律、行政法规或者国务院规定依据,对企业注销、破产、挂牌转让、搬迁转移等设定或者变相设定市场退出障碍;

5. 以行政许可、行政检查、行政处罚、行政强制等方式,强制或者变相强制企业转让技术,设定或者变相设定市场准入和退出障碍。

(二)未经公平竞争不得授予经营者特许经营权,包括但不限于:

1. 在一般竞争性领域实施特许经营或者以特许经营为名增设行政许可;

2. 未明确特许经营权期限或者未经法定程序延长特许经营权期限;

3. 未依法采取招标、竞争性谈判等竞争方式,直接将特许经营权授予特定经营者；

4. 设置歧视性条件，使经营者无法公平参与特许经营权竞争。

（三）不得限定经营、购买、使用特定经营者提供的商品和服务，包括但不限于：

1. 以明确要求、暗示、拒绝或者拖延行政审批、重复检查、不予接入平台或者网络、违法违规给予奖励补贴等方式，限定或者变相限定经营、购买、使用特定经营者提供的商品和服务；

2. 在招标投标、政府采购中限定投标人所在地、所有制形式、组织形式，或者设定其他不合理的条件排斥或者限制经营者参与招标投标、政府采购活动；

3. 没有法律、行政法规或者国务院规定依据，通过设置不合理的项目库、名录库、备选库、资格库等条件，排斥或限制潜在经营者提供商品和服务。

（四）不得设置没有法律、行政法规或者国务院规定依据的审批或者具有行政审批性质的事前备案程序，包括但不限于：

1. 没有法律、行政法规或者国务院规定依据，增设行政审批事项，增加行政审批环节、条件和程序；

2. 没有法律、行政法规或者国务院规定依据，设置具有行政审批性质的前置性备案程序。

（五）不得对市场准入负面清单以外的行业、领域、业务等设置审批程序，主要指没有法律、行政法规或者国务院规定依据，采取禁止进入、限制市场主体资质、限制股权比例、限制经营范围和商业模式等方式，限制或者变相限制市场准入。

第十四条　商品和要素自由流动标准。

（一）不得对外地和进口商品、服务实行歧视性价格和歧视性补贴政策，包括但不限于：

1. 制定政府定价或者政府指导价时，对外地和进口同类商品、服务制定歧视性价格；

2. 对相关商品、服务进行补贴时，对外地同类商品、服务，国际经贸协定允许外的进口同类商品以及我国作出国际承诺的进口同类服务不予补贴或者给予较低补贴。

（二）不得限制外地和进口商品、服务进入本地市场或者阻碍本地商品运出、服务输出，包括但不限于：

1. 对外地商品、服务规定与本地同类商品、服务不同的技术要求、检验标准，或者采取重复检验、重复认证等歧视性技术措施；

2. 对进口商品规定与本地同类商品不同的技术要求、检验标准，或者采取重复检验、重复认证等歧视性技术措施；

3. 没有法律、行政法规或者国务院规定依据，对进口服务规定与本地同类服务不同的技术要求、检验标准，或者采取重复检验、重复认证等歧视性技术措施；

4. 设置专门针对外地和进口商品、服务的专营、专卖、审批、许可、备案，或者规定不同的条件、程序和期限等；

5. 在道路、车站、港口、航空港或者本行政区域边界设置关卡，阻碍外地和进口商品、服务进入本地市场或者本地商品运出和服务输出；

6. 通过软件或者互联网设置屏蔽以及采取其他手段，阻碍外地和进口商品、服务进入本地市场或者本地商品运出和服务输出。

（三）不得排斥或者限制外地经营者参加本地招标投标活动，包括但不限于：

1. 不依法及时、有效、完整地发布招标信息；

2. 直接规定外地经营者不能参与本地特定的招标投标活动；

3. 对外地经营者设定歧视性的资质资格要求或者评标评审标准；

4. 将经营者在本地区的业绩、所获得的奖项荣誉作为投标条件、加分条件、中标条件或者用于评价企业信用等级，限制或者变相限制外地经营者参加本地招标投标活动；

5. 没有法律、行政法规或者国务院规定依据，要求经营者在本地注册设立分支机构，在本地拥有一定办公面积，在本地缴纳社会保险等，限制或者变相限制外地经营者参加本地招标投标活动；

6. 通过设定与招标项目的具体特点和实际需要不相适应或者与合同履行无关的资格、技术和商务条件，限制或者变相限制外地经营者参加本地招标投标活动。

（四）不得排斥、限制或者强制外地经营者在本地投资或者设立分支机构，包括但不限于：

1. 直接拒绝外地经营者在本地投资或者设立分支机构；

2. 没有法律、行政法规或者国务院规定依据，对外地经营者在本地投资的规模、方式以及设立分支机构的地址、模式等进行限制；

3. 没有法律、行政法规或者国务院规定依据，直接强制外地经营者在本地投资或者设立分支机构；

4. 没有法律、行政法规或者国务院规定依据，将在本地投资或者设立分支机构作为参与本地招标投标、享受补贴和优惠政策等的必要条件，变相强制外地经营者在本地投资或者设立分支机构。

（五）不得对外地经营者在本地的投资或者设立的分支机构实行歧视性待遇，侵害其合法权益，包括但不限于：

1. 对外地经营者在本地的投资不给予与本地经营者同等的政策待遇；

2. 对外地经营者在本地设立的分支机构在经营规模、经营方式、税费缴纳等方面规定与本地经营者不同的要求；

3. 在节能环保、安全生产、健康卫生、工程质量、市场监管等方面，对外地经营者在本地设立的分支机构规定歧视性监管标准和要求。

第十五条 影响生产经营成本标准。

（一）不得违法给予特定经营者优惠政策，包括但不限于：

1. 没有法律、行政法规或者国务院规定依据，给予特定经营者财政奖励和补贴；

2. 没有专门的税收法律、法规和国务院规定依据，给予特定经营者税收优惠政策；

3. 没有法律、行政法规或者国务院规定依据，在土地、劳动力、资本、技术、数据等要素获取方面，给予特定经营者优惠政策；

4. 没有法律、行政法规或者国务院规定依据，在环保标准、排污权限等方面给予特定经营者特殊待遇；

5. 没有法律、行政法规或者国务院规定依据，对特定经营者减免、缓征或停征行政事业性收费、政府性基金、住房公积金等。

给予特定经营者的优惠政策应当依法公开。

（二）安排财政支出一般不得与特定经营者缴纳的税收或非税收入挂钩，主要指根据特定经营者缴纳的税收或者非税收入情况，采取列收列支或者违法违规采取先征后返、即征即退等形式，对特定经营者进行返还，或者给予特定经营者财政奖励或补贴、减免土地等自然资源有偿使用收入等优惠政策。

（三）不得违法违规减免或者缓征特定经营者应当缴纳的社会保险费用，主要指没有法律、行政法规或者国务院规定依据，根据经营者规模、所有制形式、组织形式、地区等因素，减免或者缓征特定经营者需要缴纳的基本养老保险费、基本医疗保险费、失业保险费、工伤保险费、生育保险费等。

（四）不得在法律规定之外要求经营者提供或扣留经营者各类保证金，包括但不限于：

1. 没有法律、行政法规依据或者经国务院批准，要求经营者交纳各类保证金；

2. 限定只能以现金形式交纳投标保证金或履约保证金；

3. 在经营者履行相关程序或者完成相关事项后，不依法退还经营者交纳的保证金及银行同期存款利息。

第十六条 影响生产经营行为标准。

（一）不得强制经营者从事《中华人民共和国反垄断法》禁止的垄断行为，主要指以行政命令、行政授权、行政指导等方式或者通过行业协会商会，强制、组织或者引导经营者达成垄断协议、滥用市场支配地位，以及实施具有或者可能具有排除、限制竞争效果的经营者集中等行为。

（二）不得违法披露或者违法要求经营者披露生产经营敏感信息，为经营者实施垄断行为提供便利条件。生产经营敏感信息是指除依据法律、行政法规或者国务院规定需要公开之外，生产经营者未主动公开，通过公开渠道无法采集的生产经营数据。主要包括：拟定价格、成本、营业收入、利润、生产数量、销售数量、生产销售计划、进出口数量、经销商信息、终端客户信息等。

（三）不得超越定价权限进行政府定价，包括但不限于：

1. 对实行政府指导价的商品、服务进行政府定价；

2. 对不属于本级政府定价目录范围内的商品、服务制定政府定价或者政府指导价；

3. 违反《中华人民共和国价格法》等法律法规采取价格干预措施。

（四）不得违法干预实行市场调节价的商品和服务的价格水平，包括但不限于：

1. 制定公布商品和服务的统一执行价、参考价；

2. 规定商品和服务的最高或者最低限价；

3. 干预影响商品和服务价格水平的手续费、折扣或者其他费用。

第四章 例外规定

第十七条 属于下列情形之一的政策措施，虽然在一定程度上具有限制竞争的效果，但在符合规定的情况下可以出台实施：

（一）维护国家经济安全、文化安全、科技安全或者涉及国防建设的；

（二）为实现扶贫开发、救灾救助等社会保障目的；

（三）为实现节约能源资源、保护生态环境、维护公共卫生健康安全等社会公共利益的；

（四）法律、行政法规规定的其他情形。

属于前款第一项至第三项情形的，政策制定机关应当说明相关政策措施对实现政策目的不可或缺，且不会严重限制市场竞争，并明确实施期限。

第十八条　政策制定机关应当在书面审查结论中说明政策措施是否适用例外规定。认为适用例外规定的，应当对符合适用例外规定的情形和条件进行详细说明。

第十九条　政策制定机关应当逐年评估适用例外规定的政策措施的实施效果，形成书面评估报告。实施期限到期或者未达到预期效果的政策措施，应当及时停止执行或者进行调整。

第五章　第三方评估

第二十条　政策制定机关可以根据工作实际，委托具备相应评估能力的高等院校、科研院所、专业咨询公司等第三方机构，对有关政策措施进行公平竞争评估，或者对公平竞争审查有关工作进行评估。

各级联席会议办公室可以委托第三方机构，对本地公平竞争审查制度总体实施情况开展评估。

第二十一条　政策制定机关在开展公平竞争审查工作的以下阶段和环节，均可以采取第三方评估方式进行：

（一）对拟出台的政策措施进行公平竞争审查；

（二）对经公平竞争审查出台的政策措施进行定期评估；

（三）对适用例外规定出台的政策措施进行逐年评估；

（四）对公平竞争审查制度实施情况进行综合评价；

（五）与公平竞争审查工作相关的其他阶段和环节。

第二十二条 对拟出台的政策措施进行公平竞争审查时,存在以下情形之一的,应当引入第三方评估:

(一)政策制定机关拟适用例外规定的;

(二)被多个单位或者个人反映或者举报涉嫌违反公平竞争审查标准的。

第二十三条 第三方评估结果作为政策制定机关开展公平竞争审查、评价制度实施成效、制定工作推进方案的重要参考。对拟出台的政策措施进行第三方评估的,政策制定机关应当在书面审查结论中说明评估情况。最终做出的审查结论与第三方评估结果不一致的,应当在书面审查结论中说明理由。

第二十四条 第三方评估经费纳入预算管理。政策制定机关依法依规做好第三方评估经费保障。

第六章 监督与责任追究

第二十五条 政策制定机关涉嫌未进行公平竞争审查或者违反审查标准出台政策措施的,任何单位和个人可以向政策制定机关反映,也可以向政策制定机关的上级机关或者本级及以上市场监管部门举报。反映或者举报采用书面形式并提供相关事实依据的,有关部门要及时予以处理。涉嫌违反《中华人民共和国反垄断法》的,由反垄断执法机构依法调查。

第二十六条 政策制定机关未进行公平竞争审查出台政策措施的,应当及时补做审查。发现存在违反公平竞争审查标准问题的,应当按照相关程序停止执行或者调整相关政策措施。停止执行或者调整相关政策措施的,应当依照《中华人民共和国政府信息公开条例》要求向社会公开。

第二十七条 政策制定机关的上级机关经核实认定政策制定机关未进行公平竞争审查或者违反审查标准出台政策措施的,应当责令其改正；拒不改正或者不及时改正的，对直接负责的主管人员和其他直接责任人员依据《中华人民共和国公务员法》、《中华人民共和国公职人员政务处分法》、《行政机关公务员处分条例》等法律法规给予处分。本级及以上市场监管部门可以向政策制定机关或者其上级机关提出整改建议；整改情况要及时向有关方面反馈。违反《中华人民共和国反垄断法》的，反垄断执法机构可以向有关上级机关提出依法处理的建议。相关处理决定和建议依法向社会公开。

第二十八条　市场监管总局负责牵头组织政策措施抽查，检查有关政策措施是否履行审查程序、审查流程是否规范、审查结论是否准确等。对市场主体反映比较强烈、问题比较集中、滥用行政权力排除限制竞争行为多发的行业和地区，进行重点抽查。抽查结果及时反馈被抽查单位，并以适当方式向社会公开。对抽查发现的排除、限制竞争问题，被抽查单位应当及时整改。

各地应当结合实际，建立本地区政策措施抽查机制。

第二十九条　县级以上地方各级人民政府建立健全公平竞争审查考核制度，对落实公平竞争审查制度成效显著的单位予以表扬激励，对工作推进不力的进行督促整改，对工作中出现问题并造成不良后果的依法依规严肃处理。

第七章　附　　则

第三十条　各地区、各部门在遵循《意见》和本细则规定的基础上，可以根据本地区、本行业实际情况，制定公平竞争审查工作办法和具体措施。

第三十一条　本细则自公布之日起实施。《公平竞争审查制度实施细则（暂行）》（发改价监〔2017〕1849 号）同时废止。

附件：（略）

企业境外反垄断合规指引

（2021年11月15日国家市场监督管理总局发布
国市监反垄发〔2021〕72号）

第一章 总 则

第一条 目的和依据

为了鼓励企业培育公平竞争的合规文化，引导企业建立和加强境外反垄断合规管理制度，增强企业境外经营反垄断合规管理意识，提升境外经营反垄断合规管理水平，防范境外反垄断法律风险，保障企业持续健康发展，根据工作实际，制定本指引。

第二条 反垄断合规的重要意义

反垄断法是市场经济国家调控经济的重要政策工具，制定并实施反垄断法是世界上大多数国家或者地区（以下称司法辖区）保护市场公平竞争、维护市场竞争秩序的普遍做法。不同司法辖区对反垄断法的表述有所不同，例如"反垄断法"、"竞争法"、"反托拉斯法"、"公平交易法"等，本指引以下统称反垄断法。

企业境外经营应当坚持诚信守法、公平竞争。企业违反反垄断法可能面临高额罚款、罚金、损害赔偿诉讼和其他法律责任，企业相关负责人也可能面临罚款、罚金甚至刑事责任等严重后果。加强境外反垄断合规建设，可以帮助企业识别、评估和管控各类反垄断法律风险。

第三条 适用范围

本指引适用于在境外从事经营业务的中国企业以及在境内从事经营业务但可能对境外市场产生影响的中国企业，包括从事进出口贸易、境外投资、并购、知识产权转让或者许可、招投标等涉及境外的经营活动。

多数司法辖区反垄断法规定域外管辖制度，对在本司法辖区以外发生但对本司法辖区内市场产生排除、限制竞争影响的垄断行为，同样适用其反垄断法。

第二章　境外反垄断合规管理制度

第四条　建立境外反垄断合规管理制度

企业可以根据业务规模、业务涉及的主要司法辖区、所处行业特性及市场状况、业务经营面临的法律风险等制定境外反垄断合规制度，或者将境外反垄断合规要求嵌入现有整体合规制度中。

部分司法辖区对企业建立健全反垄断合规体系提出了具体指引，企业可以以此为基础制定相应的反垄断合规制度。企业建立并有效实施良好的合规制度在部分司法辖区可以作为减轻反垄断处罚责任的依据。

第五条　境外反垄断合规管理机构

鼓励企业尤其是大型企业设置境外反垄断合规管理部门或者岗位，或者依托现有合规管理制度开展境外反垄断合规管理专项工作。

反垄断合规管理部门和合规管理人员可以按照国务院反垄断委员会发布的《经营者反垄断合规指南》履行相应职责。

企业可以对境外反垄断合规管理制度进行定期评估，该评估可以由反垄断合规管理部门实施或者委托外部专业机构协助实施。

第六条　境外反垄断合规管理职责

境外反垄断合规管理职责主要包括以下方面：

（一）持续关注企业业务所涉司法辖区反垄断立法、执法及司法的发展动态，及时为决策层、高级管理层和业务部门提供反垄断合规建议；

（二）根据所涉司法辖区要求，制定并更新企业反垄断合规政策，明确企业内部反垄断合规要求和流程，督促各部门贯彻落实，确保合规要求融入各项业务领域；

（三）审核、评估企业竞争行为和业务经营的合规性，及时制止、纠正不合规的经营行为，并制定针对潜在不合规行为的应对措施；

（四）组织或者协助业务、人事等部门开展境外反垄断合规培训，并向业务部门和员工提供境外反垄断合规咨询；

（五）建立境外反垄断合规报告制度，组织开展企业内部反垄断合规检查，对发现的合规风险向管理层提出处理建议；

（六）妥善应对反垄断合规风险事件，就潜在或者已发生的反垄断调查或者诉讼，组织制定应对和整改措施；

（七）其他与企业境外反垄断合规有关的工作。

第七条 境外反垄断合规承诺机制

鼓励企业建立境外反垄断合规承诺机制。企业决策人员、在境外从事经营的高级管理人员和业务人员等可以作出反垄断合规承诺。

建立反垄断合规承诺机制，可以提高相关人员对反垄断法律风险的认识和重视程度，确保其对企业履行合规承诺负责。通常情况下，企业决策人员和相关高级管理人员对反垄断合规的承诺和参与是提升合规制度有效性的关键。

第三章 境外反垄断合规风险重点

第八条 反垄断涉及的主要行为

各司法辖区反垄断法调整的行为类型类似，主要规制垄断协议、滥用市场支配地位和具有或者可能具有排除、限制竞争影响的经营者集中。各司法辖区对于相关行为的定义、具体类型和评估方法不尽相同，本章对此作简要阐释，具体合规要求应以各司法辖区反垄断法相关规定为准。

同时，企业应当根据相关司法辖区的情况，关注本章可能未涉及的特殊规制情形，例如有的司法辖区规定禁止滥用相对优势地位、禁止在竞争者中兼任董事等安排，规制行政性垄断行为等。

第九条 垄断协议

垄断协议一般是指企业间订立的排除、限制竞争的协议或者采取的协同行为，也被称为"卡特尔"、"限制竞争协议"、"不正当交易限制"等，主要包括固定价格、限制产量或分割市场、联合抵制交易等横向垄断协议以及转售价格维持、限定销售区域和客户或者排他性安排等纵向垄断协议。部分司法辖区反垄断法也禁止交换价格、成本、市场计划等竞争性敏感信息，某些情况下被动接收竞争性敏感信息不能成为免于处罚的理由。横向垄断协议，尤其是与价格相关的横向垄断协议，通常被视为非常严重的限制竞争行为，各司法辖区均对此严格规制。多数司法辖区也对纵向垄断协议予以规制，例如转售价格维持（RPM）可能具有较大的违法风险。

垄断协议的形式并不限于企业之间签署的书面协议，还包括口头协议、协同行为等行为。垄断协议的评估因素较为复杂，企业可以根据各司法辖区的具体规定、指南、司法判例及执法实践进行评估和判断。比如，有的司法辖区对垄断协议的评估可能适用本身违法或者合理原则，有的司法辖区可能会考虑其是否构成目的违法或者需要进行效果分析。适用本身违法或者目的违法的行为通常推定为本质上存在损害、限制竞争性质，而适用合理原则与效果分析时，会对相关行为促进和损害竞争效果进行综合分析。部分司法辖区对垄断协议行为设有行业豁免、集体豁免以及安全港制度，企业在分析和评估时可以参照有关规定。

此外，大多数司法辖区均规定协会不得组织企业从事垄断协议行为，企业也不会因协会组织的垄断协议而免于处罚。

第十条 滥用市场支配地位

市场支配地位一般是指企业能够控制某个相关市场，而在该市场内不再受到有效竞争约束的地位。一般来说,判断是否具有市场支配地位需要综合考虑业务规模、市场份额和其他相关因素,比如来自竞争者的竞争约束、客户的谈判能力、市场进入壁垒等。通常情况下,除非有相反证据,较低的市场份额不会被认定为具有市场支配地位。

企业具有市场支配地位本身并不违法,只有滥用市场支配地位才构成违法。滥用市场支配地位是指具有市场支配地位的企业没有正当理由,凭借该地位实施排除、限制竞争的行为,一般包括销售或采购活动中的不公平高价或者低价、低于成本价销售、附加不合理或者不公平的交易条款和条件、独家或者限定交易、拒绝交易、搭售、歧视性待遇等行为。企业在判断是否存在滥用市场支配地位时,可以根据有关司法辖区的规定,提出可能存在的正当理由及相关证据。

第十一条　经营者集中

经营者集中一般是指企业合并、收购、合营等行为,有的司法辖区称之为并购控制。经营者集中本身并不违法,但对于具有或可能具有排除、限制竞争效果的,可能被禁止或者附加限制性条件批准。

不同司法辖区判断是否构成集中、是否应当申报的标准不同。有的司法辖区主要考察经营者控制权的持久变动,通过交易取得对其他经营者的单独或者共同控制即构成集中,同时依据营业额设定申报标准;有的司法辖区设置交易规模、交易方资产额、营业额等多元指标判断是否达到申报标准;有的司法辖区考察集中是否会或者可能会对本辖区产生实质性限制竞争效果,主要以市场份额作为是否申报或者鼓励申报的初步判断标准。此外,设立合营企业是否构成经营者集中在不同司法辖区的标准也存在差异,需要根据相关规定具体分析。

多数司法辖区要求符合规定标准的集中必须在实施前向反垄断执法机构申报,否则不得实施;有的司法辖区根据集中类型、企业规模和交易规模确定了不同的申报时点;有的司法辖区采取自愿申报制度;有的司法辖区要求企业不晚于集中实施后的一定期限内申报;有的司法辖区可以在一定情况下调查未达到申报标准的交易。对于采取强制事前申报的司法辖区，未依法申报或者未经批准实施的经营者集中，通常构成违法行为并可能产生严重的法律后果，比如罚款、暂停交易、恢复原状等；采取自愿申报或者事后申报的司法辖区，比如交易对竞争产生不利影响，反垄断执法机构可以要求企业暂停交易、恢复原状、附加限制性条件等。

第十二条　境外反垄断调查方式

多数司法辖区反垄断执法机构都拥有强力而广泛的调查权。一般来说，反垄断执法机构可根据举报、投诉、违法公司的宽大申请或者依职权开展调查。

调查手段包括收集有关信息、复制文件资料、询问当事人及其他关系人（比如竞争对手和客户）、现场调查、采取强制措施等。部分司法辖区还可以开展“黎明突袭”，即在不事先通知企业的情况下，突然对与实施涉嫌垄断行为相关或者与调查相关的必要场所进行现场搜查。在黎明突袭期间，企业不得拒绝持有搜查证、搜查授权或者决定的调查人员进入。调查人员可以检查搜查证、搜查授权或者决定范围内的一切物品，可以查阅、复制文件，根据检查需要可以暂时查封有关场所，询问员工等。此外，在有的司法辖区，反垄断执法机构可以与边境管理部门合作，扣留和调查入境的被调查企业员工。

第十三条　配合境外反垄断调查

各司法辖区对于配合反垄断调查和诉讼以及证据保存均有相关规定，一般要求相关方不得拒绝提供有关材料或信息，提供虚假或者误导性信息、隐匿或者销毁证据，开展其他阻挠调查和诉讼程序并带来不利后果的行为，对于不配合调查的行为规定了相应的法律责任。有的司法辖区规定，提供错误或者误导性信息等情形可面临最高为集团上一财年全球总营业额1%的罚款，还可以要求每日缴纳最高为集团上一财年全球日均营业额5%的滞纳金；如果最终判定存在违法行为,则拒绝合作可能成为加重罚款的因素。有的司法辖区规定,拒绝配合调查可能被判藐视法庭或者妨碍司法公正,并处以罚金,情节严重的甚至可能被判处刑事责任,比如通过向调查人员提供重大不实陈述的方式故意阻碍调查等情形。通常情况下,企业对反垄断调查的配合程度是执法机构作出处罚以及宽大处理决定时的重要考量因素之一。

企业可以根据需要,由法务部门、外部律师、信息技术部门事先制定应对现场检查的方案和配合调查的计划。在面临反垄断调查和诉讼时,企业可以制定员工出行指南,确保员工在出行期间发生海关盘问、搜查等突发情况时能够遵守企业合规政策,同时保护其合法权利。

第十四条 企业在境外反垄断调查中的权利

多数司法辖区对反垄断执法机构开展调查的程序等作出明确要求,以保障被调查企业的合法权利。反垄断执法机构开展调查时应当遵循法定程序并出具相关证明文件,比如执法机构的身份证明或者法院批准的搜查令等。被调查的企业依法享有陈述、说明和申辩的权利,反垄断执法机构对调查过程中获取的信息应当依法予以保密。

在境外反垄断调查中,企业可以依照相关司法辖区的规定维护自身合法权益,比如就有关事项进行陈述和申辩,要求调查人员出示证件,向执法机构询问企业享有的合法权利,在保密的基础上查阅执法机构的部分调查文件;聘请律师到场,在有的司法辖区,被调查对象有权在律师到达前保持缄默。部分司法辖区对受律师客户特权保护的文件有除外规定,企业在提交文件时可以对相关文件主张律师客户特权,防止执法人员拿走他们无权调阅的特权资料。有的司法辖区规定,应当听取被调查企业或行业协会的意见,并使其享有就异议事项提出答辩的机会。无论是法律或者事实情况,如果被调查对象没有机会表达自己的观点,就不能作为案件裁决的依据。

第十五条　境外反垄断诉讼

企业在境外也可能面临反垄断诉讼。反垄断诉讼既可以由执法机构提起,也可以由民事主体提起。比如,在有的司法辖区,执法机构可以向法院提起刑事诉讼和民事诉讼;直接购买者、间接购买者也可以向法院提起诉讼,这些诉讼也有可能以集团诉讼的方式提起。在有的司法辖区,反垄断诉讼包括对反垄断执法机构决定的上诉,以及受损害主体提起的损害赔偿诉讼、停止垄断行为的禁令申请或者以合同包含违反竞争法律的限制性条款为由对该合同提起的合同无效之诉。

不同司法辖区的反垄断诉讼涉及程序复杂、耗时较长;有的司法辖区可能涉及范围极为宽泛的证据开示。企业在境外反垄断诉讼中一旦败诉,将面临巨额罚款或者赔偿、责令改变商业模式甚至承担刑事责任等严重不利后果。

第十六条　应对境外反垄断风险

企业可以建立对境外反垄断法律风险的应对和损害减轻机制。当发生重大境外反垄断法律风险时,可以立刻通知法务人员、反垄断合规管理人员、相关业务部门负责人开展内部联合调查,发现并及时终止不合规行为,制定内部应对流程以及诉讼或者辩护方案。

部分司法辖区设有豁免申请制度,在符合一定条件的情况下,企业可以针对可能存在损害竞争效果但也有一定效率提升、消费者福利提升或公平利益提升的相关行为,向反垄断执法机构事前提出豁免申请。获得批准后,企业从事相关行为将不会被反垄断执法机构调查或者被认定为违法。企业可以根据所在司法辖区的实际情况评估如何运用该豁免申请,提前防范反垄断法律风险。

企业可以聘请外部律师、法律或者经济学专家、其他专业机构协助企业应对反垄断法律风险,争取内部调查的结果在可适用的情况下可以受到律师客户特权的保护。

第十七条 可能适用的补救措施

出现境外反垄断法律风险时或者境外反垄断法律风险发生后，企业可以根据相关司法辖区的规定以及实际情况采取相应措施，包括运用相关司法辖区反垄断法中的宽大制度、承诺制度、和解程序等，最大程度降低风险和负面影响。

宽大制度，一般是指反垄断执法机构对于主动报告垄断协议行为并提供重要证据的企业，减轻或者免除处罚的制度。比如，有的司法辖区，宽大制度可能使申请企业减免罚款并豁免刑事责任；有的司法辖区，第一个申请宽大的企业可能被免除全部罚款，后续申请企业可能被免除部分罚款。申请适用宽大制度通常要求企业承认参与相关垄断协议，可能在后续民事诉讼中成为对企业的不利证据，同时要求企业承担更高的配合调查义务。

承诺制度，一般是指企业在反垄断调查过程中，主动承诺停止或者放弃被指控的垄断行为，并采取具体措施消除对竞争的不利影响，反垄断执法机构经评估后作出中止调查、接受承诺的决定。对于企业而言，承诺决定不会认定企业存在违法行为，也不会处以罚款；但企业后续如果未遵守承诺，可能面临重启调查和罚款的不利后果。

和解制度，一般是指企业在反垄断调查过程中与执法机构或者私人原告以和解的方式快速结案。有的司法辖区，涉案企业需主动承认其参与垄断协议的违法行为，以获得最多10%的额外罚款减免。有的司法辖区，和解包括在民事案件中与执法机构或者私人原告达成民事和解协议，或者在刑事案件中与执法机构达成刑事认罪协议。民事和解通常包括有约束力的同意调解书，其中包括纠正被诉损害竞争行为的承诺。执法机构也可能会要求被调查方退还通过损害竞争行为获得的非法所得。同意调解书同时要求企业对遵守承诺情况进行定期报告。不遵守同意调解书，企业可能被处以罚款，并且重新调查。在刑事程序中，企业可以和执法机构达成认罪协议，达到减轻罚款、更快结案的效果；企业可以综合考虑可能的罚款减免、效率、诉讼成本、确定性、胜诉可能性、对后续民事诉讼的影响等因素决定是否达成认罪协议。

第十八条　反垄断法律责任

垄断行为可能导致相关企业和个人被追究行政责任、民事责任和刑事责任。

行政责任主要包括被处以禁止令、罚款、拆分企业等。禁止令通常禁止继续实施垄断行为，也包括要求采取整改措施、定期报告、建立和实施有效的合规制度等。多数司法辖区对垄断行为规定大额罚款，有的司法辖区规定最高可以对企业处以集团上一年度全球总营业额10%的罚款。

民事责任主要有确认垄断协议无效和损害赔偿两种。有的司法辖区规定应当充分赔偿因垄断行为造成的损失，包括实际损失和利润损失，加上从损害发生之日起至支付赔偿金期间的利息；有的司法辖区规定企业最高承担三倍损害赔偿责任以及相关诉讼费用。

部分司法辖区还规定刑事责任，垄断行为涉及的高级管理人员、直接责任人等个人可能面临罚金甚至监禁，对公司违法者的罚金高达1亿美元，个人刑事罚金高达100万美元，最高监禁期为10年。如果违法所得或者受害者经济损失超过1亿美元，公司的最高罚金可以是违法所得或者经济损失的两倍。

有的司法辖区规定，如果母公司对子公司能够施加“决定性影响”，境外子公司违反反垄断法，母公司可能承担连带责任。同时，计算相关罚款的基础调整为整个集团营业额。

除法律责任外，企业受到反垄断调查或者诉讼还可能产生其他重大不利影响，对企业境外经营活动造成极大风险。反垄断执法机构的调查或者反垄断诉讼可能耗费公司大量的时间，产生高额法律费用，分散对核心业务活动的关注，影响企业正常经营。如果调查或者诉讼产生不利后果，企业财务状况和声誉会受到极大损害。

第四章　境外反垄断合规风险管理

第十九条　境外反垄断风险识别

企业可以根据境外业务规模、所处行业特点、市场情况、相关司法辖区反垄断法律法规以及执法环境等因素识别企业面临的主要反垄断风险。

（一）可能与垄断协议有关的风险。大多数司法辖区禁止企业与其他企业达成和实施垄断协议以及交换竞争性敏感信息。企业在境外开展业务时应当高度关注以下行为可能产生与垄断协议有关的风险：一是与竞争者接触相关的风险。比如，企业员工与竞争者员工之间在行业协会、会议以及其他场合的接触；竞争企业之间频繁的人员流动；通过同一个供应商或者客户交换敏感信息等。二是与竞争者之间合同、股权或其他合作相关的风险。比如，与竞争者达成合伙或者合作协议等可能排除、限制竞争的。三是在日常商业行为中与某些类型的协议或行为相关的风险。比如，与客户或供应商签订包含排他性条款的协议；对客户转售价格的限制等。

（二）可能与滥用市场支配地位有关的风险。企业应当对从事经营活动的市场、主要竞争者和自身市场力量做出评估和判断，并以此为基础评估和规范业务经营活动。当企业在某一市场中具有较高市场份额时，应当注意其市场行为的商业目的是否为限制竞争、行为是否对竞争造成不利影响，避免出现滥用市场支配地位的风险。

（三）可能与经营者集中有关的风险。大多数司法辖区设有集中申报制度，企业在全球范围内开展合并、收购、设立合营企业等交易时，同一项交易（包括在中国境内发生的交易）可能需要在多个司法辖区进行申报。企业在开展相关交易前，应当全面了解各相关司法辖区的申报要求，充分利用境外反垄断执法机构的事前商谈机制，评估申报义务并依法及时申报。企业收购境外目标公司还应当特别注意目标公司是否涉及反垄断法律责任或者正在接受反垄断调查，评估该法律责任在收购后是否可能被附加至母公司或者买方。

第二十条 境外反垄断风险评估

企业可以根据实际情况，建立境外反垄断法律风险评估程序和标准，定期分析和评估境外反垄断法律风险的来源、发生的可能性以及后果的严重性等，明确风险等级，并按照不同风险等级设计和实施相应的风险防控制度。评估可以由企业反垄断合规管理部门组织实施或者委托外部专业机构协助实施。

鼓励企业对以下情形开展专项评估：（一）对业务收购、公司合并、新设合营企业等事项作出投资决策之前；（二）实施重大营销计划、签订重大供销协议之前；（三）受到境外反垄断调查或者诉讼之后。

第二十一条 企业员工风险评级

企业根据员工面临境外反垄断法律风险的不同程度开展风险评级，进行更有效的风险防控。对高级管理人员，业务部门的管理人员，经常与同行竞争者交往的人员，销售、市场及采购部门的人员，知晓企业商业计划、价格等敏感信息的人员，曾在具有竞争关系的企业工作并知晓敏感信息的人员，负责企业并购项目的人员等；企业可以优先进行风险管理，采取措施强化其反垄断合规意识。对其他人员，企业可以根据风险管理的优先级采取反垄断风险管理的适当措施。

第二十二条 境外反垄断合规报告

企业可以建立境外反垄断合规报告机制。反垄断合规管理部门可以定期向企业决策层和高级管理层汇报境外反垄断合规管理情况。当发生重大境外反垄断风险时，反垄断合规管理机构应当及时向企业决策层和高级管理层汇报，组织内部调查，提出风险评估意见和风险应对措施；同时，企业可以通过境外企业和对外投资联络服务平台等渠道向商务部、市场监管总局等政府部门和驻外使领馆报告。

第二十三条 境外反垄断合规咨询

企业可以建立反垄断合规咨询机制。由于境外反垄断合规的高度复杂性,鼓励企业及员工尽早向反垄断合规管理部门咨询经营中遇到境外反垄断合规问题。企业反垄断合规管理部门可根据需要聘请外部律师或专家协助开展合规咨询,也可在相关司法辖区法律法规允许的情况下,在开展相关行为前向有关反垄断执法机构进行合规咨询。

第二十四条 境外反垄断合规审核

企业可以建立境外反垄断合规审核机制。反垄断合规管理部门可以对企业在境外实施的战略性决定、商业合同、交易计划、经销协议模板、销售渠道管理政策等进行反垄断合规审核。反垄断合规管理部门可以根据需要聘请外部律师协助评估反垄断法律风险,提出审核意见。

第二十五条 境外反垄断合规培训

企业可以对境外管理人员和员工进行定期反垄断合规培训。反垄断合规培训可以包括相关司法辖区反垄断法律法规、反垄断法律风险、可能导致反垄断法律风险的行为、日常合规行为准则、反垄断调查和诉讼的配合、反垄断宽大制度、承诺制度、和解制度、企业的反垄断合规政策和体系等相关内容。

企业可以定期审阅、更新反垄断合规培训内容;也可以通过员工行为准则、核查清单、反垄断合规手册等方式向员工提供书面指导。

第二十六条 其他防范反垄断风险的具体措施

除本章第十九条至第二十五条规定之外,企业还可以采取以下措施,防范境外反垄断风险。

(一)在加入行业协会之前,对行业协会目标和运营情况进行尽职调查,特别是会籍条款是否可能用来排除限制竞争,该协会是否有反垄断合规制度等。保存并更新所参加的行业协会活动及相关员工的清单。

（二）在参加行业协会组织的或者有竞争者参加的会议前了解议题，根据需要可以安排反垄断法律顾问出席会议和进行反垄断合规提醒；参加行业协会会议活动时认真审阅会议议程和会议纪要。

（三）在与竞争者进行交流之前应当明确范围，避免讨论竞争敏感性话题；记录与竞争者之间的对话或者其他形式的沟通，及时向上级或者反垄断合规管理部门报告。

（四）对与竞争者共同建立的合营企业和其他类型的合作，可以根据需要设立信息防火墙，避免通过合营企业或者其他类型的合作达成或者实施垄断协议。

（五）如果企业的部分产品或者服务在相关司法辖区可能具有较高的市场份额，可以对定价、营销、采购等部门进行专项培训，对可能存在风险的行为进行事前评估，及时防范潜在风险。

第五章　附　则

第二十七条　指引的效力

本指引仅对企业境外反垄断合规作出一般性指引，供企业参考。指引中关于境外反垄断法律法规的阐释多为原则性、概括性说明，建议在具体适用时查询相关司法辖区反垄断法律法规的最新版本。企业应当结合各司法辖区关于合规制度以及经营行为是否违反反垄断法等方面的具体要求，有针对性地建设反垄断合规体系和开展合规工作。

本指引未涉及事项，可以参照国务院反垄断委员会发布的《经营者反垄断合规指南》。